HORST BIALLO

DIE DOKTORMACHER

- Namen und Adressen
- Preise und Verträge
- Behörden und Betrogene
- Gesetze und Strafen

UEBERREUTER

Die Deutsche Bibliothek – CIP-Einheitsaufnahme

Biallo, Horst:
Die Doktormacher : Namen und Adressen ; Preise und Verträge ; Behörden und Betrogene ; Gesetze und Strafen / Horst Biallo.
– Wien : Ueberreuter, 1994
ISBN 3-901260-82-X

S 0075 1 2 3 4 / 97 96 95 94

Umschlag: Kurt Rendl
unter Verwendung eines Bildes der Bildagentur Image Bank

Printed in Austria

Inhaltsverzeichnis

4. Kapitel: Wenn alles ganz schnell gehen soll

5. Kapitel: Wenn alles seriös wirken soll

Vorwort

Das sind die Anbieter im Geschäft um den Doktortitel: intelligente Schurken, arrogante Wichtigtuer, gerissene Betrüger, haspelnde Dummköpfe, dreiste Lügner, kleine Ganoven, Hochstapler, Kriminelle, nur ganz wenige seriöse Damen und Herren, aber auch Zuhälter-Typen und Yuppies mit Handy und Rolex.

Fast alle stehen mehr oder weniger mit den Gesetzen auf Kriegsfuß. Sie arbeiten meist am Rande der Legalität und gehen darüber hinaus; einige sitzen seit kurzem im Knast, andere werden ihnen sicher bald folgen.

Einen fulminanten Höhepunkt erreichte dieses Business Ende der achtziger Jahre. Zu vier Jahren Haft verurteilte man einen gewissen Ulrich von Neureuth, der in Niedersachsen eine kirchliche Hochschule, „Eccelsia Ökumeni", gründete, deren hochkarätige Besetzung das Gericht wie folgt würdigte: Dem wissenschaftlichen Beirat gehörte eine Prostituierte an. Professor für kanonisches Recht war ihr Zuhälter – einschlägig wegen Förderung der Prostitution vorbestraft. Zur Professorin für Theologie wurde eine ehemalige Sekretärin berufen. Der Gründer, Ulrich von Neureuth, machte sich zum Hochschullehrer und in Personalunion gleichzeitig zum Landesbischof von Niedersachsen und Bayern. Neureuths Adelstitel war natürlich genauso falsch wie seine Universität.

Welche Kunden fragen Doktor- und Professorentitel nach?

Rechtsanwälte, Heilpraktiker, Manager, Ärzte, Ingenieure, Pfarrer, Unternehmensberater, Apotheker. Seriöse Leute also? Gelegentlich schon, häufiger nicht.

Denn diese Herrschaften eint Habsucht, Selbstbetrug, Größenwahn, Geltungsbedürfnis, eine fast krankhafte Eitelkeit. Auffallend dabei: Frauen trifft man fast (noch?) gar nicht an.

Mit von der Partie im einträglichen Titelgeschäft sind außerdem geldgierige Professoren, augenzwinkernde Ministerialbeamte, schlafende Behörden, lahme Ermittler und Staatsanwälte, die an einer Aufdeckung der Straftaten nicht viel Interesse haben. Viele denken sicher: „Wer wirklich glaubt, einen akademischen Grad kaufen zu können, und dabei sein Geld loswird, der ist selber schuld. Schließlich lassen sich die Opfer aus freien Stücken auf diese Schurken ein."

Außerdem: Die Kontakte der Titelhändler reichen sehr weit, bei (mindestens) einem bis ins Düsseldorfer Wissenschaftsministerium.

Titelhandel als Kavaliersdelikt, dem man nicht viel Aufmerksamkeit schenken muß? Diese Haltung ist weit verbreitet. Deshalb gehen Titelhändler, Ghostwriter und vermeintliche Promotionsberater weitgehend unbehelligt ihren Geschäften nach. Erst bei Betrügereien im großen Stil werden die staatlichen Ermittler aktiv. Oder auch, wenn andere Straftatbestände wie Steuerhinterziehung, Beamtenbestechung, Abgabe einer falschen eidesstattlichen Versicherung usw. dazukommen und tatsächlich zu beweisen sind.

Daher operieren viele Gauner vorsichtshalber aus dem Ausland. Ihnen ist noch schwerer beizukommen, zumal es in kaum einem anderen Land einen Straftatbestand „Titelhandel" gibt. Bei uns steht darauf bis zu einem Jahr Gefängnis.

Man darf jedoch nicht verkennen: Der Titelkauf ist auch ein gesellschaftliches und ökonomisches Phänomen. Wir leben in Zeiten, in denen suggeriert wird: Gegen einen entsprechenden Geldbetrag ist fast alles zu haben. Wieso soll das bei akademischen Graden anders sein? Es existiert kein großes Unrechtsbewußtsein.

Die Verstöße gegen geltendes Recht zahlen sich sogar aus. Ein Dr. Ingenieur beispielsweise verdient, so das Werbeargument vieler Händler oder auch Promotionsberater, bis zu einer Million Mark mehr, übers gesamte Berufsleben gerechnet, als ein Ingenieur ohne Promotion.

Hinzu kommt das viel höhere Ansehen, das ein Titelträger in Wirtschaft und Gesellschaft genießt. Da macht sich der Kauf eines Doktortitels doch schnell bezahlt. Und die viel zu geringe Geldstrafe, wenn man wirklich einmal erwischt wird, die kann man doch leicht bezahlen ... Schwerer ist es natürlich, mit der Blamage fertigzuwerden, muß man den falschen Titel zurückgeben.

Die gesellschaftliche Demütigung ist auch mit ein Grund, warum viele Geschädigte vor einer Anzeige zurückschrecken. Wer's dennoch tut, muß Erpressungsversuche der Kriminellen fürchten.

Die wirklichen Verlierer in diesem Geschäft sind jedoch nicht die blamierten „Opfer" der Titelhändler, sondern all diejenigen, die sich der Mühe einer wirklichen Promotion unterziehen. Ihr hart erarbeiteter akademischer Grad wird durch die vielen falschen Titel, die im Umlauf sind, immer mehr abgewertet. Wozu dann überhaupt noch promovieren?

Wenn Universitäten, Rektoren, Staatsanwälte und andere Verantwortliche nicht jetzt ganz schnell und massiv das Ruder herumreißen, ist es um den akademischen Grad, seinen Ruf, Sinn und Zweck bald geschehen.

Wer sich wie Prof. Dr. Dr. Theisen mit dem Thema Titelhandel auseinandersetzt, dem wird oft der Vorwurf gemacht, man verhelfe den Titelhändlern auch noch zu kostenloser Werbung. Damit muß der Autor in besonderem Maße leben, zumal er erstmals in einem Buch ganz offen die wichtigsten Akteure in diesem Millionengeschäft, ihre Methoden, Preise, Angebote, Tricks usw. präsentiert. Ich zeige jedoch ganz eindringlich all die Gefahren und Risiken auf, in die sich Titelsüchtige freiwillig begeben.

Um der Wahrheit auf den Grund zu gehen, habe ich mit Hilfe von Freunden verdeckt recherchiert. Gemeinsam sind wir in die Rollen eines Personalberaters, Versicherungskaufmannes, Werbeprofis usw. usw. geschlüpft. Journalisten, das wissen wir aus leidvoller Erfahrung, wird viel erzählt, wenn der Tag lang ist. Wir haben die allermeisten Herrschaften mehrmals aufgesucht, um die Beweise sicherzustellen.

Da wir es in ganz überwiegender Anzahl mit Kriminellen zu tun haben, mußten wir an unsere eigene Sicherheit denken. Wir geben praktisch in jedem Kapitel nur einen Teil der Dinge wieder, die wir im Laufe der vielen Monate zusammentrugen. Um bei juristischen und anderen Auseinandersetzungen gut munitioniert zu sein, halten wir eine Reihe brisanter Fakten zurück, ohne daß die Qualität des Buches darunter leidet. Die wichtigsten Dokumente sind bei zwei Notaren deponiert.

Zu Dank verpflichtet bin ich mehreren Journalisten, die bei den aufwendigen Recherchen halfen. Die meisten kann ich zu meiner eigenen und deren Sicherheit nicht nennen. Anders ist das bei Adelinde Schmidt und Gunther Schnatmann, denen ich Hintergrundmaterial und wertvolle Hinweise verdanke. Gekonnt „Detektiv“ spielten Hartmut Steiger und Andreas Lambach.

Ohne meinen guten Freund Herbert N., einen Personalberater, dessen Identität ich mir für meine Recherchen „borgte“, wäre die Arbeit kaum so erfolgreich gewesen.

Das gleiche gilt in besonderem Maße für meinen couragierten Freund Klaus-Peter Adolf, den ich gleich mehrfach zum „Doktor“ machte, um an Beweismaterial heranzukommen oder auch um Sicherheitslücken aufzuzeigen.

Viele gute Ratschläge, Tips, wertvolle Informationen und stets ein offenes Ohr fand ich bei Prof. Dr. Dr. Theisen, dem es wie mir ein Anliegen ist, die echten Doktoren vor den falschen zu schützen.

Juristischen Beistand, aber auch viele andere wertvolle Anregungen erhielt ich vom Kölner Rechtsanwalt Winfried Seibert. Dieser renommierte Presserechtler hat das vorliegende Werk vor Drucklegung geprüft.

Frankfurt, im Juni 1994 Horst Biallo

1. Kapitel

Die Deutschen und ihre Titelsucht

Das Geschäft mit der Eitelkeit

Auf krummen Touren zu akademischen Graden

Das Geschäft mit der Eitelkeit kennt keine Konjunktur. Ob es mit der Wirtschaft nun eher bergauf oder bergab geht, akademische Grade stehen bei uns hoch im Kurs. Die Mehrzahl legt sich für den Titel eines Doktors nach dem Diplom an der Universität jahrelang krumm, lebt am Rande des Existenzminimums, forscht, schreibt, büffelt, läßt sich bisweilen zum Kofferträger des Doktorvaters degradieren, liefert das Ergebnis seiner wissenschaftlichen Forschung ab, wird benotet, durchs Rigorosum, die mündliche Prüfung, gescheucht und erhält am Ende aller Mühen eine mehr oder weniger aufwendig gestaltete Urkunde, die besagt: Diese Dame oder dieser Herr darf sich künftig „Doktor" dieser oder jener Wissenschaftsdisziplin nennen.

Wie nach einer Geburt ist die ganze Mühsal mit einem Schlag vergessen. Für den nun Promovierten beginnt ein neues Leben. Er genießt ein größeres gesellschaftliches Ansehen, sein Selbstbewußtsein steigt. Ob bei der Eröffnung eines Bankkontos, der Wohnungs- oder Jobsuche: Die Frau und der Herr Doktor kommen einfach leichter durchs Leben. Schon die neue Anrede „Dr. Müller", anstatt des profanen „Müller", dürfte bei manchen Titelträgern zu Anfang ein zartes Kribbeln im Bauch hervorrufen.

Es sind die vielen kleinen Annehmlichkeiten des Alltags, die dem Promovierten das Leben verschönern, ihn von der Masse der Nicht-Promovierten wohltuend abheben. Wäre dies jedoch alles, gäbe es in Deutschland den Titelhandel in dem nun aufgedeckten Umfang sicherlich nicht.

Man muß einfach wissen: Ein Doktor- oder Professorentitel, ob legal oder illegal erworben, zahlt sich durch höheres Einkommen aus, ist zum Beispiel bei Chemikern für den Berufseinstieg ein absolutes Muß, verhilft zu rascherer Karriere.

Nach einer Untersuchung des *manager magazins* bei den 100 größten Industriekonzernen und 60 größten Banken und Versicherungen haben knapp die Hälfte aller Vorstände und Geschäftsführer promoviert.

Kann es da noch verwundern, daß die Zahl der amtlich registrierten Promotionen an den deutschen Hochschulen von Jahr zu Jahr steigt? 1993 lag sie bei über 20 000.

Unternehmen wollen keinen Doktor über 30

Einerseits wirkt sich der „Dr." in der Wirtschaft sehr positiv aus. Andererseits verlangen die Firmen jedoch auch ein zügiges Studium. Wer sich mit 35 Jahren als Hochschulabsolvent, selbst mit Promotion, bewirbt, hat schlechte Aussichten. Daher ziehen es viele Wirtschaftswissenschaftler, Juristen, zum Teil sogar Mediziner vor, zuerst einmal in den Beruf zu starten. Sie wollen einen Job ergattern und nehmen sich fest vor, später die versäumte Promotion nachzuholen.

Nach den ersten Jahren in der Industrie, aber auch in einer freiberuflichen Existenz, stellen sie jedoch fest: Die promovierten Kollegen und Konkurrenten ziehen an ihnen vorbei. Dem wollen sie nicht länger tatenlos zusehen. Ein Doktortitel muß her.

Daß dies auch noch im fortgeschrittenen Alter zu schaffen ist, bewies kürzlich Else Beitz. Sie promovierte mit 73 Jahren über die Erziehungsideale Alfred Krupps zum Dr. phil. an der Universität/Gesamthochschule in Essen. Ihre Doktorarbeit wurde mit „magna cum laude“, also „sehr gut“, benotet.

Zurück zum Manager oder Freiberufler, der irgendwann entschlossen ist, das Versäumte nachzuholen.

Am weitesten verbreitet ist immer noch der Weg, als Externer ganz legal eine Promotion an einer in- oder ausländischen Universität anzustreben. Man nimmt am besten zu seiner ehemaligen Hochschule, zu den Professoren von damals Kontakt auf, macht sich über ein mögliches Thema Gedanken, entwirft vielleicht sogar eine kleine Gliederung und bietet es einem Professor an.

Lehnt der ab, muß man sich auf die Suche nach jemandem machen, für den dieses Thema interessant sein könnte. Ein erfolgversprechender Weg ist, in Fachzeitschriften oder der Fachliteratur nach solchen Professoren Ausschau zu halten. Über derartige Veröffentlichungen kommt man an die Namen der Wissenschaftler.

Ein echter Titel, hart erarbeit, nicht käuflich erworben

Wer als externer Doktorand akzeptiert wird, erarbeitet am Feierabend, an den Wochenenden und im Urlaub die Dissertation, reicht sie ein, macht eine mündliche Prüfung und erhält als Lohn für die jahrelange Mühe eine Urkunde, auf der der akademische Grad vermerkt ist.

Die Urkunde und der Titel haben den ganz entscheidenden Vorzug, wirklich echt zu sein. Man läßt die zwei Buchstaben mit dem Punkt in den Personalausweis und Paß eintragen. Visitenkarten und Geschäftsbriefe werden neu gedruckt. Der frisch gekürte Herr Doktor genießt – zwar später, dafür aber mit noch größerer Genugtuung – die Privilegien eines promovierten Akademikers. Und dies kann er mit einem guten Gewissen tun. Denn dieser akademische Grad ist ehrlich verliehen, nicht käuflich erworben.

Ein anderer Weg, zu späten Titelwürden zu kommen, ist die Ehrenpromotion oder der Titel „Honorarprofessor". Auf welche Weise so mancher Zeitgenosse dazu kommt, mag bisweilen moralisch zweifelhaft sein, juristisch sind der Doktor h. c. oder der Prof. h. c. jedoch meistens unanfechtbar.

Die Sache mit dem Doktor h. c.

Ob sie sich um die Wissenschaft oder die Forschung verdient gemacht haben oder auch nicht, bekannte Persönlichkeiten mit Einfluß, also vor allem Politiker, werden von Hochschulen im In- und Ausland mit Titeln honoris causa ausgezeichnet. Helmut Kohl beispielsweise hat bisher immerhin 18 Ehrendoktorhüte und sogar eine Ehrenprofessur einer chinesischen Universität.

Geld ist bei derartigen Dingen nicht im Spiel. Jedenfalls keines aus der privaten Schatulle der Politiker. Mag sein, sie bringen unterschriftsreife Abkommen über Entwicklungshilfezahlungen nach Südamerika mit. Oder sie werden einfach dafür indirekt geehrt, daß beispielsweise die wirtschaftlichen und politischen Beziehungen zwischen Deutschland und China wieder ungetrübt sind, obwohl es vor nicht allzu langer Zeit ein Massaker an freiheitsliebenden Studenten auf dem „Platz des himmlischen Friedens“ (!) in Peking gab. Bei der Verleihung setzte sich Kohl dann jedoch für die Menschenrechte ein.

Auch Industrielle und Manager dürfen Ehrenprofessuren und Ehrenpromotionen entgegennehmen. Auch bei dieser Konstruktion fließt übrigens kein Geld aus den Taschen der Geehrten. Wenn Industrie-Unternehmen bestimmte Hochschulinstitute mit kräftigen Geldspritzen bedenken, dann ist es sicher nur ein Zufall, daß man die Top-Manager des Konzerns für Verdienste um Wissenschaft und Forschung mit Doktorhüten belohnt.

Damit sind wir mit den legalen Möglichkeiten, im späteren Berufsleben doch noch zu akademischen Ehren zu kommen, fast schon am Ende.

Die vielen illegalen Machenschaften

In diesem Buch beschäftige ich mich mit den sehr vielen anderen Möglichkeiten, die ersehnten zwei Buchstaben mit dem Punkt zu erlangen. Dabei geht es um Geld, in Einzelfällen sogar um sehr viel Geld, das Titelsüchtige einzusetzen bereit sind. Auf diesem Markt, auf dem in der Bundesrepublik Jahr für Jahr sicherlich mehr als 100 Millionen Mark umgesetzt werden, sind Promotionsberater, Titelhändler und Ghostwriter, Scharlatane, Betrüger und Kriminelle aktiv. Sie bieten ihre Dienste über Anzeigen und per Post offen oder auch ganz diskret an.

Was in diesem Geschäft zumindest noch theoretisch an legalen Möglichkeiten bleibt: Ein gutbetuchter Manager oder Freiberufler verfaßt die Doktorarbeit zwar selbst. Doch er beauftragt einen dritten, nämlich einen sogenannten „Promotionsberater“, einige Dienstleistungen in Zusammenhang mit der externen Promotion für ihn zu erledigen. Das können sein: Suche eines Doktorvaters, Hilfe bei der Themenwahl, Datenbankrecherchen. Mehr dazu im Einleitungstext zum Kapitel über Promotionsberater auf Seite 267 ff.

Hier kommt zum ersten Mal massiv Geld aus der Privatschatulle der Titel-Interessenten ins Spiel. Und bei steigenden Summen wachsen die Erwartungen der Geldgeber. Damit begeben sich viele Promotionsberater, auch jene, die seriös wirken, bereits in eine rechtlich bedenkliche Grauzone.

Wo fängt die Hilfe an, wo hört sie auf?

Eines muß man deutlich sagen: Bei Geldzahlungen sind immer zwei Leute involviert. Einer, der bereitwillig die Hand aufhält, und eine Person, die zum Zahlen bereit ist. In diesem Buch begegnen dem Leser viele mehr oder weniger zwielichtige Gestalten, die es glänzend verstehen, anderen Leuten für echte oder falsche Titel und/oder Urkunden viel Geld aus der Tasche zu ziehen. Diese Typen können von uns keine Sympathie erwarten.

Habgierige Käufer – habgierige Händler

Nicht sympathischer sind uns jedoch die vielen Leute, die zu massiven Geldzahlungen bereit sind. Denn sie wollen ganz bequem mit ein paar großen Scheinen einen akademischen Grad einkaufen, für den sich ehrliche Menschen unter hohem persönlichem Einsatz abmühen. Die Titelkäufer machen es Betrügern durch ihre Naivität und ihren grenzenlosen Leichtsinn ganz einfach, sie auszunehmen. Sie machen es den ganz wenigen seriösen Leuten in der Branche unheimlich schwer, sie nicht übers Ohr zu hauen!

Die Kundschaft nimmt mehr oder weniger verschämt über jene Kleinanzeigen mit den Anbietern Kontakt auf, die bezeichnenderweise meist in der Rubrik „Geldanlage“ zu finden sind. Sie wollen, das wissen wir aus Gesprächen mit solchen Leuten (wir sind einmal auch in die Rolle eines Titelhändlers geschlüpft), keine Unterstützung bei geplanten Promotionsvorhaben. Sie sind auf der Suche nach dem bequemsten, sichersten und schnellsten Weg, illegal einen Doktortitel käuflich zu erwerben!

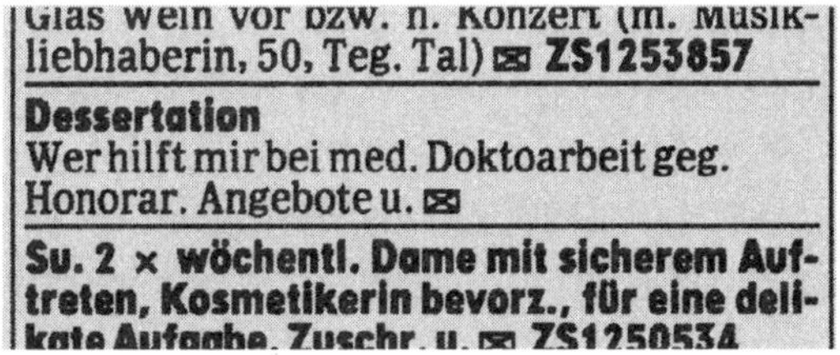
Glas Wein vor bzw. n. Konzert (m. Musikliebhaberin, 50, Teg. Tal) ✉ ZS1253857

Dessertation
Wer hilft mir bei med. Doktoarbeit geg. Honorar. Angebote u. ✉

Su. 2 × wöchentl. Dame mit sicherem Auftreten, Kosmetikerin bevorz., für eine delikate Aufgabe. Zuschr. u. ✉ ZS1250534

Anmerkung: Gemeint ist wohl „Dissertation“

Und so verwundert nicht, daß fast alle „Promotionsberater“, denen wir nicht als Journalisten, sondern als Personalberater, Versicherungskaufleute usw. gegenübertraten, schnell ihre offizielle Tarnkappe ablegten und zum Teil ungefragt das Schreiben der Arbeit, also den Betrug, mit anboten. Daß in diesen Fällen ein Training auf die mündliche Prüfung notwendig ist, versteht sich von selbst. Eine solche „Komplettlösung“ an einer deutschen Universität ist ab 40 000 DM aufwärts zu haben.

Steigende Preise für deutsche Titel

Sie dürfte jedoch in den nächsten Monaten wegen der Enthüllungen in der jüngsten Vergangenheit deutlich teurer werden. Welcher Professor möchte mit Schurken in Verbindung gebracht und der Öffentlichkeit preisgegeben werden? Welcher Hochschullehrer mag verdächtigt werden, direkt oder indirekt Geldzahlungen für seine Bereitschaft erhalten zu haben, einen externen Promovenden zu betreuen? Daher wird sich so mancher Professor nun zweimal überlegen, ob er auf verlockende Offerten von Promotionsberatern eingeht. Zumindest vorläufig.

Wer sich in der Materie nicht auskennt, wird sich jetzt fragen: Wie ist ein Zusammenspiel von Hochschullehrer, Doktorand und Vermittler eigentlich möglich?

Das Kapital der Promotionsberater ist ihr intimes Know-how, das sie im jahrelangen Kontakt mit den Universitäten und ihren Hochschullehrern erworben haben und das sie nun in Bargeld ummünzen. Sie kennen die Schwächen des Hochschulsystems und seine (wenigen) bestechlichen Professoren sehr genau. Sie wissen, an welchen Fakultäten sich externe Promovenden gar nicht einschreiben müssen, wo die mündlichen Prüfungen nur eine Formsache sind, welcher Hochschullehrer wie geneigt zu machen ist, einen Titelaspiranten zu betreuen. Diese vielen Löcher zu stopfen, haben sich Hochschulrektorenkonferenz und Hochschulverband nun endlich vorgenommen. (Siehe Seite 321 ff.)

Je schneller und gründlicher die ansonsten lahme Universitätsbürokratie reagiert, desto schwerer werden es Betrüger künftig haben.

Professoren tappen in die Fallen

Wir sind aber auch sicher, daß manche Professoren heute gar nicht wissen oder wissen wollen, daß der externe Doktorand Geld an einen Promotionsberater bezahlt, der dafür einen Teil oder sogar die ganze Dissertation mitliefert. Sie freuen sich über die wissenschaftliche Arbeit. Die können sie nämlich unter Umständen für ihre eigenen Forschungsvorhaben nutzen. Sie fragen gar nicht, aus welcher Feder sie stammt.

Zudem tappen manche Professoren in die listig aufgestellten Fallen der intelligenten und gerissenen Betrüger. Die haben nämlich unter Umständen einen famosen Verein gegründet, der sich offiziell um eine engere Verzahnung von Wirtschaft und Wissenschaft kümmert. Der gibt dem Herrn Professor immer wieder einmal einen gutdotierten Auftrag zu einer wissenschaftlichen Arbeit. Diesen Auftrag erledigt vielleicht der Assistent des Professors. Das ist dem Promotionsberater natürlich egal.

Irgendwann, da muß es überhaupt keinen direkten zeitlichen Zusammenhang geben, geht der Promotionsberater in seiner Doppelfunktion als Vereinsvorstand und Auftragsverteiler abends beim Glas Wein den Herrn Professor an, der mittlerweile Vereinsmitglied geworden ist: „Sagen Sie mal, ich habe da einen guten Freund, der auch unserem Verein beitreten will. Der kommt beruflich einfach nicht weiter, weil er versäumt hat, beizeiten zu promovieren. Dabei hat er schon mit einer Doktorarbeit begonnen, die ganz gut in Ihr neues Forschungsvorhaben paßt. Die Noten des Diplom-Zeugnisses sind nicht so toll. Aber der ist unheimlich fleißig, so daß Sie auch nicht viel Arbeit mit ihm hätten. Darf er, lieber Herr Professor, sich wenigstens einmal bei Ihnen persönlich vorstellen?"

Wenn eine Hand die andere wäscht

Natürlich darf er das. Eine Hand wäscht bekanntlich die andere. Zumal der Promotionsberater auch einen Doktortitel, wenn nicht gar einen Professorentitel trägt. Den führt er zwar meistens unrechtmäßig. Aber woher sollte das der richtige Professor wissen?

Der Leser erfährt im Kapitel über die Promotionsberater (siehe Seite 267 ff.), wer in diesem fatalen Business mitspielt, zu welchen Konditionen was zu haben ist und welche Risiken die Interessenten eingehen.

Die Ideallösung im deutschen Titelgeschäft ist also ein reibungslos funktionierendes Zusammenspiel zwischen Professoren, die beide Augen zudrücken, Vermittlern, die ihnen diskret Geld zuschieben, und Doktoranden, die ohne eigene Anstrengung dank einer kräftigen Finanzspritze zu akademischen Ehren kommen. Halten alle dicht, hat der Käufer einen echten, führbaren akademischen Grad einer deutschen Universität käuflich erworben. Das dürfte viele dutzendmal im Jahr in Deutschland passieren.

So etwas hat man ja lange Zeit nicht für möglich gehalten. Prof. Theisen, der sich mit diesem Business intensiv beschäftigt, schätzt, daß zwischen 200 und 300 Doktortitel pro Jahr gekauft werden. Darin enthalten sind jene Grade, die mit Hilfe eines Ghostwriters – also auch illegal – zustande kommen. Der geschätzte Jahresumsatz: sicher mehr als 20 Millionen DM.

Ghostwriter geben sich ahnungslos

Apropos „Ghostwriter“. Sie verfassen meist nur die Doktorarbeiten. Einige stellen auch einmal einen Kontakt zum Doktorvater her. Da hier der Straftatbestand der Beamtenbestechung naheliegt, vermeiden jedoch die meisten dieser Zunft die Kontaktanbahnung und beschränken sich auf das Verfassen der Arbeit.

Ghostwriter wissen natürlich auch, was gespielt wird. Offiziell stellen sie sich jedoch genauso dumm wie die meisten Promotionsberater. Es heißt scheinheilig: „Wir verfassen nur ein Gutachten auf wissenschaftlichem Niveau. Was unser Auftraggeber damit macht, darauf haben wir überhaupt keinen Einfluß.“ Bei den medizinischen Doktorarbeiten ist dieses Phänomen unserer Beobachtung nach am häufigsten anzutreffen. Die Preise pro Arbeit rangieren zwischen 10 000 und 50 000 DM.

Ich habe dieses Einleitungskapitel ganz bewußt mit der Schilderung des Kaufs deutscher Titel begonnen, weil sich hier einer von mehreren neuen Trends im Geschäft mit der Eitelkeit zeigt. Grob vereinfacht könnte man auch sagen: Es gibt eine Entwicklung weg vom Kauf ausländischer akademischer Grade und hin zu deutschen Titeln. Doch dies wird nur eine Zeitlang so sein. Die Ostmärkte, so meine Prognose, lösen den Inlandsmarkt bald wieder ab.

Große Vorzüge deutscher Titel

Deutsche Titel haben den Vorteil: Wer sie erwirbt, wie auch immer, läuft nicht Gefahr, sie womöglich in

Deutschland gar nicht oder nur mit einem häßlichen Zusatz des Herkunftslandes tragen zu dürfen. Wer den Doktorhut der Universität Mainz erhält, braucht zum Führen des Titels keine ministerielle Genehmigung und erhält den Grad ohne viel Formalitäten in den Paß eingetragen.

Diesen Umstand machen sich nun massiv Fälscher zunutze. (Siehe das Kapitel: „Der Handel mit Titeln deutscher Hochschulen", Seite 201 ff.) Sie verkaufen mehr oder weniger gut nachgemachte Urkunden deutscher Universitäten und kommen damit bei den Behörden ganz einfach durch. Meine Kollegen und Freunde, die mich bei meinen Recherchen unterstützten, haben das ebensowenig wie ich für möglich gehalten, und wir erbringen nun in diesem Buch den Beweis (siehe das Kapitel „Karl L.", Seite 233 ff.). Solche Urkunden sind auf dem Markt ab 20 000 DM zu haben.

Wir fürchten: Der Ruf der akademischen Grade ist bereits derart ruiniert, daß viele Käufer den Beteuerungen der Verkäufer (die sich meist auch Promotionsberater nennen) glauben. Die behaupten dreist, hier mache ein deutscher Professor für ein paar Tausender nur eine Unterschrift unter eine echte Urkunde, und fertig ist der neue Herr Doktor. Im Gegensatz zur oben geschilderten Ideallösung (Einverständnis des Professors, Verfassen einer Dissertation usw.) ist diese Methode alles andere als ideal, nämlich relativ leicht aufdeckbar. Wie? Das lesen Sie im Kapitel „Der Handel mit Titeln deutscher Hochschulen" (Seite 201 ff.).

Neue Maschen mit alten Tricks

Die Fälscher deutscher Urkunden klauen übrigens der alten Gilde der Händler ausländischer Grade eine Idee.

Claus Schilden, aber auch Bleisch=de Leon und anderen ist es tatsächlich gelungen, mit ein paar Tricks ihren Kunden zum Eintrag eines Doktortitels in die amtlichen Personalpapiere zu verhelfen, obwohl der Titel von einer ihrer vielen Phantasie-Universitäten stammt.

Das passiert heute immer noch. Auch diese Sparte im Titelgeschäft hat weiterhin Konjunktur. Die falschen Grade stammen meist von Schein-Unis aus der Schweiz oder von solchen Institutionen, die mit echten Universitäten (wegen der beabsichtigten Verwechslung) einen Namensteil gemeinsam haben.

Einige Verkäufer fälschen für ihre vielen deutschen Kunden praktischerweise eine Art „behördliche Tragegenehmigung" gleich mit. Oder die Herrschaften behaupten einfach, schweizerische Grade könnten aufgrund dieser und jener Bestimmung getragen werden. Viele Käufer glauben das und führen diese Titel. Nichts fällt auf. Das geht manchmal Jahrzehnte gut. Selbst auf den Grabstein meißelt man den falschen „Dr.".

Damit sind wir beim Auslandsmarkt angelangt, dem größten Kapitel in unserem Buch. Hier werden immer noch die höchsten Umsätze erzielt. Hier sind die meisten Betrüger am Werk. Schilden allein dürfte nach unseren Berechnungen in den letzten Jahren mindestens 45 Millionen DM eingenommen haben.

Trotz zahlreicher Zeitungsberichte fallen immer noch sehr viele Käufer, aber auch Beamte der Einwohnermeldeämter auf Fälschungen herein. Klappt die Anmeldung des gekauften falschen Titels bei den Meldebehörden wider Erwarten nicht, verweigern die Kultus- oder Wissenschaftsministerien die Genehmigung, den gekauften Grad zu führen, heißt es von seiten der Verkäufer: Pech gehabt!

Zur Not hilft eine kleine Erpressung

Die Mehrzahl der Geschädigten geht dennoch nicht zu Polizei und Staatsanwalt. Man schämt sich, scheut die öffentliche Blamage, auf plumpe Betrüger hereingefallen zu sein. Wer seinen Zeigefinger auf einen Titelhändler richtet, merkt: Drei Finger der gleichen Hand weisen in Richtung des Titelsüchtigen. Ein Käufer, der einen Titelhändler outet, outet sich selbst als eine Person, die gegen eine schnöde Geldzahlung einen akademischen Grad erwerben wollte. Von allen strafrechtlichen Folgen einmal ganz abgesehen.

Die juristischen Konsequenzen, auf die sich ein Titelkäufer einläßt, habe ich in jedem Kapitel detailliert geschildert. Es drohen Geld- und Gefängnisstrafen. Was noch hinzukommt: Wer auf einen Titelbetrüger hereinfällt, hat keine großen Chancen, das viele Geld zurückzubekommen. Ende 1993 führte nämlich der Bundesgerichtshof aus: „In den Augen anständiger Menschen, die Ämter und Titel durch Mühen und Verdienste erwerben und nicht erkaufen, ist der Ämter- und Titelhandel in hohem Maße zu mißbilligen." Die Käuflichkeit würde zur Sinnentleerung von Titeln und zu einer wesentlichen Beeinträchtigung der Funktionsfähigkeit öffentlicher Ämter führen. Derartige Geschäfte seien sittenwidrig und demnach nach § 138 BGB „nichtig". Daher konnte ein Geschäftsmann seine 50000 DM nicht zurückbekommen. Für diesen Betrag war ihm der Titel eines Honorarkonsuls versprochen worden.

Pech für den Herrn Heilpraktiker

Nicht viel mehr Glück hatte ein Dortmunder Heilpraktiker, der von der Hermes AG (siehe Seite 209 ff.) eine gefälschte Urkunde der Humboldt-Universität zu Berlin für 28500 DM gekauft, den (falschen) Titel bei den Meldebehörden eintragen, seine Briefbögen neu drucken und ein neues Türschild mit dem „Dr. h. c." anfertigen ließ. Als man ihm auf die Schliche kam, forderte der falsche Doktor vor dem Dortmunder Landgericht, ihm müßten die 28 500 DM zurückerstattet und 6000 DM Schmerzensgeld zugesprochen werden. Den Erstattungsanspruch billigte ihm Richter August Heckt noch zu. Der wird ihm natürlich nichts nützen: Von der Hermes Treuhand fehlt jede Spur. Doch die Schmerzensgeld-Forderung wies Heckert wegen der Mitschuld des Heilpraktikers mit der tollen Begründung zurück: „Schmerzensgeld gibt's nur bei schwerwiegenden Persönlichkeitsverletzungen, nicht bei Selbstverstümmelung."

Die für Käufer juristisch fast aussichtslose Lage kennen die Händler natürlich ganz genau. Wagt ein Betrogener dennoch, gegen einen Betrüger vorzugehen, wenden sie ein probates Ganovenmittel an. Sie erpressen ihren Kunden einfach und drohen, ihn bloßzustellen. Wegen der schwierigen Rechtslage und der öffentlichen Blamage bleibt der größte Teil des Titelgeschäfts unter dem Teppich! Beispiel: Es haben nur ganz wenige von Schildens mehr als 1 500 geprellten Kunden Anzeige erstattet.

Beste Beziehungen ins Ministerium

Eine andere Markttendenz, die in den nächsten Jahren alle anderen Entwicklungen in den Schatten stellen dürfte, ist der Verkauf von akademischen Graden aus Ostblockstaaten. Auch auf diesem Terrain sind bereits Titelhändler und Promotionsberater aktiv.

Wenn man all die massenhaft vorkommenden Betrügereien sieht, in die natürlich auch einige Promotionsberater verstrickt sind, die sich jedoch alle nach außen hin seriös geben, dann muß man einigen wenigen Herren im Titel-Business ja fast schon ein Kompliment machen. So beispielsweise den beiden Südamerika-Experten Kessenich und Kanehl.

Die beiden verkaufen nämlich wenigstens echte h. c.-Titel echter Unis, auch wenn das Auslandstitel sind. Für den reibungslosen Ablauf des behördlichen Verfahrens hat zumindest Kanehl vorgesorgt. Seine guten Kontakte ins Düsseldorfer Wissenschaftsministerium sind wirklich Gold wert.

Der Doktortitel und das liebe Geld

Eine Million mehr oder weniger

Ein ganz wichtiges Argument im Geschäft um die akademischen Titel lautet: Eine Investition in einen Doktor- oder Professorentitel macht sich schnell bezahlt. Wer also 20000, 30000, selbst 100000 DM ausgebe, erhalte dieses Geld über ein höheres Einkommen zurück.

Ich hätte dieses Argument gern in das Reich der vielen Fabeln verbannt, die einem die Promotionsberater erzählen. Doch in diesem wichtigen Punkt sagen sie tatsächlich die Wahrheit.

Die seriöse Kienbaum-Unternehmensgruppe führt regelmäßig Untersuchungen zu Vergütungen durch. Schon beim Einstiegsgehalt machen sich deutliche Unterschiede zwischen Akademikern mit oder ohne Promotion bemerkbar. In der betreffenden Studie aus dem Jahr 1993 heißt es: „Die promovierten Absolventen erhalten heute Zuschläge beim Einstiegssalär zwischen 10 000 und 15 000 DM jährlich. Dies gilt vor allem, wenn sich die ‚Doctores' unmittelbar auf Positionen bewerben, die für nur diplomierte Absolventen kaum zugänglich sind. Dazu zählen neben hochqualifizierten Spezialistenfunktionen, für die sich die promovierten Bewerber insbesondere durch die Thematik ihrer Dissertation empfehlen, vor allem die ‚karriereträchtigen' Positionen als Vorstands- oder Direktionsassistent."

„10 000 bis 15 000 DM im Jahr", so machen viele Promotionsberater dann ihre Milchmädchenrechnung auf, „da können Sie ja leicht ausrechnen, wie schnell sich so ein Doktortitel bezahlt macht."

An dieser Stelle muß man jedoch einwenden: Die Leute, von denen gerade die Rede ist, sind nicht ihre Klientel. Junge Hochschulabsolventen haben in der Regel genügend Kontakte zur Uni, um einen Doktorvater zu finden. Sie haben auch gar nicht das Geld, um sich eine Arbeit schreiben zu lassen. Und erst recht nicht die teilweise horrenden Summen, die in diesem Business (oft schwarz) für eine Lösung über den Tisch gehen, bei der der künftige Herr Doktor praktisch nur noch eines zu tun hat: die Geldbörse zu öffnen.

Hohes Einkommensplus für Promovierte

Das wichtigste ist jedoch: Die allermeisten Hochschulabsolventen sind seelisch noch nicht verbogen genug, sich mit Titelhändlern oder zwielichtigen Promotionsberatern einzulassen. Ihre Suggestionskraft reicht noch nicht für die Selbsttäuschung der Älteren aus, daß echte akademische Titel einfach so für Geld zu haben sind und das alles ohne juristische und andere Schwierigkeiten abgeht.

Dennoch spricht der finanzielle Aspekt eindeutig für die Promotion. Die Einkommensunterschiede zwischen Promovierten und Nicht-Promovierten nivellieren sich im Laufe des Berufslebens meistens nicht. Wer promoviert, also in der Regel mindestens zwei Jahre später verdient, hat diesen fiktiven Verlust gegenüber dem Berufsfrühstarter schnell wieder aufgeholt. (Siehe das nebenstehende Schaubild.)

Den beträchtlichen Mehrverdienst der promovierten Akademiker bekommen die Leute, die schon einige

Jahre im Berufsleben stehen, deutlich mit. Sie stellen fest: Nicht die Leistung allein ist für die Höhe des Einkommens ausschlaggebend, sondern auch bestimmte „Nebensächlichkeiten“. Gute Beziehungen gehören dazu, bestimmte Branchen, das Verhältnis zum Chef, aber oft eben auch ein gutklingender Titel.

Die Gehaltsunterschiede türmen sich Jahr für Jahr zu einer immer weiter steigenden Summe. Irgendwann bereuen die Herren (Frauen haben wir bei unseren Recherchen kaum angetroffen), nicht beizeiten ihre Doktorarbeit geschrieben zu haben, und sinnen auf Abhilfe. Sie sehen die vielen Angebote in den Tageszeitungen, Fachblättern, Magazinen. Und dann sind viele „reif“ für die Promotionsberatung oder „reif“ für einen Titelhändler.

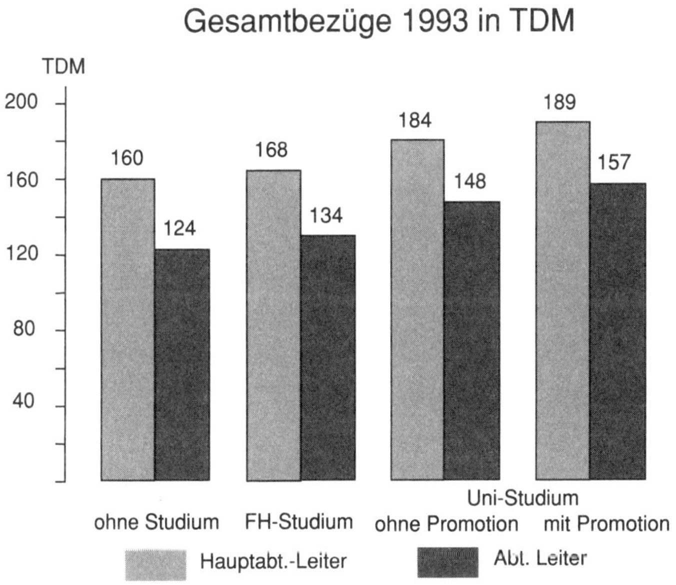

© Kienbaum Vergütungsberatung

Eine Einkommensanalyse der hochangesehenen „VDI-Nachrichten" zu den Einkommensunterschieden zwischen Ingenieuren von Technischen Hochschulen und Universitäten mit und ohne Promotion ergibt im Jahr 1993: Über das gesamte Lebensalter gerechnet zeigt sich durchgängig ein Einkommensvorteil der promovierten Ingenieure von knapp 2 000 DM brutto im Monat. Das dürften bei 30 Berufsjahren (Einstieg mit 32 und Pensionierung mit 62 Jahren) also insgesamt mindestens 720 000 DM sein, eher mehr. (Siehe Schaubild unten.) 1991 stieg die Zahl der Leute, die mit einem Dr. Ing. die Hochschulen verließen, denn auch um knapp 20 Prozent im Vergleich zu 1990.

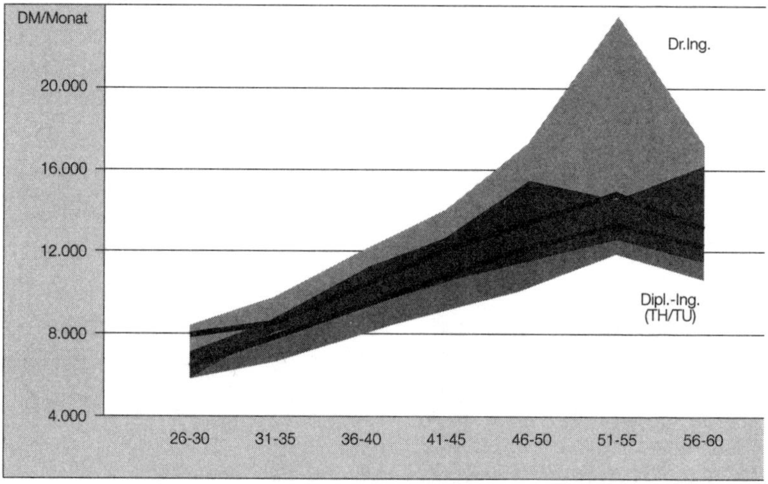

Quelle: „VDI-Nachrichten"

Promotion

an in- und ausl. Universitäten. Diskrete und rasche Abwicklung. Treuhand-Lösung. Garantierte Sicherheit. Realistische Honorare. Zuschriften unter WS 63795 WELT am SONNTAG, Brieffach 24 56, 20350 Hamburg.

Bei Ingenieuren geht es also unter Umständen um knapp eine Million Mark mehr oder weniger. So verwundert es den Autor übrigens nicht mehr, daß jeder zweite Briefschreiber auf seine fingierte Anzeige (siehe oben) Ingenieur war, der auch gern einen Doktortitel gehabt hätte. Die meisten hatten es verständlicherweise sogar sehr eilig.

Anfällig für illegale Verlockungen ist zudem die immer weiter steigende Gruppe von Selbständigen und Freiberuflern. Kienbaum: „Auch in der Unternehmens- und Personalberatung macht sich der ‚Dr.' auf der Visitenkarte bezahlt." Aber natürlich nicht nur dort. Der promovierte Jurist, Journalist, Steuerberater usw. wird einfach für kompetenter gehalten als der Kollege ohne den schönen Titel. Das größere Ansehen zahlt sich rasch in barer Münze aus: Das Auftragsvolumen steigt. Die Unternehmen akzeptieren höhere Forderungen des Herrn Doktor!

Heiß umworbene Heilpraktiker und Ärzte

Eine ganz besonders interessante Zielgruppe für Promotionsberater und Titelhändler sind natürlich die Angehörigen der Heilberufe. Das gilt für nicht promovierte Ärzte und Apotheker genauso wie für Heilpraktiker und Masseure.

Ein Heilpraktiker, der nicht mehr „Heinz Gärtner" heißt, sondern „Dr. Heinz Gärtner" oder gar „Prof. Dr. h.c. Heinz Gärtner" auf sein gut sichtbares Praxisschild schreiben darf, wird mit hundertprozentiger Sicherheit von diesem Tag an höhere Honorarvolumina erzielen. Dabei spielt es übrigens gar keine Rolle, ob nur „Dr." oder „Dr. med" auf dem Türschild steht. Sobald die zwei Buchstaben mit dem Punkt auftauchen, assoziiert die Mehrheit der Patienten, hier handele es sich um einen Heilpraktiker, der auch noch Doktor, also Arzt sei. Über diesen klitzekleinen Irrtum wird kaum jemand aus der heilenden Zunft seine Patienten aufklären. Das verbietet schon die Rücksicht auf die Höhe des eigenen Kontostandes!

Interessant ist in diesem Zusammenhang eine Umfrage unter Medizinern, die das Fachblatt „Status" durchführte. 95 Prozent der Mediziner, die an der Umfrage teilnahmen, besitzen zwar selbst einen Doktortitel. Aber immerhin glauben fast 60 Prozent, daß mindestens jeder hundertste der Kollegen einen zweifelhaften Titel führt, sogar ein gutes Viertel ist der Überzeugung, daß es bei fünf Prozent aller Doktortitel nicht mit rechten Dingen zugegangen ist. Interessant auch die Einschätzung jener Vorteile, die ihnen der eigene Titel brachte: 67,1 Prozent der Befragten gaben an, ihr Ansehen bei den Patienten sei in der Praxis gestiegen. Und wenn sich das nicht in barer Münze auszahlt, was denn dann?

Eindeutig ist jedenfalls ein Kommentar eines erbosten Mediziners, der „Status" schrieb: „Käufer und Verkäufer von Titeln gehören hinter schwedische Gardinen." Dem können wir nur beipflichten.

Das Doktortitel-Who's who

Mehr als 50 verschiedene Bezeichnungen

Wenn Ihnen einmal ein Dr. rer. sec. begegnen sollte, können Sie sich schlecht einen Reim darauf machen, in welchem Studienfach der Betreffende promoviert hat. „Rer. sec." steht für „rerum securitatem", also auf deutsch „Sicherheitstechnik", ein Abschluß, den es nur in der ehemaligen DDR gab. Mehr als 50 verschiedene Bezeichnungen verbergen sich hinter den Kürzeln im deutschen Sprachraum. (Siehe die Übersicht auf der nächsten Seite.)

Die vielen Namen der Doktoren

D., Ehrenhalber verliehener Doktor-Grad der Theologie

Doktor der ... (Studienrichtung X), seit 1966 offizielle Bezeichnung eines in Österreich nach Dissertation und Prüfungen erworbenen Doktor-Grades

Dr. agr. (agronomiae), Landbauwissenschaft, Landwirtschaftswissenschaft (B, D)

Dr. disc. pol. (disciplinarum politicarum), Sozialwissenschaften

Dr. e. h., Dr. E. H. (ex honore), Ehrendoktor der TH

Dr. forest., (rerum forestalium), Forstwirtschaft (B, D)

Dr. h. c. (honoris causa), Ehrendoktor der Universität

Dr.-Ing., Doktor-Ingenieur (auch für Diplom-Mathematiker und Diplom-Physiker möglich; B, D)

Dr. med. vet. (mecidinae veterinariae), Tierheilkunde (B, D, Ö, S)

Dr. iur. utr. (iuris utriusque), Welt- und Kirchenrecht (B, D, S)

Dr. math. (mathematicae) Mathematik (D)

Dr. iur. can. (iuris canonici), Kirchenrecht (B, D)

Dr. med. (medicinae), Medizin (B, D, S)

Dr. iur./jur. (iuris, juris), Rechtswiss. (B, D, Ö, S)

Dr. med. dent. (medicinae dentariae), Zahnmedizin (B, D, S)

Dr. med. univ. (medicinae universae), Ges. Heilkunde (Ö)

Dr. mont. (montanarum), Bergbauwissenschaften (Ö)

Dr. nat. techn. (rerum naturalium technicarum), Bodenkultur (Ö)

Dr. oec. (oeconomiae), Verwaltungswiss. (D, S)

Dr. oec. publ. (oeconomiae publicae), Volkswirtschaft (B, D)

Dr. oec. troph. (oecotrophogiae), Hauswirtschaft (B, D)

Dr. phil. nat. (philosophiae naturalis), Naturwiss. (soweit innerhalb der Philosoph. Fakultät; B, D, S)

Dr. phil. (philosophiae), Philosophie und andere Geisteswiss. (B, D, Ö, S)

Dr. pharm. (pharmaciae), Pharmazie (S)

Dr. phil. fac. theol. (philosophiae facultatis theologicae), Philosophie der Theolog. Fakultät (Ö)

Dr. rer. agr. (rerum agrarium), Landbauwiss., Landwirtschaft (B)

Dr. rer. biol. hom. (biologiae hominis) Humanbiologie (D)

Dr. rer. biol. hum. (biologiae humanarum) Humanbiologie (D)

Dr. rer. cam. (rerum cameralium), Staatswirtschaftskunde (S)

Dr. paed. (paedagogiae), Erziehungswiss. (D)

Dr. rer. comm. (rerum commercialium), Handelswiss. (B)

Dr. rer. forest. (rerum forestalium), Forstwissenschaft (B)

Dr. rer. hort. (rerum hortensarium), Gartenbauwissenschaft (D)

Dr. rer. medic. (rerum medicinalium), Medizin (D)

Dr. rer. nat. (rerum naturalium), Naturwiss. (B, D, Ö, S)

Dr. rer. oec. (rerum oeconomicarum), Wirtschaftswiss. (B, D, Ö)

Dr. rer. oec. publ. (rerum oeconomicarum publicarum), Staatswirtschaftswiss. (B, D)

Dr. rer. pol. (rerum politicarum), Staatswiss., Wirtschafts- und Sozialwiss., Wirtschaftswiss. (B, D, Ö, S)

Dr. rer. publ. (rerum publicarum), Verwaltungswiss. (D, S)

Dr. rer. sec. (rerum securitatis), Sicherheitstechn. (D)

Dr. rer. silv. (rerum silvestrium), Forstwiss. (D)

Dr. sc. hum. (scientiarum humanarum) Humanbiologie (D)

Dr. rer. soc. (rerum socialium) Sozialwiss. (D)

Dr. rer. soc. oec. (rerum socialium oeconomicarumque) Sozial- und Wirtschaftswiss. (Ö)

Dr. sc. agr. (scientiarum agrariarum), Landbauwissensch., Landwirtschaftswissensch. (B, D)

Dr. sc. math. (scientiarum mathematicarum), Mathematik (D, S)

Dr. sc. nat. (scientiarum naturalium), Naturwissenschaften (S)

Dr. sc. paed. (scientiarum paedagogicae), Erziehungswiss. (D)

Dr. sc. pol. (scientiarum politicarum), Sozialwissenschaft (B, D)

Dr. sc. tech. (scientiarum technicarum), techn. Wiss. (S)

Dr. Sportwiss. (D)

Dr. techn. (technicarum), techn. Wiss. (Ö)

Dr. theol. (evang./kath.) (theologiae), Theologie (B, D, Ö, S)

Dr. troph. (trophologiae), Ernährungswiss. (B, D)

B: Bundesrepublik Deutschland
Ö: Österreich
D: ehemalige „DDR"
S: Schweiz

Entnommen aus: DIE WELT

2. Kapitel

Die Verlockungen aus Europa und Übersee

Der Handel mit ausländischen Doktortiteln

Warum in die Ferne schweifen, wenn das Gute liegt so nah?

Jammerschade – das wäre einmal eine fabelhafte Dienstreise gewesen, die Farbe in den tristen Alltag eines deutschen Beamten gebracht hätte. Die ferne, ostkaribische Insel Nevis lockte mit weißem Sand am Palmenstrand. Der Münchner Richter Dr. Ernst Richter war gern bereit, die Strapazen eines Karibik-Fluges auf sich zu nehmen, wenn's denn der Wahrheitsfindung diene, wie die Süddeutsche Zeitung berichtet.

Indes, der Kläger wollte die voraussichtlichen Kosten von 20 000 DM für diesen Trip nicht auf den Tisch des Hohen Hauses legen. Und so wurde seine Klage, einen Doktortitel der „Grace-University", Nevis, auch in Deutschland führen zu dürfen, schließlich abgeschmettert.

Denn in der Verhandlung wurde auch publik: Der Kanzler der deutschen Botschaft von Trinidad und Tobago war im Frühjahr auf die Insel geflogen, um den Hort der Wissenschaft genauer unter die Lupe zu nehmen. Pech für den deutschen Kläger: Just an diesem Tag hatte die „Universität" allem Anschein nach ihren Lehrbetrieb kurz unterbrochen. An der angegebenen Adresse, unweit des Flughafens von Nevis, grasten an diesem wolkenlosen Tag im April ein paar streunende Ziegen in zwei verfallenen Hütten …

Eine (wahre) Geschichte zum Schmunzeln? Für Außenstehende sicher. Dem Kläger dürfte dieser Spaß jedoch viele tausend Mark gekostet haben. Er fiel auf einen Doktortitelhändler herein, darf den teuer erkauften ausländischen Grad in Deutschland nicht führen und hat obendrein noch saftige Gerichts- und Anwaltskosten zu begleichen.

Ein Einzelfall? Keineswegs. Allein das Bundesland Baden-Württemberg lehnte in den drei Jahren von 1991 bis 1993 immerhin 120 Anträge zur Führung von ausländischen Doktor- und 35 Anträge zur Führung von ausländischen Professorentiteln ab, da, wie das Ministerium für Wissenschaft und Forschung mitteilt, diese „Hochschulen" im Sitzland nicht als solche anerkannt sind. Das bedeutet andererseits: Hier sind wieder einige Millionen Mark in die Taschen von Titelhändlern geflossen, die ihre Kunden leimten.

Daß es überhaupt einen solchen schwunghaften Handel gibt, hat in erster Linie mit den strengen deutschen Gesetzen und der Universitätsbürokratie zu tun, die den Kauf von inländischen akademischen Graden sehr schwer, wenn auch nicht unmöglich machen. (Siehe dazu die Kapitel „Der Handel mit Titeln deutscher Hochschulen", Seite 201ff., und „Das lukrative Geschäft der Promotionsberater", Seite 267 ff.)

Derartige Sicherheitsmaßnahmen gibt es in vielen anderen Staaten schon deswegen nicht, weil sie die gar nicht nötig haben. In den allermeisten Ländern mißt man den akademischen Graden bei weitem nicht die Bedeutung zu wie bei uns. Da käme man also gar nicht auf die Idee, sich über Geldzahlungen mit irgendwelchen falschen akademischen Federn zu schmücken. „Professore" ist in Italien oder den spanischsprachigen Ländern der Lehrer. Und der genießt nicht mehr

Sozialprestige als der Bankkaufmann oder der Inhaber eines gutgehenden Restaurants.

Ohne Titel kein Einstieg in der Chemie

Oder die Situation in Großbritannien. Da bedeutet der akademische Grad für sich allein genommen gar nichts. Man lächelt eher über unsere Titelgeschäfte. Denn im Berufs- und Wirtschaftsleben dort zählt, in welchem Berufsverband man Mitglied ist. Oder anders gesagt: Ist bei uns eine Promotion für den Chemiker der Zugang, um bei Bayer, Hoechst oder BASF in den Job zu starten und später beruflich aufzusteigen, so ist das in Great Britain die Membership zum speziellen Berufsverband der chemischen Industrie. In den kommt nur derjenige hinein, der den Besuch bestimmter Ausbildungsstätten und Lehrgänge vorzuweisen hat.

Armut eiskalt ausgenutzt

Lasche Regelungen bezüglich der akademischen Grade im Ausland – strenge Bestimmungen hier. Daraus, so das Kalkül der Titelhändler, muß sich doch Kapital schlagen lassen. Zumal titelsüchtige Deutsche bereit sind, für einen schmückenden Namenszusatz tief in die Tasche zu greifen, während andererseits Hochschulen und ihre Lehrer in Südamerika oder den Ostblockstaaten mit großen Finanzproblemen zu kämpfen haben. Mit dieser Einschätzung liegen die Händler goldrichtig.

Und das ist auch die Ausgangsbasis für verschiedene Spielarten im Business mit ausländischen Graden, das wir nun näher betrachten wollen.

Bevor wir jedoch zu den einzelnen Ländern kommen, deren Titel auf den Jahrmarkt der Eitelkeit geworfen werden, müssen wir uns unbedingt mit den juristischen Seiten dieses Geschäfts befassen. Denn daß man sich mit Titeln fremdländischer Universitäten irgendwie schmücken kann, das wissen wir seit den Aktivitäten des „Schönen Consul“ Hans-Hermann Weyer. Doch wer weiß schon, ob das Tragen oder Kaufen derartiger Titel oder Urkunden legal ist, illegal oder man sich dabei vielleicht in einer rechtlichen Grauzone bewegt?

Wie sieht die juristische Seite also aus? Grundsätzlich gilt:

1. Wer mit ausländischen akademischen Graden Handel betreibt, macht sich strafbar. Der § 5 des Gesetzes über die Führung akademischer Grade lautet: „Wer sich erbietet, gegen Vergütung den Erwerb eines ausländischen Grades zu vermitteln, wird mit einer Freiheitsstrafe bis zu einem Jahr bestraft.“

2. Ausländische Grade bedürfen zur Führung einer „Genehmigung“, im Amtsdeutsch einer „Nostrifizierung“. Wer einen ausländischen Titel dennoch, also unbefugt, führt, kommt mit § 132 a des Strafgesetzbuches in Konflikt, der Geld oder eine Freiheitsstrafe bis zu einem Jahr vorsieht.

3. Der Handel mit Ämtern und Titeln ist laut Bundesgerichtshof „sittenwidrig“ mit der Folge, daß man vergeblich gezahlte Gelder von den Händlern kaum über den Rechtsweg zurückholen kann.

Trotz dieser Rechtslage geht der Handel mit ausländischen Titeln ungestört weiter. Das hat im wesentlichen drei Gründe:

1. Die Rechtslage ist trotz der peniblen gesetzlichen Regelung nicht so ganz eindeutig, wie es auf den ersten Blick aussieht.

2. Viele Betrüger sind gebildet und trickreich genug,

auch einigermaßen intelligente Leute aufs Kreuz zu legen.

3. Das wichtigste: Der Staat und seine Verfolgungsbehörden (Staatsanwaltschaft und Polizei) gehen mit dieser Art von Kriminalität, gelinde gesagt, recht großzügig um.

Obwohl seit Jahren (!) die gleichen Personen Woche für Woche in verschiedenen Zeitungen relativ offen akademische Titel aus dem In- und Ausland anbieten, wird die Staatsanwaltschaft – siehe das Kapitel „Schilden“, Seite 79 ff. – erst dann aktiv, wenn die Betrügereien überhandnehmen.

Im Dickicht gesetzlicher Regelungen

Wer sich als Normalbürger mit den genauen rechtlichen Grundlagen der Führung ausländischer Grade befaßt, hat es wirklich schwer, zu durchblicken, was denn nun erlaubt ist und was nicht. Dieser Wirrwarr kommt Titelhändlern und Betrügern natürlich sehr entgegen.

Bereits im Jahr 1901 legte in Bayern die „Königliche Allerhöchste Verordnung“ fest: „Bayerische Staatsangehörige, die außerhalb des Deutschen Reiches einen akademischen Grad erwerben oder erworben haben, bedürfen zur Führung des damit verbundenen Titels der Genehmigung des Innern für Kirchen- und Schulangelegenheiten.“ In Preußen bestimmte die Verordnung vom 30. 9. 1924, daß preußische Staatsangehörige, die einen akademischen Grad einer Hochschule außerhalb Preußens erworben haben, zur Führung dieses Grades der „Genehmigung des Ministers für Wissenschaft, Kunst und Volksbildung bedürfen“. Ähnliche Regelungen bestanden seit Ende des vorigen Jahrhunderts in Sachsen, Württemberg, Baden, Hessen und Braunschweig.

Im Dritten Reich wurde am 7. 6. 1939 dann das „Gesetz über die Führung akademischer Grade“ (GFakG) verabschiedet. Es gilt als Landesrecht fort. Seine Bestimmungen haben einzelne Bundesländer später durch eigene Gesetze ergänzt. Darüber hinaus haben die Länderkultusminister 1958 beschlossen, Entscheidungen ihrer Kollegen, was die Führung ausländischer Grade betrifft, gegenseitig anzuerkennen, damit man bei einem Umzug über Landesgrenzen hinaus nicht jedesmal wieder das gleiche Verfahren durchzuführen hat.

Um die Form der Anerkennung in den Ländern zu vereinheitlichen, existieren außerdem verschiedene Beschlüsse der Kultusministerkonferenz. Zudem gibt es zwischen der Bundesrepublik Deutschland und immer mehr europäischen Staaten, die nicht der Europäischen Union angehören, bilaterale Abkommen zur gegenseitigen Anerkennung akademischer Grade, zum Beispiel mit Ungarn. Diese wurden wiederum in Landesrecht umgesetzt.

Und schließlich wäre da noch der wichtige Beschluß der Kultusministerkonferenz aus dem Jahr 1991. Der regelt die gegenseitige Anerkennung akademischer Grade in den Ländern der Europäischen Gemeinschaft (damals gab es die größere Europäische Union noch nicht) und die Anerkennung akademischer Grade aus Staaten des ehemaligen Ostblocks.

Das Führen eines Professorentitels

Ist die Verwirrung nun komplett? Ein konkretes Beispiel folgt nur zur Erläuterung. Die Titel eines ordentlichen Professors und des Professors ehrenhalber (h. c.) gelten im Saarland und Bremen nicht als „akademische Grade“. Wer sich also dort Prof. nennen will, muß sich dies nicht extra genehmigen lassen, was aber noch lange nicht heißt, daß man sie dort unberechtigt führen darf. In einigen Bundesländern darf man den ausländischen Professorentitel dann nicht mehr führen, wenn der Lehrauftrag erloschen ist, in anderen verfährt man großzügiger. In Nordrhein-Westfalen hingegen hat man durch landeseigene Regelungen die Professoren-Titel den akademischen Graden zugeordnet und das Tragen auf diese Weise genehmigungspflichtig gemacht. In Hessen dagegen gilt die Bezeichnung „Professor“ genausowenig wie im Saarland und Bremen als „akademischer Grad“.

Zur Vielzahl von Gesetzen und Verordnungen, die praktisch in jedem Bundesland wegen der Kulturhoheit der Länder anders aussehen, gibt es dann noch eine unübersehbare Vielfalt von Gerichtsurteilen der unterschiedlichsten Instanzen zum weiten Themenkomplex „Führen von ausländischen Graden“. Und davon wiederum gibt es einige, die sich Kenner der Szene zu eigen machen.

Dabei gehen sie mit großem Raffinement vor. So legen Titelhändler bei ihren Angeboten Kopien des Urteils eines x-beliebigen Verwaltungsgerichts bei, um nachzuweisen, daß ihr südamerikanischer oder schweizerischer Doktor- oder Professorentitel in Deutschland problemlos geführt werden kann. Daß der Richterspruch in der nächsthöheren Instanz ganz anders aussah und der erste daher obsolet wurde, das verschweigen sie natürlich geflissentlich.

Was Titelhändler gern verschweigen

Oder Titelhändler verweisen auf die Bestimmung des Landes Rheinland-Pfalz, wonach eine im Ausland erworbene Bezeichnung „Professor“ im Bereich der Bundesrepublik geführt werden darf, wenn sie ordnungsgemäß, das heißt von einer staatlichen, staatlich anerkannten oder einer vom Staat ermächtigten Stelle verliehen worden ist.

Was sie vergessen zu erwähnen ist: Nach einem Urteil des Oberverwaltungsgerichts Rheinland-Pfalz darf „eine ausländische Professorenbezeichnung nicht in deutscher Übersetzung geführt werden. Vielmehr kommt“, wie das Wissenschaftsministerium erläutert, „nur die Führung in der verliehenen ausländischen Form in Betracht“.

Diese Regelung wird mittlerweile von den meisten Bundesländern so gehandhabt. Der Titel darf zwar geführt werden, doch nicht wie erhofft als „Prof.“ oder „Dr.“, wie beim deutschen Grad üblich, sondern zum Beispiel in der ungarischen, ausgeschriebenen Form „Professzor“.

Für deutsche Ärzte, die für den Kauf von ausländischen Professoren-Titeln sehr anfällig sind, bedeutet eine solche Entscheidung natürlich: Pech gehabt. Einige Bundesländer wie Bayern sind, was die Genehmigung zur Führung des Professorentitels für Mediziner angeht, auch besonders streng. So kämpfte sich der Münchner Krebsarzt Dr. Nikolaus W. Klehr durch viele Instanzen bis hinauf zum Bundesgerichtshof, um einen Professorentitel aus Peru führen zu dürfen. Vergeblich.

Südamerikanischer Professor ohne ein Wort Spanisch?

Nun darf er den Titel „im geschäftlichen Verkehr" nicht führen, weil es schwer erklärlich erscheint, so der Bundesgerichtshof, „warum eine lateinamerikanische Universität hinreichendes Interesse an der Lehrtätigkeit eines deutschen Arztes haben sollte, der nicht in einem für Vorlesungstätigkeiten ausreichenden Umfange der Landessprache mächtig ist".

Großes Pech hat der Titelkäufer jedoch auch dann, wenn er verpflichtet wird, eine ganz fremd klingende ausländische Bezeichnung in der Originalform zu tragen (zum Beispiel „Idschazat Duktur"). Diese Titel klingen je nach Herkunftsland so fremd, daß gar nicht oder nur schwer erkennbar ist, daß die deutsche Übersetzung dieses seltsamen Namenszusatzes „Professor" oder „Doktor" lautet. So hat das niedersächsische Ministerium für Wissenschaft und Kultur 1993 immerhin 42 von 77 beantragten ausländischen Doktortiteln nur in der ausländischen Originalform zugelassen. Die unvermeidliche Konsequenz: Da verzichtet der Titelhungrige lieber. Wieder ist das Geld umsonst ausgegeben. Und niemand hat den Armen vorher richtig aufgeklärt ...

Diese häßlichen Herkunftsbezeichnungen

Wenig erbaulich, sogar diskriminierend, empfinden es viele unehrliche, aber noch mehr natürlich die ehrlichen Leute, wenn sie zwar den ausländischen Grad führen dürfen, aber das Herkunftsland mit angeben müssen. So beschwert sich Focus-Leserbriefschreiber Prof. Dr. h. c. (USA) Martin Krause, er werde immer wieder gefragt, wieviel er denn für seinen Professorentitel gezahlt habe.

Nächster Stolperstein: Die Kultus- oder Wissenschaftsminister der Länder genehmigen die Führung ausländischer Grade nur dann, wenn der Grad an einer ordentlichen, anerkannten Hochschule im Ausland aufgrund einer entsprechenden Studienleistung verliehen wurde. Was sind nun „ordentliche anerkannte Hochschulen“, und was ist eine „entsprechende Studienleistung“?

Dazu gibt es – schön für unseriöse Geschäftemacher – auch keine ganz eindeutigen Antworten. Eine grobe Orientierung ist, ob die den Grad vergebende Hochschule in bestimmten internationalen Hochschulführern, wie zum Beispiel „The World of Learning“ oder „International Handbook of Universities“ (herausgegeben von der International Association of Universities) verzeichnet ist.

Zwar reicht das allein noch nicht aus, aber die Wahrscheinlichkeit, einen solchen Titel zur Führung – zumindest in der Originalform – in Deutschland genehmigt zu bekommen, ist ziemlich hoch. Das wissen die Händler ganz genau. Sie wissen jedoch auch: Entgegen weitverbreiteter Vorurteile in der Bevölkerung verkaufen jedoch anerkannte private, kirchliche und staatliche Hochschulen selbst in den armen Ländern Süd- und Mittelamerikas Doktortitel nicht en gros.

Der Trick mit den getürkten Kopien

Um dieses Dilemma aufzulösen, wenden die ganz wenigen Damen und die vielen Herren des zwielichtigen

Gewerbes den nachfolgenden, simplen Trick sehr erfolgreich an. Sie kopieren ein paar Seiten des Hochschulführers, schneiden an einer passenden Stelle eine staatliche Hochschule heraus, fügen mit dem gleichen Schriftbild eine von ihnen erfundene „Phantasie-Universität" ein, kopieren das Ganze wieder und versenden die getürkte Kopie mit ihrem jeweiligen Angebot.

Wer sich nicht die Mühe macht, in einer Universitätsbibliothek nach den entsprechenden Werken Ausschau zu halten und die Kopie auf Richtigkeit zu überprüfen, ist schon oft hereingefallen. Wenn man diese Urkunde dann zur obligatorischen Genehmigung einreicht, erhält der Käufer vom Wissenschafts- bzw. Kultusministerium ein klares „Nein".

Während die Bundesländer recht großzügig die Führung ausländischer akademischer Grade in der Originalform zulassen, um nicht in der steigenden Flut der Anträge unterzugehen, sieht das bei Anträgen zur Führung dieser Titel in der entsprechenden deutschen Form ganz anders aus.

Das heißt: Wer statt des „Bachelor of Engineering" den „Diplomingenieur" oder auch einen „Dr." benutzen möchte, der muß nachweisen, daß der Inhalt der ausländischen Ausbildung vom Niveau her gleichwertig zur deutschen Ausbildung ist. Das Verfahren wird jedoch nicht in allen Bundesländern durchgeführt. In diesem Fall raten die Titelhändler, einfach den Wohnort zu wechseln, um doch noch zu den erhofften akademischen Ehren zu kommen.

Der Kniff mit dem Wohnortwechsel

Für dieses Spielchen, das die unterschiedliche Handhabung der Genehmigung zur Führung von ausländischen Titeln geschickt nutzt, noch ein konkretes Beispiel, von dem der „Stern" berichtet. Die bayerischen Behörden untersagten dem Münchner Solarienhersteller Dr. Ing. F. Mutzhas, einen Professorentitel der amerikanischen „Temple University" zu tragen. Der hielt sich nicht an das Verbot und wurde belangt. Doch Mutzhas gab nicht auf, meldete einen zweiten Wohnsitz in Hannover an, legte den dortigen Behörden seine Urkunden und ein mittlerweile eingeholtes Gutachten eines Rechtsprofessors vor und bekam im August 1989 vom Ministerium für Wissenschaft und Kunst die Genehmigung, fortan den Titel „Honorarprofessor" führen zu dürfen.

Bevor wir einzelne Händler, ihre Angebote, Preise und fiesen Tricks in den nachfolgenden Kapiteln detailliert darstellen, wollen wir uns einmal generell die verschiedenen Auslandsmärkte anschauen.

Titel aus Amerika sind seit mehr als zehn Jahren im Angebot. Die aus Nordamerika stammenden Doktor-, Professoren- und MBA-Titel (Master of Business Administration) waren und sind zumeist wertlose Urkunden sogenannter „Degree mills", Titel-Mühlen, frei erfundener beziehungsweise Briefkasten-Universitäten.

Schmuckstücke ab 100 Dollar aufwärts

Vor Ort kosten deren Schmuckstücke ein paar Dollar. Bei uns werden sie ab 100 DM aufwärts an den Mann oder die Frau gebracht. In diesem Metier war eine Zeitlang der wegen Urkundenfälschung und unberechtigter Titelführung verurteilte und nun auf Teneriffa weilende Untergrundautor Gerhard Kurtz aktiv.

Dessen Schriften vertreibt zur Zeit der auf der Kanal-Insel Guernsey ansässige Epicon Verlag. Wer hanebüchene Werke wie „Pistole ohne Waffenschein", „Krankenkasse zum Nulltarif" oder „Die Tricks der Automatenknacker" im Wert von zusammen mindestens 300 DM bestellt, erhält einen Senatoren-Titel einer „ordnungsgemäß eingetragenen Universität (University)" im Wert von 350 DM als kostenlose Beigabe.

Im Markt der schönen Urkunden dürfte außerdem Consul Dr. Doe mit seiner Cosmopolitan University angesiedelt sein, deren Ehrendoktorwürde (für rund 5 000 DM) angeblich auch Helmut Kohl trägt. Das stimmt natürlich nicht.

Relativ preiswert sind Titel amerikanischer Kirchen, die hierzulande genausowenig geführt werden dürfen wie akademische Grade obskurer Hochschulen. In diesem Business mischte Schilden anfangs mit. Auf seinen Spuren wandelt nun Dr. Div. Thomas Müller mit seinen Urkunden zum Preis von knapp 6 000 DM. Die Masche mit den kirchlichen Graden erkennt man am „D." oder „Dr. Div.", das für „Divinity" (Theologie) stehen soll.

Im Handel sind außerdem mehr oder weniger gut gemachte Fälschungen existierender Universitäten. Ein solches Prachtexemplar stellen wir im Kapitel „Renner-Promotionsvermittlung" (Seite 130 ff.) vor.

Titel südamerikanischer Universitäten

Nun zu Südamerika. Hier sind einige Händler tatsächlich mit anerkannten staatlichen Universitäten im Geschäft. Dazu gehören vor allem Prof. Dr. Dr. EC Franz

Kanehl sowie Dr. h.c. Anton Gerhard Kessenich. (Seite 151 ff. und Seite 163 ff.)

Während letzterer nach eigenen Angaben h.c.-Titel aus Peru vertreibt, setzt sich Kanehl für Universitäten aus Ecuador und Bolivien ein. Zu beweisen war beiden Herren bisher nicht viel, wobei ihnen die Trägheit der deutschen Behörden zugute kommt.

Wenn sie selbst keine allzugroßen Schnitzer bauen, also aus übergroßer Habgier mehr oder weniger Vollidioten zu ausländischen akademischen Weihen verhelfen, dürften sie bei der momentanen Rechtslage ihre Geschäfte weiter mit Erfolg betreiben. Näheres dazu in den nachfolgenden Kapiteln.

Nachteil dieser Grade: Die meisten Bundesländer verlangen, daß das Herkunftsland im Titel mitgeführt wird. Kanehl beispielsweise schleppte früher ein (BOL) für Bolivien und nun ein (EC) für Ecuador mit. Augenzwinkernd raten daher manche Händler, einen solchen Zusatz einfach zu vergessen. Denn das sei keine „unberechtigte" Titelführung, die mit hohen Geld- bis hin zu Haftstrafen geahndet werde, sondern nur eine „falsche" Titelführung, die nur mit einer Ordnungsstrafe belegt sei. Die kann der Herr Doktor doch aus der Portokasse bezahlen, nicht wahr?

Peruanische Titel wieder einkassiert

Doch ganz so harmlos, wie es auf den ersten Blick scheint, sind derartige Offerten aus Südamerika beileibe nicht. Auch hier ist Vorsicht geboten. Auf Betreiben deutscher Behörden erkannte der peruanische Präsident Alberto Fujimori im Oktober 1992 per Regierungsdekret 35 Deutschen ihre Doktortitel wieder ab,

UNIVERSIDAD NACIONAL FEDERICO VILLARREAL

SECRETARIA GENERAL

1974

29.10.92

RESOLUCION COMISION AD-HOC Nº 665-92-UNFV

Lima, 16 de Octubre de 1,992

CONSIDERANDO :

Que, mediante Resolución Comisión Ad-Hoc Nº 398-92-UNFV del 25.08.92. se declararon nulos los Grados Académicos otorgados al amparo de Convenios irregulares suscritos entre esta Casa de Estudios y diversas -- Instituciones Internacionales que jamás acreditaron su personería jurídica .

Que al haberse efectuado el estudio correspondiente se han determinado a las personas que obtuvieron dichos grados, constatandose que efectivamente nunca registraron matrícula alguna, ni mucho menos acreditaron estudios, ni residieron en el país, razón por la cual es necesario complementar la Resolución Comisión Ad-Hoc Nº 398-92- individualizando a las personas extranjeras que obtuvieron grados en forma irregular ;

De conformidad con lo establecido en la Ley 23733, el Estatuto de esta Casa Superior de Estudios, los D.Leyes Nros 25463,25589, 25714, R.S. Nº 267-92-PCM; y

En uso de sus atribuciones de que está investida la Comisión Ad-Hoc ;

SE RESUELVE :

ARTICULO PRIMERO - Declarar nulos y sin efecto los siguientes Grados Académicos de Doctor otorgados por esta Universidad a las personas cuya relación se detalla :

01.	MICHAEL	CIENCIAS NATURALES
02.	WERNER FRIEDRICH	CIENCIAS NATURALES
03.	FILO FRITZ	CIENCIAS NATURALES
04.	ANETTE HEDWIG	CIENCIAS NATURALES
05.	BERAD KUPPER	CIENCIAS NATURALES
06.	WILHEM KARL	CIENCIAS ECONOMICAS Y FINANC.
07.	DANIEL	DERECHO INTERNACIONAL
08.	GETZ H	CIENCIAS FINANCIERAS Y ECON.
09.	JOCHEN	CIENCIAS FINANCIERAS Y ECON.
10.	LIND	INGENIERIA INDUSTRIAL
11.	RAIMUND	INGENIERIA INDUSTRIAL
12.	KURT	DERECHO
13.	JOCHEN	CIENCIAS NATURALES
14.	LOTHAR	CIENCIAS NATURALES
15.	WOFANG	CIENCIAS NATURALES
16.	ELKE	CIENCIAS NATURALES

....//

die diese von der „Universidad Nacional Frederico Villareal“ unrechtmäßig erhalten hatten (siehe Seite 57).

Zu Doktoren gemacht wurden Ingenieure, Naturwissenschaftler, Zahnärzte, Juristen und Augenoptiker. Der Rektor der Hochschule mußte seinen Hut nehmen. Die Namen gingen über Bonn an die einzelnen Landesbehörden, die sich dann wieder an die einzelnen Titelkäufer wandten und ihnen die Grade abnahmen. Warum sollte sich das in Peru, aber auch in anderen Staaten Lateinamerikas nicht wiederholen?

Nun zu Europa. Mit phantasievollen Urkunden vor allem schweizerischer und britischer Universitäten überschwemmt seit Jahren Prof. Dr. Carl Xaver Bleisch=de Leon aus Zürich den Markt der Eitelkeiten. Er hat zusammen mit seiner Frau ein ganzes „Imperium“ verschiedener privater Universitäten und Institutionen gegründet.

Diesem Treiben, so schrieb einmal die schweizerische Zeitung CASH, könne sein damaliger Amtsvormund, die Züricher Vormundschaftsbehörde, keinen Einhalt gebieten. (Seite 110)

Bleischs Masche von vielen kopiert

Bleischs Masche, die auch von vielen anderen Titelhändlern oder „Promotionsberatern“ kopiert wurde: Man erfindet eine Universität oder gründet eine Privat-Universität, deren Name ganz ähnlich wie derjenige einer richtigen Universität klingt, macht sich zum Direktor, Dekan oder wenigstens Professor dieser „hochangesehenen Privatinstitution“, entwirft gutaussehende Urkunden und vertraut auf die Dummheit der Leute. Damit liegen Bleisch, Schilden und Co. leider viel zu oft goldrichtig.

Die schönen Titel der „Albert-Einstein-Universität Zürich“, „Schweizerischen Universität Zürich“ oder „University of Oxford“ (siehe die Abbildungen auf den Seiten 61 – 67) sind in der Bundesrepublik natürlich keinen Pfifferling wert. Mit diesem Trick haben die Händler folgendes Plus auf ihrer Seite: Man kann sie nicht wegen Urkundenfälschung belangen. Denn die Urkunden, die sie verkaufen, sind zwar nichts wert, doch „gefälscht“ sind sie nicht. Es sind halt echte Urkunden von Institutionen, die mit herkömmlichen Universitäten nur den Namen gemeinsam haben.

Das gleiche gilt für die im schweizerischen Teufen ansässige „Freie und private Universität Teufen/Schweiz“. Etwas, wenn auch nicht viel ehrlicher ist da die „Freie und Private Universität Herisau“, ebenfalls aus der Schweiz. Geführt werden dürfen deren Titel in Deutschland jedoch genausowenig. (Siehe Seite 91 ff. und Seite 102 ff.)

Daß dies dennoch geschieht, davon darf man getrost ausgehen. Das ist zwar ungesetzlich, doch oft dauert es lange, bis irgend jemand dahinterkommt. Acht Jahre lang führte ein Mediziner seinen „Dr. med.“ aus der Schweiz, stempelte jedesmal auf Rezepten den schönen Titel und verwendete ihn auf Briefbögen, bis das Verwaltungsgericht Münster ihn zu 20 000 DM Geldstrafe verurteilte. Beispiele dieser Art ließen sich beliebig fortführen.

Urkunden lieber selber entwerfen?

„Ich kann diese Leute wirklich nicht verstehen, die trotz aller Warnungen munter weiter wertlose Titel kaufen“, sagte mir sarkastisch ein Experte der Kultusministerkonferenz, der nicht namentlich genannt werden will. „Wer titelgeil ist und wenigstens einigermaßen bei Verstand, sollte keine falschen Urkunden dubioser Händler oder Institutionen kaufen.“ Und dann gibt er den natürlich nicht ernst gemeinten praktischen Rat: „Wer eine Urkunde möchte, sollte sie selber malen oder einfach so den Titel führen. Das Risiko, erwischt zu werden, den akademischen Grad wieder aberkannt zu bekommen, ist exakt genauso hoch wie bei einem Titelkauf. In diesem Fall jedoch hat man sich zumindest das Geld für die wertlose Urkunde gespart. Das kann man dann lieber für die Geldstrafe verwenden.“

Der Beamte hat in diesem Zusammenhang noch ein interessantes psychologisches Phänomen beobachtet. „Viele führen den gekauften ausländischen Grad viele Jahre, ohne daß er beanstandet wird, weil ihnen gesagt wurde, sie könnten das ohne Genehmigung tun.“ Doch irgendwann fragt sich der Käufer: „Wenn ich soviel Geld bezahlt habe, muß es doch mit rechten Dingen zugegangen sein.“ Dann ringt sich der falsche Doktor durch und fragt beim Kultus- oder Wissenschaftsministerium an – und ist den schönen Grad wieder los.

Der Ostblock als neues Titel-Dorado

Der neueste Trend im Handel mit ausländischen Titeln läßt sich auf die Formel bringen: Warum in die Ferne schweifen, wenn das Gute liegt so nah? Kaufe dir akademische Grade von osteuropäischen Hochschulen oder tue wenigstens so, als ob der getürkte Titel aus Polen, Litauen, Tschechien, der Slowakei oder Ungarn stammt und nicht aus einer heimischen Fälscherwerkstatt.

UNIVERSITAS ALBERTUS EINSTEIN

Campus Turicum et Seminarium Internationalis Davos

FOEDERATIO UNIVERSITATIS HELVETIENSIS
DE ALBERTUS EINSTEIN NOMINATA
TURICIAE FONDATA A.D. MCMLXXXVI (CONSTITUTIO REG.PUBL. ART. 60 F.F.)

omnibus accepturis haec dona Salutem Dicimus

SENATUS UNIVERSITATIS COLLEGII EINSTEINIANI
SOCIETATIS HELVETIENSIS
hac in re, largiatur

NATA ANNO MCMXXXXV IN GERMANIA

omnibus operibus, per litteras, confectis, satis et honore,
gradum universitatis Einsteinianum.

DOCTOR PHILOSOPHIAE

SCIENTIAE OECONOMIAE ET RERUM POLITICARUM (OEC. ET RER.POL.)

In cuius rei testimonium, sigillum impressimus,
Urbe Turicensi, Helvetia, hac in die XIV AUGUSTII MCMLXXXVII.
et in acta universitatis relatas sub. num. 107125

per Prof.Dr. S.Ghodssi a.l.
(Praeses)

(Rector)

SIGILLUM UNIVERSITATIS

ACCREDITED UECU GENEVA

Fronti Nulla Fides

Oxford College of Applied Science

endowed by the Oxford Graduate Academy
England
approved by the International University Association

To all Whom these Letters Presents
Greetings

Be it Known that by the authority invested in us as an Institution of Learning and by our International Charters we have authorised through the examining Council

Diploma

With all the rights and privileges pertaining thereto

The **Degree** *of*

Doctor Oeconomiae

In Witness whereof we have subscribed our names and caused the Seal of the College to be affixed This 5th *day of* June *in the year* 1987

Registration No. A 2435 — Seal of the College — Recognized by ACCREDITED UECU GENEVA

PRESIDENT OF THE OXFORD GRADUATE ACADEMY

P. Greenway

RECTOR OF THE COLLEGE

a. i. B. Raimond

Prof. Dr. C. X. Bleisch

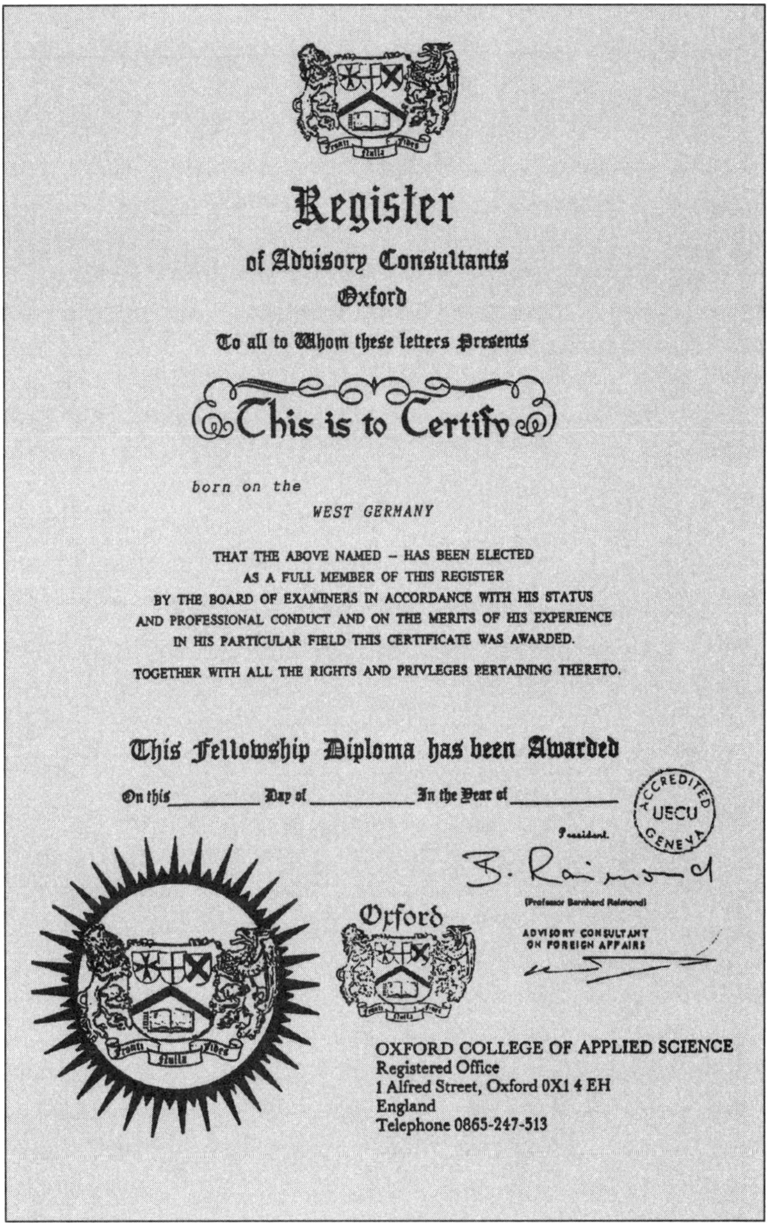

Register

of Advisory Consultants
Oxford

To all to Whom these letters Presents

This is to Certify

born on the

WEST GERMANY

THAT THE ABOVE NAMED – HAS BEEN ELECTED
AS A FULL MEMBER OF THIS REGISTER
BY THE BOARD OF EXAMINERS IN ACCORDANCE WITH HIS STATUS
AND PROFESSIONAL CONDUCT AND ON THE MERITS OF HIS EXPERIENCE
IN HIS PARTICULAR FIELD THIS CERTIFICATE WAS AWARDED.

TOGETHER WITH ALL THE RIGHTS AND PRIVLEGES PERTAINING THERETO.

This Fellowship Diploma has been Awarded

On this__________ Day of ____________ In the Year of ____________

ACCREDITED UECU GENEVA

President.

B. Raimond

(Professor Bernhard Raimond)

Oxford

ADVISORY CONSULTANT
ON FOREIGN AFFAIRS

OXFORD COLLEGE OF APPLIED SCIENCE
Registered Office
1 Alfred Street, Oxford 0X1 4 EH
England
Telephone 0865-247-513

The Henry George Extension University

Empire State Collegiate Institute

INTERNATIONAL GRADUATE SCHOOL OF ECONOMICS, LAWS, PUBLIC- AND BUSINESS ADMINISTRATION

Economics Education Unit with the Henry George School of Social Science
– chartered by the University of the State of New York

On recommendation of the President and Faculty of the Swiss Section in Zürich
the Board of Trustees, by virtue of the authority vested in it,

Has Conferred on

born on the

of German Nationality

The Degree of

Master of Business Administration (M.B.A.)

with a mayor in Management
with all the rights and privileges thereunto appertaining.

Thesis preparation: "COGENGRATION and RESOURCE RECOVERY- Current Prospects ..."

Given by the Board of Trustees of the International Graduate School Headquarters
of the Henry George Extension University, which has been chartered by state and
filed in Dover, New Castle County, DE/USA, this 1stday of August 1986

Advisory Consultants HGS (USA)

President, Board of Trustees

Director HGS - Swiss Extension

Die Foederation der

ALBERT EINSTEIN UNIVERSITÄT ZÜRICH, SCHWEIZ

konstituiert durch Verfassung vom 6. Januar 1986 zu Zürich

mit Forum für Internationale Hochschulkurse, Davos,

gegründet am 28. Februar 1928

auf Grundlage der Bundesverfassung der Schweizerischen Eidgenossenschaft
vom 29. Mai 1874, im Sinne der Art. 60 ff. des Schweizerischen
Zivilgesetzbuches vom 10. Dezember 1907, unter dem gegenwärtigen
Präsidium von Prof. Dr.med. Sadegh Ghodssi
Ordentlicher Professor für Medizin
und unter dem Rektorat von Prof. Dr. Carl Xaver Bleisch,
Ordentlicher Professor für Psychologie, -Wirtschafts- und Sozialwissenschaften,

e r k e n n t h i e r m i t

kraft des ihr als wissenschaftliche Bildungseinrichtung gemäss ihrer Studien- und Promotionsordnung vom 5. April 1986 zustehenden Rechts – auf Antrag des ordnungsgemäss bestellten Promotors der

Züricherischen ______ Fakultät
für Sozial- und Politische Wissenschaften

______ ______ ______
geb. am :

nach Abschluss des ordentlichen Studiums
aufgrund der erfolgreich bestandenen Prüfungen
den akademischen Grad

DOCTOR RERUM POLITICARUM
ET OECONOMIA

dieser Universitätsgemeinschaft zu.

(Akzeptierte Thessis: COGENGRATION and RESOURCE RECOVERY)

Zum Zeugnis hierfür wird diese Urkunde ausgefertigt und mit dem
Siegel der Universität versehen.

Zürich, den ___

107125

per Prof.Dr.S.Ghodssi

Prof. Dr. C.X. Bleisch

HOCHSCHULE für TECHNISCHE WISSENSCHAFTEN

Fachbereiche: Hochbau • Maschinenbau • Elektrotechnik • Informatik

angeschlossen an die Schweizerische Universität in Zürich
unter der Konstitution vom 21. April 1989 gemäss Art. 60–78 ZGB vom 10. Dezember 1907

(anerkannt und reglementiert durch VDI – Verband Diplomierter Ingenieure, Zürich)

DIPLOM

Josef

geboren am 04. März 194 in

hat am 23. März 1992 die

DIPLOMPRÜFUNG FÜR INGENIEURE

gemäss der Diplomprüfungsordnung für die Studienrichtung

Ingenieurwissenschaften (Architektur)

nach ordentlich abgeschlossener Ausbildung entsprechend dem Reglement des VDI vom 24. August 1990 betreffend das ingenieurwissenschaftliche Studium auf Hochschulstufe bestanden

Aufgrund dieser Prüfung wird der akademische Grad

DIPLOM-INGENIEUR (DIPL. ING)

Fachrichtung Architektur
verliehen.

Der Vorsitzende des Prüfungsausschusses

Zürich, den 23. März 1992

Sachverständige des Wissenschaftsrates:

Für die Rektoratskanzlei

VERBAND DIPLOMIERTER INGENIEURE
VDI
ZÜRICH SCHWEIZ

92/1034

Sc[redacted]weizerische Universität, Zürich

Univer[redacted]elvetiensis in Urbe Turicum

Univ[redacted]verwaltung
Stude[redacted]eilung
8037 [redacted]

Dissertationszentrale / Archiv)
Im Staubeweidli 21
8820 Wädenswil / Zürich

Deutschsprachige Studienabteilung

Zertifikat

[redacted] Josef

geb[redacted] 04. März 194 in

hat die reglementarischen Abschlussprüfungen in der Studienrichtung Ing.-Wissensch.- (Architektur) abgelegt, und in den während des Studiums abgeschlossenen Fächern die nachstehenden Zensuren erhalten:

Diplomstudium

Prüfungsfächer *1. Diplomprüfung*
Hochbau, Baustofflehre, Tragwerkslehre, Baukunst

Prüfungsfächer *2. Diplomprüfung*
Gebäudelehre, Entwerfen, Siedlungswesen und Städtebau, Wohnbau unter besonderer Berücksichtigung landschaftsgebundenen Bauens im Bay. Wald.

Benotung einschliesslich Kolloquien: sehr gut

Doktorandenstudium Diplomarbeit: Landschaftsgebundenes Bauen im Bayerischen Wald

Titel der Abschlussarbeit / Dissertation:

Bewertung des Rigorosums:

Abschlussprüfung

Aus den Zensuren der durch Testatsnachweise und Fachprüfungen abgeschlossenen Fächern – sowie der Bewertung des Rigorosums ist für die Abschlussprüfung folgendes Prädikat gebildet worden:

s e h r g u t

Namens der Schweizerischen Universität, Zürich:

Für das Rektorat:

Für die Expertenkommission:

„Zahlende Gäste verzweifelt gesucht“, lautete in diesem Zusammenhang ein interessanter Beitrag der Süddeutschen Zeitung (SZ). Die in Zahlungsnöten und in Umstellungsproblemen auf die Marktwirtschaft steckenden Universitäten des ehemaligen Ostblocks suchen händeringend nach Möglichkeiten, die spärlichen Etats aufzubessern.

Eine Möglichkeit sehen sie darin, Studenten aus dem Westen mit interessanten Offerten herüberzulocken. „Vom vierwöchigen Sommerkurs für Sprach- und Kulturinteressierte in Kroatien bis hin zum kompletten Medizin- oder Architekturstudium in Budapest für 38 000 Dollar“, so schreibt SZ-Autor Jörg Meyerhoff, „ist alles zu haben.“

Wirklich alles? Wenn man den hiesigen Promotionsberatern Glauben schenken will, obwohl die meisten mit der Wahrheit auf Kriegsfuß stehen, dann sind „Komplettlösungen“ in Polen, der Slowakei, aber auch Tschechien oder Ungarn möglich. Für unter 50 000 DM erhält ein Deutscher demnach den richtigen Professor vermittelt, dann die Arbeit geschrieben und wird mit Skripten auf die mündliche Prüfung vorbereitet. Einziger Schönheitsfehler dieser Titel: Sie dürfen je nach Land nur mit einer Herkunftsbezeichnung versehen geführt werden. Dagegen wehrte sich schon vor Jahren eine Ärztin aus Bad Aibling. Sie klagte dagegen, daß man ihr auftrug, „Dr. med/Univ. Prag“ als Titel zu führen, und zog damit bis vor das Bundesverwaltungsgericht. Das jedoch gab den bayerischen Beamten recht und gestattete ihr nicht, nur „Dr. med“ in ihre Ausweispapiere und auf das Praxisschild zu schreiben.

Prominente im Visier der Gauner

Der osteuropäische Markt ist natürlich auch für zwielichtige Gestalten im Titelgeschäft ein lukratives Betätigungsfeld. Manche gehen dabei besonders dreist vor und versuchen, bekannten Persönlichkeiten aus Politik und Wirtschaft falsche akademische Federn anzuheften. Gelingt das nämlich, benutzen Sie diese Person wieder als Aushängeschild, als Werbeträger für das anschließend um so besser florierende Geschäft.

Von einem solchen Fall berichtete der „Stern“ im Frühjahr 1994. Da erhielt der schleswig-holsteinische Landwirtschaftsminister Hans Wiesen Post aus München. Die „Deutsch-Ukrainische Akademie für ganzheitliche Naturheilweise und bedeutende Wissenschaftler der Ukraine“, so berichtet das Blatt, hätten ihm den Titel des „Ehrenprofessors und Ehrendoktors“ verliehen. Aus einem Begleitbrief erfuhr Wiesen, wem er diese große Ehre zu verdanken habe: Prof. Dr. Dr. Bilas.

Doch Wiesen fiel darauf nicht herein und schaltete die Bonner „Zentralstelle für ausländische Bildungswesen“ zur Überprüfung ein. Die dortigen Beamten fanden heraus, daß die Unterschrift auf der Ernennungsurkunde genauso falsch war wie der Professorentitel Bilas. Denn das Forschungsinstitut, so der „Stern“, „das dem Münchner Arzt den Professorentitel verliehen hatte, war dazu gar nicht befugt“. Zudem sei, so schreibt das Blatt, dieser Arzt, was viele seiner Patienten wohl auch nicht wüßten, „wegen fortgesetzter Steuerhinterziehung und wegen Verstoßes gegen das Heilmittelgesetz“ mehrfach vorbestraft.

Risiken und Konsequenzen im Geschäft mit ausländischen akademischen Graden

Wer sich auf Geschäfte mit Händlern (echter) ausländischer Titel einläßt (Kanehl, Kessenich), geht folgende Risiken ein:

1. Trotz der bisherigen Genehmigungspraxis ist nicht auszuschließen, daß die Titel dieser Hochschulen bei besonders kritischer Überprüfung nicht mehr anerkannt werden. Das bedeutet: Man nimmt ein unvorhersehbares Risiko in Kauf.

2. Läßt man die Doktorarbeit, die bei einem ordentlichen Grad notwendig ist, von Dritten schreiben, und das fliegt auf, kann der Titel in Deutschland aberkannt werden.

3. In diesem Fall ist man von Anfang an wegen der Mitwisser erpreßbar.

4. Gefahr droht auch aus dem Ausland. Treiben es die Professoren dort zu bunt (Neid ist kein rein deutsches Phänomen), können die zuständigen Behörden aktiv werden und die verliehenen Titel aberkennen. Dies geschah in Peru durch Präsident Alberto Fujimori. (Siehe Seite 56.) Über die diplomatischen Kanäle wandern derartige Informationen zu den deutschen Behörden, und die erkennen die Titel auch wieder ab.

Wer sich auf Geschäfte mit Titeln ausländischer Phantasie-Unis, nicht anerkannter Institutionen und Fälschungen von Urkunden echter ausländischer Hochschulen einläßt, geht folgende Risiken ein:

- Es bleibt oft bei einer geforderten Anzahlung, ohne daß eine Gegenleistung erfolgt.
- Wer derartige Titel kauft, erhält eine Urkunde, gleichwohl keinen führbaren Doktortitel.
- Die Behörden genehmigen die Führung solcher Titel nicht.
- Selbst wenn Titelhändler immer das Gegenteil glaubhaft machen wollen: Seriöse Universitäten verkaufen keine Doktortitel! Selbst wenn die Universitäten, von denen die Urkunden angeblich stammen sollen, im „Handbook of Universities“ stehen, so sind die später gegen Bares gelieferten Urkunden Fälschungen. Gefahr: Wer nicht beweisen kann, woher die Urkunden stammen, kann auch noch wegen Urkundenfälschung belangt werden.
- Wer es dennoch schafft, mit der Urkunde einer Phantasie-Universität oder mit einer Fälschung bei einem schläfrigen Beamten eines Einwohnermeldeamtes den Namenszusatz „Dr.“ im Paß eingetragen zu bekommen, läuft Gefahr, daß diese Fehlentscheidung irgendwann wieder korrigiert wird. Die Blamage ist perfekt.

Consul Dr. Doe, Miami/USA

„Ein Vertrauensvorschuß ist notwendig“

„Die smarte Lösung“ offeriert Consul Doe. Dieser Experte mit den „weltweiten Verbindungen“ hat ein ganzes Sammelsurium von Titeln, Ausweisen usw. anzubieten. So beispielsweise:

- Dr. h. c.-Titel,
- Gastprofessuren,
- Senatorentitel,
- MBA-Titel (Master of Business Administration),
- militärische Titel (z. B. Oberst).

Ob alles gefälscht ist? Wahrscheinlich. Höchstwahrscheinlich. Das nachzuprüfen ist von Deutschland aus natürlich ziemlich schwer. Vorsicht ist bei solchen Offerten aus den USA anzuraten.

Hören wir zuerst einmal, was Consul Dr. Doe in Sachen Doktortitel zu bieten hat.

Immerhin 15 Jahre Erfahrung im Titelgeschäft

Ende 93, als ich mit ihm in Kontakt stehe, kann er nur Dr. h. c.-Titel vermitteln. Aber immerhin. „Erfolg und Anerkennung (Nostrifizierung) wird von mir garantiert“, faxt er aus dem sonnigen Florida. „Durch persönliche Vermittlung vor Ort und durch meine weltweit besten Verbindungen verschaffe ich Ihrem Klienten so schnell wie möglich den gewünschten Titel.“ Schließlich habe er bereits 15 Jahre Erfahrung in diesem Geschäft.

Consul Dr. Doe

4045 Sheridan Avenue, STE 151
Miami Beach, FL. 33140 , USA
Fax (305) 531-2463
E-Mail Address : Compuserve, 72274,3256

Titel und Status-Symbole Catalogue

Stand March 1994.
Alle Preise sind vorab faellig. Ueberweisungen :
Konto: Dr. Carl Barray ,Capital Bank, 780 Arthur Godfrey Road, Miami Beach, FL 33140, USA, Kto. Nr. 0224005561, ABA Nr. 067008414.
Es empfiehlt sich die Ueberweisung auf drahtlichem Wege .
Geringere Betraege koennen in bar, per Einschreiben oder Wertbrief verschickt werden.

Rabatt fuer Titel-Broker: 25% !!
Wenn ein Titel, den Sie suchen, nicht dabei ist: FRAGEN SIE TROTZDEM AN !
Meist kann ich Ihnen beschaffen, was Sie moechten.

25 Klienten in Deutschland, so versichert der Ehrenmann, habe er zu „anerkannten, d. h. führbaren (Genehmigung vom Kultusminister, Eintragung in Paß etc.) Dr. h.c.-Titeln verholfen". Er sucht, so heißt es, nach einer „geeigneten Universität, die im Internationalen Hochschulverband akkreditiert ist und weltweite Anerkennung genießt".

Da Titel aus Europa zur Zeit nicht auf dem Markt seien (da irrt Dr. Doe aber gewaltig), empfiehlt er Grade aus Mittelamerika, Zentralamerika. Kuba wäre zu erwägen.

Für 70 000 DM ist man dabei

Der amerikanische Titelhändler verspricht seinen Interessenten auch eine gewisse Sicherheit. Zumindest für jenen stolzen Betrag von 60 000 DM, die nach einer Anzahlung auf ein Treuhandkonto festgelegt werden können. Das wiederum darf der Titelsüchtige zusammen mit einem deutschen Rechtsanwalt oder Notar einrichten. Das Geld fließt erst auf Weisung des Interessenten ab. Und die erfolgt natürlich erst, wenn der Titel im Paß eingetragen ist. So weit so gut?

Natürlich gibt es auch hier ein klitzekleines finanzielles Risiko. Denn die gesamte Aktion kostet eben nicht nur die erwähnten 60 000 DM, sondern insgesamt 70 000 DM. Bei Auftragserteilung sind sofort 10 000 DM Anzahlung fällig. Und bei diesem Betrag kennt Dr. Doe kein Pardon. Mit aller Deutlichkeit teilt er mit:

„Die Anzahlung erfolgt NICHT über ein Treuhandkonto."

Diese Summe soll man dann einfach so in die USA überweisen?

Für 10 000 DM muß eine alte Oma aber lange stricken. Was ist, wenn sich der nette Consul die 10 000 DM einfach in die Tasche steckt und aus dem Staub macht? Bei zehn Betrogenen wären es schon 100 000 DM. Wie soll man von Deutschland aus das Geld zurückholen?

Ich frage: Kann der liebe Consul Referenzen nennen, da es mir nicht „leichtfällt, 10 000 DM an eine nicht bekannte Persönlichkeit ohne jegliche Sicherheit zu überweisen".

Die Antwort Dr. Does beweist, daß der Mann Humor hat: „Leider läßt es sich nicht umgehen, 10 TDM vorab zu zahlen", teilt er per Fax am 21. 12.93 mit. „Ein Vertrauensvorschuß ist notwendig." Na, ja. Der 24. 12. steht vor der Tür. Vielleicht will er einfach mal kräftig Weihnachtseinkäufe machen. Wer weiß.

Wer ihm nicht traue, so fügt er noch hinzu, sei „hier persönlich in Miami willkommen, um face to face die Sache zu besprechen".

Eigentlich sollte man sich gar nicht erst die Mühe machen, diesem offensichtlichen Unsinn des amerikanischen Spaßvogels weiter nachzugehen. Aber schließlich bietet sich doch noch die Möglichkeit, den Wahrheitsgehalt der Doeschen Versprechungen zu überprüfen.

Von 70 000 DM herunter auf 5 000 DM

Denn im März 94 erreicht mich aus Amerika ein kleiner Prospekt, in dem er diesmal Dr. h. c.-Titel für einen Preis von nur 2 500 US-Dollar, also umgerechnet nicht einmal 5 000 DM anbietet. Diese Titel, so schreibt der Herr Consul, stammten von der „Cosmopolitan University" und seien in Deutschland anerkannt.

Etliche prominente Persönlichkeiten in Deutschland trügen einen Ehrentitel von dieser Universität. So u. a. Bundeskanzler Dr. Helmut Kohl, Bonn, Dr. h.c. Senator Rudolf Augstein, DER SPIEGEL, Hamburg, usw. usw.

Vorsichtshalber fragen wir im Bundeskanzleramt an, ob der Bonner Regierungschef tatsächlich einen Dr. h. c. von der amerikanischen Cosmopolitan University führt. Hans-Peter Gärtner sendet dann die wahrlich stattliche Liste all jener (seriösen) kirchlichen und staatlichen Hochschulen aus aller Herren Länder, die Kohl mit Ehrendoktorwürden bedacht haben. Achtzehn Stück sind es (Stand 20.4.94) bisher. Die Tongji-Universität in Shanghai, China, hat ihm sogar eine Ehrenprofessur verliehen. Gärtner: „Eine ‚Cosmopolitan University' befindet sich nicht darunter."

Und die Hochschulrektorenkonferenz bestätigt dann auch, daß die Cosmopolitan University nicht im „Handbook of Universities" steht, also wohl eher eine „Degree mill" ist, wie die Amerikaner sagen, eine „Titel-Mühle" oder eine Fata Morgana jenes Herrn aus dem sonnigen Miami.

Eine kleine Erpressung gefällig?

Wer keine wertlosen Urkunden kaufen, sich lieber nur über den Markt der Eitelkeiten auf dem laufenden halten möchte, dem offeriert der Consul seinen monatlich erscheinenden „Titel-Brief". Das Jahresabonnement kostet 120 US-Dollar. Das war mir übrigens zuviel Geld, um die Qualität dieser geschätzten Publikation genauer unter die Lupe zu nehmen. Zu Recht, wie sich einige Tage später herausstellt.

Um diesen „Titel-Brief" mit überaus wertvollen Informationen zu füttern, bittet der Consul seine Konkurrenten im Titelgeschäft, die wie er in „Welt am Sonntag" und anderen Medien „Doktortitel", „Promotionsberatung", „Ghostwriting" etc. anbieten, ihm doch nähere Informationen über ihr Business zukommen zu lassen. Der Wahrheitsgehalt derartiger Selbstdarstellungen dürfte kaum zu übertreffen sein.

Denjenigen, die nicht antworten, versucht der ehrenwerte Dr. Doe mit einer kleinen Erpressung auf die Sprünge zu helfen: „Wenn wir weiter nichts von Ihnen hören", schreibt er im Frühjahr 94 an einen werten Kollegen, „müssen wir annehmen, daß Sie viel zu verbergen haben und unsere Berichterstattung über Sie wird sehr negativ sein!" Daß da ein Titelhändler die anderen erpressen will, entbehrt nicht einer gewissen Komik.

Dennoch: Einen wirklich echten Doktorhut hat sogar Consul Dr. Doe anzubieten. Der ist bei ihm in Schwarz oder Royal blue, in den Größen Small, Medium und Large zu erhalten. Wer die dafür geforderten 35 US-Dollar in die USA überweist, geht kein besonders hohes finanzielles Risiko ein. Diesen amerikanischen Doktorhut darf man auch in der Öffentlichkeit tragen. Und nicht nur zur Faschingszeit. Das geht sogar in der Bundesrepublik Deutschland mit ihren strengen Gesetzen ohne irgendwelche juristische Schwierigkeiten. Garantiert.

Hinweis:
Bitte lesen Sie dazu noch den Kasten „Risiken und Konsequenzen im Geschäft mit ausländischen akademischen Graden“, Seite 70 f.

Prof. habil. Prof. Dr. Dr. Claus Schilden, Neroth/Eifel

Vom Frittenhändler zum Multimillionär

Diesem Herrn, den die Staatsanwaltschaft Mitte März 1994 nach jahrelangen Ermittlungen vorerst hinter Schloß und Riegel brachte, kann man einen gewissen Respekt nicht versagen. Keiner war hierzulande so dreist wie er. Keiner kassierte mehr ab. An ihn heran reicht nur noch einer, Prof. Dr. Carl Xaver Bleisch=de Leon, der sein Gewerbe von der Schweiz aus betreibt. (Siehe Seite 107 ff.)

Über einen sehr langen Zeitraum täuschte Schilden die Behörden. Er legte, staatsanwaltlichen Ermittlungen zufolge, im Laufe der Zeit mehr als 1500 Titelsüchtige herein. Dabei muß man wissen: Diese Ermittlungen fingen erst 1991 allmählich an. Schilden ist schon viel länger im Geschäft.

Seine Einnahmen waren gewaltig. Legt man vorsichtshalber den günstigsten Preis von 30000 DM für einen von ihm vermittelten Dr. h.c.-Titel zugrunde (die anderen kosteten zuletzt das Doppelte), dürfte er rund 45 Mill. DM gescheffelt haben, wahrscheinlich sogar mehr.

Wer diese berühmt-berüchtigte Persönlichkeit im lukrativen Titel-Business montags bis freitags von 9 bis 12 Uhr und 15 bis 18 Uhr in seinem Häuschen in der Eifel um Rat in Sachen Promotion aufsuchte, dem stellte Schilden immerhin 400 DM plus Mehrwertsteuer pro angefangener Stunde in Rechnung. Das allein sind schon 2400 DM Netto-Umsatz pro Tag oder gut eine halbe Million im Jahr bei 220 „Beratungs"-Tagen.

Eine stolze Leistung dieses Herrn, dessen vermittelte Titel genauso falsch waren wie die eigenen.

30000 DM forderte er als „Bearbeitungspauschale sofort" und „DM 30000 mit der Zuleitung einer Doktorarbeit". Großzügigerweise erstattete er aber die 400 DM Beratungshonorar, wenn man sich auf das „Weiterbildungsprogramm" des Nerother „wissenschaftlichen Informationszentrums" einließ und für einige zehntausend Märker Doktor- oder Professorentitel bestellte.

Professor ja – Grammatik nein

Der Herr Prof. Prof. Dr. Dr. Schilden war und ist, was die deutsche Grammatik angeht, nicht ganz firm. „Scheck und Notaranderkonto wird nicht akzeptiert", teilt er fettgedruckt in Briefen mit. Doch das hielt die Leute nicht ab, scharenweise zu ihm zu pilgern. Zu seinen Kunden zählten Handwerker, Politiker, Anwälte, selbst Pfarrer.

Auch die Anzeigen, die er im „Handelsblatt", in „!Forbes" usw. regelmäßig schaltete, zeugen nicht gerade von grammatikalischer Sicherheit. Vielleicht liegt das auch daran, daß der Herr Professor einfach gar nicht so gebildet ist, wie seine schönen akademischen Grade glauben machen sollen. Die Ermittler sind sicher, daß er nicht nur alle seine Titel zu Unrecht führt. Der ermittelnde Staatsanwalt: „Wahrscheinlich ist auch sein Abitur-Zeugnis nicht echt."

Zukunft sichern!

HOLEN SIE IHREN DOKTOR NACH

Seriöse Promotionsberatung seit Jahren.
Repititor aller Fakultäten.
Wenige Professoren u. h. c. frei.

Ihr Experte für Problemfälle, bekannt durch Funk, Presse, Fernsehen.

Unsere Kandidaten müssen alle Voraussetzungen haben.
Ich möchte alle deutschen Universitäten ansprechen.

Die Kandidaten, die extern promovieren und betreuen können, um somit den unseriösen Titelhandel zu unterbinden.

FH-Absolventen kein Problem.

Büro: Mo.-Fr. 9-12 Uhr, 15-18 Uhr

Prof. habil. Prof. Dr. Dr. Claus Schilden,
Layenstr. 38 · 54570 Neroth/Daun (Eifel)
Tel. 0 65 91/33 20 · Fax 0 65 91/30 44

Über diese Inserate lockte er die zahlreiche Kundschaft. Für Werbung griff Schilden sehr tief in die Tasche. 2 320 DM kostet allein eine einzige Annonce dieser Größenordnung bei „!Forbes", immerhin 1 950 DM beim „Handelsblatt". Mag sein, er bekam wegen der Häufigkeit der Anzeigenschaltung Mengenrabatt ...

Wer das Treiben des Claus Walter Werner Schilden, geb. Reinhardt (nicht nur Frauen können bei Heirat legal ihren Namen wechseln), in den letzten Monaten des Jahres 1993 und den ersten Wochen des Jahres 1994 beobachtete, begriff die Welt, besser die deutsche Justiz, nicht mehr.

Wie da jemand in aller Offenheit Titel anbot, gleich im allerersten Brief an x-beliebige Personen jede ansonsten streng gehütete Diskretion fahren ließ, das war vielen Beobachtern der Szene schleierhaft. Ein unerklärliches Rätsel. Wir glauben jedoch: Das hatte Methode und machte zuletzt aus seiner Sicht wirklich Sinn.

Zu Bargeld ein erotisches Verhältnis

Daß die Staatsanwaltschaft hinter ihm her war, das dürfte Schilden kaum verborgen geblieben sein. Gerade deswegen, so sieht es aus, geriet er ein bißchen in Panik, drehte er voll auf, kassierte so viel wie möglich ab. Von den hohen Umsätzen Schildens konnte die Staatsanwaltschaft Trier jedoch nicht viel entdecken. Nur zwei Millionen DM, so sagt man, seien in den letzten Jahren über seine Konten geflossen. Im Vergleich zu den wahrscheinlichen Umsätzen ist das natürlich nicht viel mehr als ein besseres Trinkgeld.

Aus unseren vielen Gesprächen mit Promotionsberatern, Betrügern, Titelhändlern wissen meine Helfer bei der Recherche und ich: Zu Bargeld haben sie ein geradezu erotisches Verhältnis. Sie machen ihre Kunden meist unverblümt darauf aufmerksam, daß sich durch den Titelkauf eine wunderbare Möglichkeit biete, Schwarzgeld loszuwerden. Sogar in großen Mengen. Feine Sache für die Händler. So kassieren sie die hohen Summen an der Einkommens- und Umsatzsteuer vorbei. Auf Schilden kommt aus dieser Ecke übrigens noch eine Menge zu.

Wer sich beim Geschäft mit dem Doktortitel jedoch auf Barzahlung, erst recht auf's Bezahlen mit Schwarzgeld einläßt, der begeht einen kapitalen Fehler. Bleiben die versprochenen Leistungen des Promotionsberaters oder eines halbseidenen Händlers aus, kann der Titelaspirant gar nicht nachweisen, irgendeinen Pfennig gezahlt zu haben. Diese einfache Wahrheit verdrängen viele Zeitgenossen aus reiner Habsucht. Sie gönnen dem Fiskus keinen Pfennig. Diesen Geiz am falschen Platz haben viele schon bitter bereut.

Mit Gaunern in einem Boot

Noch schwerer wiegt: Der Käufer begibt sich durch's Schwarzgeld-Zahlen nun ganz eindeutig mit einem Gauner in ein Boot der Illegalität. Von diesem Augenblick an können zwielichtige Gestalten ihren Kunden nicht nur wegen des moralisch verwerflichen Doktortitelkaufs unter Druck setzen, also einfach erpressen. Nun hat der Titelkäufer einen höchst unbequemen Mitwisser seiner Betrügereien gegenüber den Steuerbehörden. Die reagieren übrigens auch auf anonyme Anschuldigungen.

Um auf Schilden zurückzukommen, dem wir diese Straftaten absolut nicht unterstellen wollen: Könnte es nicht sein, daß er ein paar Mark irgendwo auf der hohen Kante hat, wovon die Staatsanwaltschaft nichts weiß? Vielleicht sieht er der zu erwartenden Freiheitsstrafe relativ gelassen entgegen, weil er rechtzeitig für die Zeit danach vorgesorgt hat.

Doch darüber steht uns kein Urteil zu.

Andererseits ist Schilden auch alles andere als ein Ehrenmann. Wir beobachten ihn schon lange. 1991 zum Beispiel wohnt er noch im Eifeldorf Schüller. Da hat er es mit seiner akademischen Karriere noch nicht ganz so weit gebracht. Die Professoren-Titel tauchen noch nicht auf. Er nennt sich „Dr. phil. Dr. th. Claus Schilden von the ULC". Diese Titel darf er sicher auch nicht führen, aber es kümmert sich noch kein Staatsanwalt um ihn. Jedenfalls nicht intensiv.

ULC steht übrigens für „UNIVERSAL LIFE CHURCH", eine angeblich im sonnigen Kalifornien ansässige amerikanische Kirche. Deren kirchliche Titel bringt er unter der falschen, sogar eidesstattlichen (!) Versicherung unter die Leute, daß alles korrekt sei. „Nach unserer Abwicklung können Sie ohne Zögern Ihren Doktor im Personalausweis eintragen lassen." Die Titel kosten damals „nur" zwischen 4 000 (Dr. of Religious Humanities) und 10 000 DM (Doctor of Motivation).

Er schreibt gleich, wie das gehen soll: „Ihre Urkunde lassen Sie dann von einem vereidigten, vom Gericht bestellten Übersetzer, ins Deutsche übersetzen und somit steht einer Eintragung in den Personalausweis nichts mehr im Wege." Die Legalität sei nachzuweisen durch ein Urteil des Oberlandesgerichts Düsseldorf. Aktenzeichen 5 Ss 475/78. Das Oberlandesgericht hat den Beschuldigten damals zwar vom Vorwurf des Verstoßes gegen das AkdGradG freigesprochen, aber nicht generell. Es hat nämlich ausdrücklich darauf hingewiesen, daß sich der Beschuldigte möglicherweise des Betruges schuldig gemacht hat. Ein Freispruch konnte deswegen nicht erfolgen.

Einer klaut vom anderen – ein feines Gewerbe

Das gleiche Urteil als Verkaufsargument verwendet nun Dr. D. Müller, der von Hamburg aus kirchliche Titel verkauft (siehe Seite 145 ff.), auch angeblich von einer Kirche aus Kalifornien. Es sieht so aus, als hätte er seine Geschäftsidee dem falschen Professor aus der Eifel geklaut. Ein wirklich feines Gewerbe, nicht wahr?

Noch einmal kurz zurück zu Schildens Behauptung aus dem Jahr 1991, seine Doktortitel würden nach der Übersetzung durch einen gerichtlich vereidigten Übersetzer in die Personalpapiere eingetragen. Was glaubt der Leser? Stimmt's oder stimmt's nicht? Hat Schilden da auch gelogen?

Jede Wette: Es stimmt. Zumindest zum Teil. Schilden kann sich zugute halten, der Pionier dieser Masche zu sein, auf die jetzt viele Leute setzen. (Siehe auch das Kapitel „Karl L.", Seite 235 ff.) Er hat zuerst gemerkt, daß viele deutsche Beamte eine fatale Schwäche haben: eine übergroße Ehrfurcht vor Titeln und Stempeln. Diese Schwäche hat er weidlich ausgenutzt. Nun eifert ihm die nachwachsende Fälschergeneration nach.

Der Altmeister im Titel-Business stellte nämlich erfreut immer wieder eine ganz bestimmte Reaktion fest. Steht ein gutangezogener Herr oder eine Dame vor einem nicht besonders gut ausgebildeten, weniger gut gekleideten und zudem überlasteten Beamten eines Einwohnermeldeamtes, stellt sich als Dr. Soundso vor und begehrt selbstbewußt, den neuerworbenen Doktortitel in die Personalpapiere eingetragen zu bekommen, so funktioniert das auch. Öfter als man denkt. Zack, zack, zwei Stempel in den Paß, und in Windeseile steht der akademische Grad in den Personalpapieren. Bei den neuen, fälschungssicheren Ausweisen dauert das Ganze etwas länger

Der alte Trick mit dem Notariatsstempel

Die Erfolgschancen einer derartigen Dreistigkeit steigen sogar beträchtlich, sobald der frischgebackene Herr Dr. Stempel und andere Unterschriften von Seriosität ausstrahlenden Stellen ins Spiel bringt. Die zwei wichtigsten lauten „gerichtlich bestellter Übersetzer" und „Notar".

Der Trick funktionierte und funktioniert immer noch so: Man geht mit dem Original einer ausländischen Phantasie-Universität oder auch der gefälschten Urkunde einer deutschen Universität zu einem Notar und läßt sich von ihm „notariell beglaubigen", daß die mitgebrachte Fotokopie mit dem Original übereinstimmt. Das kostet nur ein paar Mark.

Der Notar versieht die Kopie mit seiner Unterschrift, dem Dienstsiegel und einem zweiten Stempel. Dessen Text lautet: „Hiermit wird notariell bestätigt, daß die Urschrift mit der Abschrift übereinstimmt." Das stimmt auch.

Was der Notar nicht prüft, weil er darum auch gar nicht gebeten wurde, ist jedoch, ob die vorgelegte Originalurkunde „echt" ist. Genausowenig überprüft er, ob der akademische Grad zu Recht oder zu Unrecht geführt wird. Aber genau das nehmen die Beamten irrtümlich an, sobald sie den schönen Notariatsstempel auf der Fotokopie der Urkunden erblicken. Und dieser Irrtum ist weit verbreitet! Sogar sehr weit.

Mit diesem kleinen, fiesen Trick arbeitete Schilden erfolgreich und konnte sich auch deswegen so lange über Wasser halten. Die Methode funktionierte natürlich nicht immer. Oft mußten die Kunden mit den schönen Urkunden unverrichteter Dinge wieder nach Hause gehen. Einige erstatteten Anzeige. Erst als sich die Anzeigen dann häuften, gelang es der Staatsanwaltschaft und drei Kriminalbeamten, genügend Beweise gegen Schilden zusammenzusammeln. Viele Käufer schweigen bis heute, weil sie sich ihrer eigenen Dummheit schämen.

Die Behörden haben bisher festgestellt, daß rund 60 seiner 1 500 Kunden die falschen Titel in die Personalpapiere haben eintragen lassen. Doch dies ist, wie wir glauben, nur die Spitze des Eisbergs.

Diese 60 müssen natürlich nun den gekauften Titel zurückgeben und mit einer Geld-, wenn nicht gar einer Gefängnisstrafe rechnen. Das Höchstmaß beträgt ein Jahr. Größer dürfte jedoch die Blamage im gesellschaftlichen Umfeld bei denjenigen sein, die ihren Titel schon länger führen.

Auch gestandene Politiker hereingefallen

Nicht nur irgendwelche Dummköpfe sind auf den Schwindler aus der Eifel hereingefallen, auch gestandene Politiker. So zum Beispiel der Vize-Landrat des Kreises Lippe, Jürgen Ermeling. Der hat, wie der „Stern“ berichtet, immerhin 26 000 DM für einen Doktortitel der Phantasie-Uni „Universitas Helvetiensis Sedis Urbis Turicensis“ an Schilden bezahlt.

Der FDP-Politiker, immerhin eine Lokalgröße, der auch schon einmal Vorsitzender im Polizeibeirat seines Landkreises war, wurde, so der „Stern“, wegen unbefugten Führens eines akademischen Grades zu einer Geldbuße von 40 000 DM verdonnert und trat von seinen Ämtern zurück.

In letzter Zeit verlagerte Schilden, siehe den Fall „Ermeling“, den Titel-Vertrieb weg von den Urkunden amerikanischer Kirchen und verkaufte, wie die Staatsanwaltschaft sagt, Urkunden von „erfundenen schweizerischen Universitäten, die so ähnlich wie die richtigen klingen“. Also zum Beispiel: „Schweizerische Universität Zürich“. Die echte Uni in Zürich heißt jedoch einfach „Universität Zürich“. Auf diesen Dreh waren auch viele andere Titelhändler wie Bleisch=de Leon (siehe Seite 107 ff. und Urkunde gegenüber), aber auch viele halbseidene Promotionsberater gekommen.

Was unbestreitbar ist: Schilden selbst hat dank seiner erfundenen Titel eine richtige Karriere gemacht. Zwar soll, wie seine erste Frau behauptet, auch das Abiturzeugnis nicht echt sein. Unbewiesen ist außerdem seine Behauptung, eine kaufmännische Lehre absolviert zu haben. So schreibt mein Kollege, der Journalist Friedhelm Knopp, im „Trierischen Volksfreund“ süffisant: „Fest steht nur, daß er sich in verschiedenen Branchen versucht hatte – darunter auch als Betreiber einer Würstchenbude am Mönchengladbacher Hauptbahnhof. Lohnender als Currywurst und Fritten scheint da schon der Titelhandel gewesen zu sein ...“

Keinen Schutz für Geschäfte unter Ganoven

Viele Geprellte haben nur geringe Chancen, das Geld zurückzubekommen. In Köln verklagte ein Kunde sei-

Sc[redacted]weizerische Universität, Zürich

Univer[redacted]in Urbe Turicum

Univ[redacted]verwaltung
Stude[redacted]teilung
8037.[redacted]

Dissertationszentrale / Archiv)
Im Staubeweidli 21
8820 Wädenswil / Zürich

Deutschsprachige Studienabteilung

Zertifikat

[redacted]

Josef

gebo.[redacted] 04. März 194 in

hat die reglementarischen Abschlussprüfungen in der Studienrichtung Ing.-Wissensch.- (Architektur) abgelegt, und in den während des Studiums abgeschlossenen Fächern die nachstehenden Zensuren erhalten:

Diplomstudium

Prüfungsfächer *1. Diplomprüfung*

Hochbau, Baustofflehre, Tragwerkslehre, Baukunst

Prüfungsfächer *2. Diplomprüfung*

Gebäudelehre, Entwerfen, Siedlungswesen und Städtebau, Wohnbau unter besonderer Berücksichtigung landschaftsgebundenen Bauens im Bay. Wald.

Benotung einschliesslich Kolloquien: sehr gut

Doktorandenstudium Diplomarbeit: Landschaftsgebundenes Bauen im Bayerischen Wald

Titel der Abschlussarbeit / Dissertation:

Bewertung des Rigorosums:

Abschlussprüfung

Aus den Zensuren der durch Testatsnachweise und Fachprüfungen abgeschlossenen Fächern – sowie der Bewertung des Rigorosums ist für die Abschlussprüfung folgendes Prädikat gebildet worden:

s e h r g u t

Namens der Schweizerischen Universität, Zürich:

Für das Rektorat:

Für die Expertenkommission:

nen Titelhändler sogar vor einer Zivilkammer. Das Ergebnis beschreibt Kollege Friedhelm Knopp so: „Die Kammer schmetterte diese dreiste Klage auf Rückerstattung der 41000 DM mit dem Hinweis ab, daß es für illegale Geschäfte unter Ganoven keinen zivilrechtlichen Schutz gebe."

Die Karriere des Herrn Schilden dürfte nun einen empfindlichen Knick erhalten. Zuviel auf einmal kommt offensichtlich zusammen, so daß er, wie die Staatsanwaltschaft überzeugt ist, nicht mehr mit einer „empfindlichen Geldstrafe", sondern mit einer „Gefängnisstrafe" zu rechnen hat.

Dies vor allem auch aus zwei Gründen. Einmal hat er versucht, wie der „Stern" schreibt, nach der Wende in den neuen Bundesländern Professoren zu bestechen. Er soll drei Rektoren bzw. Dekanen Geld dafür geboten haben, daß sie ihm außerhalb des sonst üblichen Promotionsverfahrens Titel beschaffen.

Mindestens genauso wichtig ist jedoch: Schilden ist Wiederholungstäter und kann deswegen nicht mit einer Bewährungsstrafe rechnen. Er ist wegen Betruges vorbestraft. Er wurde verurteilt, weil er, so die Staatsanwaltschaft, eine ältere Dame um einen ansehnlichen Geldbetrag gebracht hat. Das war noch in der Zeit, als Schilden nicht Schilden, sondern Reinhardt hieß.

Hinweis:
Bitte lesen Sie dazu noch den Kasten „Risiken und Konsequenzen im Geschäft mit ausländischen akademischen Graden" Seite 70 f.

Freie und private Universität Teufen/Schweiz

Zwei Fahrten in die Schweiz ...

Meine Kollegen, die sich mit dem Thema „Titelhandel“ einmal beschäftigt haben, mögen es mir nachsehen. Der Name „Teufen“, aber auch die andere „private Universität“ im nachfolgenden Kapitel, sind nun wirklich als klassische Beispiele von Institutionen bekannt, deren akademische Grade in Deutschland nicht geführt werden dürfen. Das wissen Eingeweihte schon seit Jahren. Darüber ist viel geschrieben worden.

Dennoch schaltet die „Freie Universität Teufen“ weiterhin relativ große Anzeigen, ist also offensichtlich nach wie vor in Deutschland gut im Geschäft.

Wir wollen uns auch deswegen wenigstens kurz mit diesen alpenländischen Institutionen beschäftigen, weil sie der Vollständigkeit halber und aufgrund ihrer langen Tradition in diesem Business einfach in ein sol-

FREIE UNIVERSITÄT TEUFEN

FREIE UND PRIVATE

UNIVERSITÄT TEUFEN SCHWEIZ

DIPLOM

HIERMIT WIRD VON DER FAKULTÄT
DER MANAGEMENT-WISSENSCHAFTEN BESTÄTIGT,
DASS HERR

Werner Kaufmann

VON LUZERN/SCHWEIZ

DAS ERFORDERLICHE SCHLUSSEXAMEN ABSOLVIERT HAT
UND VERLEIHT IHM
NACH VORLEGEN DER DISSERTATION DEN

DOKTOR

DER MANAGEMENT-WISSENSCHAFTEN

TEUFEN,
DEN, 18. DEZEMBER 1986

FAKULTÄT DER
MANAGEMENT-WISSENSCHAFTEN

FREIE UNIVERSITÄT TEUFEN
DER DEKAN

ches Buch gehören. Warum sie immer noch ihr Unwesen treiben, das erzähle ich etwas später.

Das wichtigste habe ich schon verraten. Ihre Doktortitel, ihre Urkunden, die man zum Preis von insgesamt knapp 20000 Schweizer Franken nach einem Studium daheim erwerben kann, dürfen deswegen in der Bundesrepublik nicht geführt werden, weil diese Art Ausbildung mit derjenigen an deutschen Universitäten eben nur den Namen gemeinsam hat.

Die Teufener „Fernuniversität" und ihr Rektor, Herr Bernard A. Ganther, wenden sich bei ihrer Werbung an Berufstätige mit Abitur, Matura oder ähnlichen Schulabschlüssen. Wer mindestens 26 Jahre alt ist, zwei Jahre „erfolgreich auf einem Spezialgebiet" (welches auch immer?) tätig war, wer gar schon irgendwo richtige, staatlich anerkannte Studienabschlüsse erworben hat, der darf sich in Teufen bewerben.

2800 Schweizer Franken für die Immatrikulation

Man füllt dazu ein Formblatt aus und erhält nach kurzer Zeit – die geforderte Qualifikation vorausgesetzt – die freundliche Mitteilung, daß die Universitätsleitung dem Gesuch entsprochen habe. Das überrascht den Briefschreiber natürlich nicht so sehr. Eher schon, daß man nun bereits zur „Immatrikulation" eine Gebühr von 2800 Schweizer Franken auf das Konto der Schweizer Bankgesellschaft zugunsten der Cosmos AG zu zahlen habe. Diese Aktiengesellschaft ist die Trägerin der Hochschule.

Irgendwelche Fragen zu stellen, das, teilt man mit, sei nur schriftlich, höchstens telefonisch möglich. Den Universitätscampus, irgendwelche Studiensäle, die Bibliothek, das Rektorat dieser Institution vor der Zahlung in Augenschein zu nehmen, wird mir trotz mehrmaliger Bitten nicht gewährt. Das mag natürlich auch daran liegen, daß sich der famose Herr Rektor einfach ein bißchen geniert. Schließlich machen die im zweisprachigen Vierfarb-Prospekt dargestellten Räumlichkeiten mit den bescheidenen sieben Stühlen um einen kargen Holztisch wirklich nicht viel her.

Also müssen wir vorerst mit den schriftlichen Unterlagen und den darin enthaltenen Informationen vorliebnehmen. Wir erfahren, daß diese Uni auf „Betriebswirtschaftslehre" und „Wirtschaftswissenschaften" spezialisiert sei. Das heißt: Man kann dort nicht nur seinen Doktor machen, sondern auch die folgenden Abschlüsse: Diplom-Kaufmann, Diplom-Oekonom, Diplom-Betriebswirt und Diplom-Informatiker.

Im Mittelpunkt steht natürlich der „Doktor der Wirtschaftswissenschaften (Dr. rer. oec.)". Wer noch höher hinaus will, dem steht sogar eine Professur offen. „Keine andere Berufsbezeichnung genießt in der Öffentlichkeit höheres Ansehen als diejenige des Professors", schwärmen die Fabulierer. Unter bestimmten Voraussetzungen, wie das „Einreichen einer Habilitationsschrift oder bei einer vergleichbaren, verdienstvollen Tätigkeit in Industrie, Forschung und Wirtschaft" verleiht die Uni sogar eine außerordentliche Professur. Das ist wirklich außerordentlich erfreulich.

Zumal der Interessent nicht allzuoft die manchmal sicher weite Reise in die Schweiz auf sich nehmen muß, um die eigene akademische Laufbahn mit einem Doktortitel der Marke Teufen zu krönen. In aller Offenheit heißt es: „Der Student kommt deshalb in der Regel zweimal an den Sitz der Universität nach Teufen: Zur ordentlichen Immatrikulation und zur Abschlußprüfung (Rigorosum)."

„Uns sind keine Einschränkungen bekannt"

Nur auf den ersten Blick erfreulich ist hingegen, was man dann im Prospekt zur Führbarkeit der Grade mitteilt: „Die von der Universität Teufen verliehenen Diplome können u. W. geführt werden, und es sind uns keine Einschränkungen irgendwelcher Art bekannt."

Aber woher wollen sie das auch wissen? So geben sich die Herren der Universitätsleitung plötzlich ganz naiv: „Da aber Studenten aus aller Welt bei uns immatrikuliert sind, weisen wir ausdrücklich darauf hin, daß grundsätzlich immer die Bestimmungen des jeweiligen Landes zu berücksichtigen sind, in welchem der Student wohnt."

Sollten wir uns wirklich irren? Wir fragen das niedersächsische Ministerium für Wissenschaft und Kultur und erfahren dort: „Als einschlägige Institutionen, die Titelhandel betreiben, können folgende aufgeführt werden: Schweizerische Universität Zürich, Wirtschaftshochschule Aarau, Freie Universität Teufen ..."

Wenn das schon so ist, dann will ich wenigstens noch testen, wie diese Institution denn nun mit der Wahrheit umgeht. Ich stelle mich ganz ahnungslos und frage schriftlich an, ob die verliehenen Grade in Deutschland geführt werden dürfen. Das, so nehme ich einmal an, müßte der Herr Direktor, der fast Woche für Woche auf dem deutschen Markt über Anzeigen Kunden einsammelt, längst in Erfahrung gebracht haben.

Wozu einen Titel, den man nicht führen darf?

Meine Nachfrage ist berechtigt. Schließlich dürfte es seiner Klientel sicher nicht in erster Linie darum gehen, irgendwelche wissenschaftlichen Meriten zu erwerben, die als geschriebene und gebundene Doktorarbeiten im Original in der heimischen Wohnzimmerschrankwand vor sich hinstauben oder als Zweitschrift in der Bibliothek der eidgenössischen Institution auf Nimmerwiedersehen verschwinden.

Eine ganz wichtige Funktion jedes Titels ist doch, ihn führen, vorführen, anderen den akademischen Grad demonstrieren zu können, um sich von der gemeinen Mehrheit der Nicht-Titelträger wohltuend abzuheben.

Die Antwort im Schreiben vom 20.4.94 ernüchtert mich vollends. „Eine ausdrückliche Genehmigung (Nostrifikation) zur Führung eines akademischen Grades ist aufgrund der neuen EG-Richtlinien für Abschlüsse aus der Schweiz unseres Wissens nicht mehr notwendig (siehe Kopie in der Beilage)."

Diese Beilage ist eine Kopie eines Zeitungsartikels vom Januar 1993. Dort liest man tatsächlich: „Die Führung von ausländischen Graden in Originalform aus den Mitgliedstaaten der EG, Österreich, der Schweiz sowie der päpstlichen Hochschule in Rom und der europäischen Hochschulen in Florenz und Brügge ist aufgrund eines Beschlusses der Kultusministerkonferenz allgemein genehmigt."

Papier, das wissen wir, ist sehr geduldig

Als Journalist weiß ich natürlich allzugut: Papier ist geduldig, und jeder hat irgendwann einmal mehr oder weniger schlampig recherchiert. Ein Blick in den Beschluß der Kultusministerkonferenz aus dem Jahr 1990 zeigt eindeutig: Titel von dreizehn schweizerischen Hochschulen werden anerkannt. Teufen gehört nicht dazu.

Diese Methode, „passende Zeitungsausschnitte" beizulegen, die den Unsinn der Titelhändler untermauern, den kennen wir ja nun schon zur Genüge. Der kleine Kniff begegnet dem Leser in mehreren Kapiteln dieses Buches.

Nach all den Erfahrungen, die ich in den letzten Monaten mit Titelhändlern, Promotionsberatern, Staatsanwälten, Professoren, Ministerialbeamten und schläfrigen Behörden gemacht habe, wage ich mich einmal ganz weit vor. Ich bin dabei ziemlich sicher, den Hauptgrund zu kennen, warum Teufen trotz vieler Warnungen immer noch so gut im Geschäft ist.

Das ganze Geheimnis: Eine Vielzahl der Teufen-Kunden führen die Doktortitel einfach! Entweder glauben sie den Versicherungen der Hochschule tatsächlich, oder sie wollen daran glauben. Und an der Führung dieser Grade hindert sie auch niemand. Wie sollte man als ganz normaler Zeitgenosse darauf kommen, daß bei einem Dr. à la Teufen irgend etwas nicht in Ordnung ist?

Viele Kunden führen diesen Grad einfach

Wollen wir das Ganze mal kurz spaßeshalber in Gedanken durchspielen.

Diplom-Kaufmann Konrad Kunze, der bei einem Mittelständler im Export arbeitet, will einen Doktorhut. Er bewirbt sich in Teufen und wird natürlich als „Student" angenommen. Stolz erzählt er seinen Kollegen im Betrieb davon und natürlich auch seinen

Freunden abends beim Bier. Die 2800 Franken zahlt er bei der Immatrikulation mit Freuden. Er hat sich sogar schon ein Thema für eine Doktorarbeit ausgedacht. Das akzeptiert die Hochschule. Daran arbeitet er ein paar Monate, kommt morgens gähnend ins Büro, abends seltener zum Bier. Alle wissen: Mensch, aus dem Konrad wird ein richtiger Dr. Konrad Kunze. Er liefert die Arbeit ab. Über die Qualität schweigen wir uns aus. Sie wird akzeptiert. Er zahlt den Rest. Erhält die Urkunde. Dr. Kunze wird in Teufen noch einmal versichert, daß aufgrund der tollen EG-Richtlinie die Schweizer Doktortitel nicht mehr nostrifiziert werden müssen. Er läßt neue Visitenkarten drucken. Darauf steht natürlich: Dr. Konrad Kunze.

Wieso, liebe Leser, sollte hier irgend jemand Verdacht schöpfen, daß etwas nicht mit rechten Dingen zugegangen ist? Selbst Kunze kann hereingefallen sein. Aber es gilt natürlich auch: Dummheit und Unwissenheit schützen vor Strafe nicht.

Lassen Sie uns die Story mit Kunze noch ein bißchen weiterspinnen.

Wechselt er später mal den Arbeitgeber, kann er Glück haben oder Pech. Pech hätte er bei Siemens oder Opel. Die wollen die Doktortitel-Urkunde sehen. Versierten Personalleuten fällt der „falsche“ Doktor in diesem Augenblick auf. Glück hätte er dagegen beim Versicherungs-Unternehmen „Münchner Verein“. Die wollen keine Urkunde sehen. Bis jetzt jedenfalls.

Glaubt der Leser mir immer noch nicht? Ich bin sicher, daß jede Menge Dr. Kunzes in der Bundesrepublik spazierengehen. Jede Wette!

Beim Einwohnermeldeamt ist spätestens Schluß

Eine kleine Schwäche hat diese nette Geschichte. Zugegeben. Alles geht sicher gut, solange unser Herr Dr. Konrad Kunze nicht auf die verwegene Idee kommt, zum Einwohnermeldeamt zu gehen, um dort den Titel eintragen zu lassen. Aber wie wir unsere Einwohnermeldeämter kennen, fallen die manchmal auch auf diese Urkunden herein. Zumindest dann, wenn man den Schilden-Trick (siehe Seite 79 ff.) anwendet.

Noch einmal kurz zurück zum Schreiben aus Teufen. Sehr aufschlußreich – bei intimeren Kenntnissen des Marktgeschehens – ist das Postscriptum des Briefes. Dort heißt es nämlich: „Die Freie Universität Teufen unterhält auch seit vielen Jahren intensive Beziehungen zu grossen, ausländischen Staats-Universitäten."

Wieso, fragt sich nun der aufmerksame Leser, gibt man nun diesen Hinweis, wenn ein paar Sätze vorher indirekt treuherzig versichert wurde, daß die Teufenschen Titel dank EG-Richtlinie in Deutschland ohne Schwierigkeiten führbar seien? Ganz einfach: Weil's natürlich nicht stimmt und der Unterzeichner dieses Briefes das ganz genau weiß. Hartnäckigen Zeitgenossen, die nicht auf treuherzige Versicherung plus simpler Zeitungsnotiz hereinfallen, versucht der Briefschreiber über das „PS" einen kleinen Hinweis zu geben, einen Ausweg zu zeigen.

Der kann sich in der Realität dann aber bisweilen als Holzweg erweisen.

Der Wink mit den anderen ausländischen Unis

Wie diese „intensiven Beziehungen" zu „großen ausländischen Staats-Universitäten" in der Realität aussehen, das konnte man kürzlich im Nachrichtenmagazin „Focus“ nachlesen. Kollege Gunther Schnatmann hatte nämlich herausgefunden: Die Uni steht offensichtlich in Verbindung mit dem Titelhändler „Prof. G. Schmid“ von der Universal Science & Student Exchance Ltd. in London, der Grade südamerikanischer Universitäten verkauft. An den hatte Teufen einen Kunden weitergereicht, der einen führbaren akademischen Grad verlangte. Feine Sache, so läßt sich gleich doppelt kassieren.

Doch in dem Fall hatte man Pech. Das Außergewöhnliche war: Dieser Kunde wollte tatsächlich richtig promovieren, hatte eine richtige Arbeit geschrieben und verlangte nun selbstverständlich auch einen richtigen akademischen Grad. Der sollte auch in Deutschland etwas wert sein. Dieses Ansinnen irritierte Teufen, das irritierte Titelhändler Schmid.

Doch der konnte dann doch nicht die versprochene Verbindung zu einer südamerikanischen Uni herstellen und spielte immer wieder auf Zeit. Als der Kunde schließlich nach vielen Monaten sein Geld zurückverlangte, zeigte sich Teufen wirklich generös. Es erstattete, wie Focus schrieb, „die bisherigen Kosten über 55 364,77 Mark“ zurück. Darin enthalten waren auch jene 20 210,14 Mark, die der Kunde an den Händler Schmidt bezahlt hatte.

Wie heißt es so schön am Schluß der Broschüre: Mit Abschlüssen der Universität Teufen „öffnen sich Türen, welche vorher verschlossen waren“. Da bleibt der Rektor diesmal wirklich bei der Wahrheit. Wer nämlich den Titel aus Teufen unberechtigt führt, dem könnten sich tatsächlich Türen öffnen. Die bleiben dann jedoch im schlimmsten Fall bis zu einem Jahr verschlossen. (Es gilt nämlich weiterhin § 132 a Strafgesetzbuch, der für unrechtmäßige Titelführung mit Geld- oder Freiheitsstrafe bis zu einem Jahr androht.)

Hinweis:
Bitte lesen Sie dazu noch den Kasten „Risiken und Konsequenzen im Geschäft mit ausländischen akademischen Graden" Seite 70 f.

Freie und private Universität
Herisau/Schweiz

Deutlich billiger als Teufen

Um den Leser nicht zu langweilen, will ich diese Universität und ihre „Promotionsmöglichkeiten" nur kurz vorstellen, weil sie ganz ähnlich agiert wie die Konkurrenz im schweizerischen Teufen.

Sie akquiriert ihre Kunden vor allem in der Bundesrepublik Deutschland. Aber nach eigenen Angaben schreiben sich bei ihr auch Interessenten aus Spanien, Italien, Frankreich und noch einigen anderen europäischen Staaten ein.

Zu beobachten sei, so erfahre ich bei meinem Besuch in Herisau von Herrn Dr. Franz Kraushaar, dem Marke-

ting Consultant der Uni, daß verstärkt Interessenten aus Spanien und Frankreich zu ihm kämen, die bei Niederlassungen oder Töchtern deutscher Konzerne arbeiteten.

Die Preise der Titel in Herisau liegen ganz deutlich unter dem Teufen-Niveau. Rechnet man die Immatrikulationsgebühr, die Studiengebühren für das erste Semester und das Doktorat zusammen, so kommt man auf eine Summe von mindestens 9 600 Schweizer Franken. Vor ein paar Jahren konnten Diplomierte den Herisauschen Doktortitel noch viel günstiger erwerben. 1991 zum Beispiel galt noch die Regelung: „Kandidaten, welche wenigstens acht Prüfungen an einer Universität erfolgreich bestanden haben, sind von der Seminararbeit und der Bezahlung der diesbezüglichen Gebühr befreit." So kam man dann auf nur noch 6 600 Franken.

Immer noch eine Menge Geld für einen Titel, der in Deutschland nicht geführt werden darf, wird sich mancher Leser zu Recht denken. Ich muß aber auch sagen, daß Dr. Franz Kraushaar, dem ich in der Uni gegenübersitze, wesentlich ehrlicher mit der Antwort auf die Frage nach der Führbarkeit des Titels umgeht als sein Kollege aus Teufen.

„Unser Titel wird nicht anerkannt"

Kraushaar sagt ganz offen: „Unser Titel wird nicht anerkannt. Das kann er gar nicht, weil er etwas ganz anderes ist, als die akademischen Grade der vornehmlich staatlichen Universitäten." Der Titel, den man sich in Herisau nicht kaufen, sondern durch eine Doktorarbeit und eine mündliche Prüfung erarbeiten könne, zeichne Leistungen in den „angewandten" Wissen-

UNIVERSITÄT - UNIVERSITÉ - UNIVERSITÀ

HERISAU AR

(SCHWEIZ - SUISSE - SVIZZERA)

DIE FAKULTÄT DER INDUSTRIELLEN WISSENSCHAFTEN
LA FACULTÉ DES SCIENCES INDUSTRIELLES
LA FACOLTÀ DELLE SCIENZE INDUSTRIALI

ERTEILT AN - CONFÈRE À - CONFERISCE A

GEBOREN AM - NÉ LE - NATO IL

NACH DER DOKTORDISSERTATION - APRÈS DISCUSSION DE LA THÈSE
DOPO DISCUSSIONE DELLA TESI

DAS - LE - IL

DIPLOM - DIPLÔME - DIPLOMA DI LAUREA

ALS - DE - DI

DOKTOR - DOCTEUR - DOTTORE

IN INDUSTRIELLEN WISSENSCHAFTEN
ÈS SCIENCES INDUSTRIELLES
IN SCIENZE INDUSTRIALI

PRÜFUNGSKOMMISSION:
COMMISSION D'EXAMEN:
COMMISSIONE D'ESAME:

DER PRÄSIDENT:
LE PRÉSIDENT:
IL PRESIDENTE:

HERISAU,

FREIE UND PRIVATE - LIBRE ET PRIVÉE - LIBERA E PRIVATA

schaften aus. Ohne drei Jahre Berufspraxis brauche niemand zu ihm zu kommen. Einschreibvoraussetzung sind außerdem Abitur, Matura oder ein gleichwertiger Schulabschluß.

Zur Promotion sind an dieser Fernuniversität, die auf zwei Etagen in einem schmucklosen Mietshaus untergebracht ist, nach einem maximal fünf Jahre dauernden Studium folgende „Spezialisierungen“ zugelassen:

– Wirtschaftswissenschaften,
– Informatik,
– Marketing,
– Versicherungswesen,
– Bankwesen,
– Soziologie.

Der Marketing-Consultant verzichtet ganz bewußt auf „eine Zusammenarbeit mit irgendeiner exotischen, aber staatlichen Schule im Ausland, vor allem Südamerika“. Ob ich das als kleinen Seitenhieb auf seinen Konkurrenten in Teufen verstehen soll?

Eine kleine Unehrlichkeit leistet sich Kraushaar dann aber doch, als er behauptet, den von seiner Hochschule verliehenen „Doktor der Industriellen Wissenschaft“ könne man in der abgekürzten Form „Dr. sc. ind.“ in Deutschland führen. Zumindest im privaten Bereich wäre das problemlos. Beim Schriftverkehr mit Behörden, so sagt er dann, „rate ich davon ab“.

Mit einem Eintrag in die Personalpapiere, fügt er noch hinzu, könne man ohnehin nicht rechnen. Doch die Rechtslage ist ganz anders. Dieser Titel wird weder als „Dr.“ noch in der Form „Dr. sc. ind.“ zur Führung genehmigt. Wer es dennoch tut, riskiert eine saftige Geldstrafe oder bis zu einem Jahr Gefängnis.

Resümee: Wer eine Doktorarbeit unter 100 Seiten schreiben möchte, um dafür einen in Deutschland nicht legal führbaren Doktortitel plus Urkunde zu bekommen, die man sich dann am besten in den Partykeller hängt, und zudem bereit ist, dafür knapp 10 000 Schweizer Franken lockerzumachen, der ist wegen der deutlich niedrigeren Preise bei der Freien und Privaten Universität Herisau viel besser aufgehoben als bei der Konkurrenz in Teufen!

Hinweis:
Bitte lesen Sie dazu noch den Kasten „Risiken und Konsequenzen im Geschäft mit ausländischen akademischen Graden“, Seite 70 f.

Prof. Dr. Carl Xaver Bleisch=de Leon, Zürich

Zeitweise entmündigter Herr vieler Unis

Den in einem der vorhergehenden Kapitel vorgestellten Schilden aus Neroth in der Eifel und die nun folgende Persönlichkeit, Prof. Dr. Carl Xaver Bleisch=de Leon aus Zürich, darf man mit Fug und Recht als die ungekrönten Könige im weltweiten Business um schöne Titel, kirchliche und akademische Grade bezeichnen, gerade auch, weil der „Schöne Consul", Hans-Hermann Weyer, sich in der letzten Zeit ja etwas rar gemacht hat.

Doch während die deutsche Staatsanwaltschaft Schilden vorläufig aus dem Verkehr zog, geht Bleisch noch immer unbehelligt seinen Geschäften nach. Mit Freuden verkauft er weiterhin seine wertlosen Urkunden und Titel. Oder vielleicht sollte man genauer sagen: seine in Deutschland völlig wertlosen Titel. Denn in anderen Ländern nimmt man es mit der Führung von akademischen Graden und dem Titelhandel nicht so genau wie bei uns.

In Bleischs Heimat, der Schweiz, gibt es seit Jahren in mehreren Kantonen Bestrebungen, den Titelhandel unter Strafe zu stellen. Doch die Erziehungsdirektion des Kantons Zürich zum Beispiel, von dem aus Bleisch seit den siebziger Jahren sein Unwesen treibt, hat es bis heute nicht vermocht, ihre ursprünglichen Pläne aus dem Jahr 1992 in die Tat umzusetzen, das Tragen und das Verleihen von falschen Titeln unter Strafe zu stellen. In den anderen Kantonen ist man heute auch noch nicht weiter.

Ein ähnliches Schneckentempo legte übrigens die Arbeitsgruppe „Private Hochschulinstitutionen in der Schweiz“ unter Leitung eines Luzerner Regierungsrates an den Tag. Sie wurde beauftragt, eine Übersicht der seltsamen Konkurrenten der staatlichen Hochschulen des Landes zu erstellen. Nach drei Jahren gab es eine knappe Bestandsaufnahme. Welche Institutionen aber Titelmühlen sind, das weiß bis heute in der Schweiz offiziell immer noch niemand.

Hintergrund dieser Untersuchung war nicht etwa, daß man sich in Deutschland über die Aktivitäten schweizerischer Schwindler aufregte. Vielmehr ging es der Verwaltung der (richtigen) Universität Zürich auf die Nerven, daß Sie immer wieder Post aus der Bundesrepublik Deutschland bekommt, die an eine „Schweizerische Universität Zürich“ gerichtet ist. Die armen Postboten können die Adresse dieser Erfindung Bleischs oft nicht ausfindig machen und geben die Briefe dann an die staatliche Uni weiter. (Siehe auch das Kapitel „Christine Halder“, Seite 121 ff.)

Sagenhafte Renditen durch Phantasie-Urkunden

Schilden war übrigens, Spaß muß sein, auch mal Rektor dieser vornehmen Hochschule. Er habe von seinem Konkurrenten, so erzählt man bei der Hochschulrektorenkonferenz, offensichtlich einen Stoß Urkunden gekauft und sie dann über Jahre wohl dosiert und fein verteilt auch in Deutschland unter die Leute gebracht. Bekannt geworden ist etwa der Fall eines Detmolder FDP-Kommunalpolitikers, der einen solchen schweizerischen Titel bei Schilden für 26 000 DM kaufte. Über die Rendite dieses und ähnlicher Geschäfte sage ich lieber nichts, sonst bringe ich noch den einen oder anderen Leser auf eine Idee, und man wirft mir Anleitung zu einer Straftat vor …

Bleisch, aber auch die vielen anderen Betreiber schweizerischer Privat- und Phantasie-Universitäten, nutzen für ihre Geschäfte eine Gesetzeslücke. „Schreinermeister“ oder „Reifenfachmann mit eidgenössischem Fachausweis“ dürfe man sich in der Alpenrepublik nicht nennen, klagt auch die dortige Wirtschaftszeitung CASH. Doch kaum Probleme gäb’s, schmücke man die Visitenkarte mit „Doktor oec.“, „Professor“ oder „Rektor“. In Konflikt mit den Gesetzen gerät man erst dann, wenn man sich in der Schweiz mit einem falschen Titel um eine Position beim Staat oder in der Wirtschaft bewirbt und dabei erwischt wird. Dann gibt’s Ärger wegen der Wettbewerbsbestimmungen des Landes.

Schweizer drücken beide Augen zu

Aber was jenseits der Grenzen mit diesen Titeln geschieht, das kümmert die Eidgenossen wenig. Mag sein, die Trägheit der dortigen Behörden hat sogar Methode. Schließlich kommt über diesen Weg wieder einmal Geld ins Land. Oder wie CASH im Herbst 1992 bereits titelte: „Die Schweiz hat ein neues Exportprodukt: käufliche Doktortitel von Privat-Universitäten.“

Erst wenn es unseren Nachbarn endlich gelingen sollte, die überfälligen Gesetzesänderungen durchzuführen, könnten die dortigen Behörden – guten Willen vorausgesetzt – der schillernden Persönlichkeit namens Prof. Dr. Carl Xaver Bleisch=de Leon (Jahrgang 1929) das Handwerk legen.

Eine Zeitlang vermochte man in der Schweiz juristisch überhaupt nichts gegen ihn auszurichten, weil er entmündigt war. Oder, wie CASH im Herbst 1992 zu berichten weiß: „Sein Amtsvormund kann nichts dagegen tun!"

Oder wie Erika Strobel, die dieses Amt innehatte, dem Blatt verriet: „Ich habe Herrn Bleisch keine Erlaubnis zu solchen Tätigkeiten gegeben. Was er aber in seiner Freizeit tut, kann ich nicht kontrollieren." Da wußte sie sich mit ihrem Mündel einig. Bleisch gegenüber CASH: „Was ich in meiner Freizeit mache, geht die Vormundschaftsbehörde nichts an."

Mittlerweile, so teilt das Amt uns mit, sei die Amtsvormundschaft wieder aufgehoben.

Jetzt braucht er also für seine Aktivitäten auch nicht mehr die Erlaubnis eines Vormunds, um die er sich eh nicht kümmerte. Er ist weiter sehr aktiv.

Mit seinem Namen verbinden sich unter anderem (!) Institutionen wie:

- Albert-Einstein-Universität, Zug,
- Dr. J. Bleisch Institut,
- Kuratorium der Universität Luzern,
- Oxford College of Applied Science,
- Loyola-Stiftung für Wissenschaft und Bildung,
- Schweizerischer Hochschulverein,
- Universität Albert Einstein,
- Schweizerische Universität Zürich,
- Zentralstelle für Internationales Bildungswesen, Zürich.

Diese Liste ließe sich noch um viele Namen erweitern. Einige der genannten Urkunden präsentiere ich dem Leser im Kapitel „Der Handel mit ausländischen Titeln". Da ein Normalsterblicher bei so viel geballter (pseudo-)wissenschaftlicher Kompetenz jedoch leicht

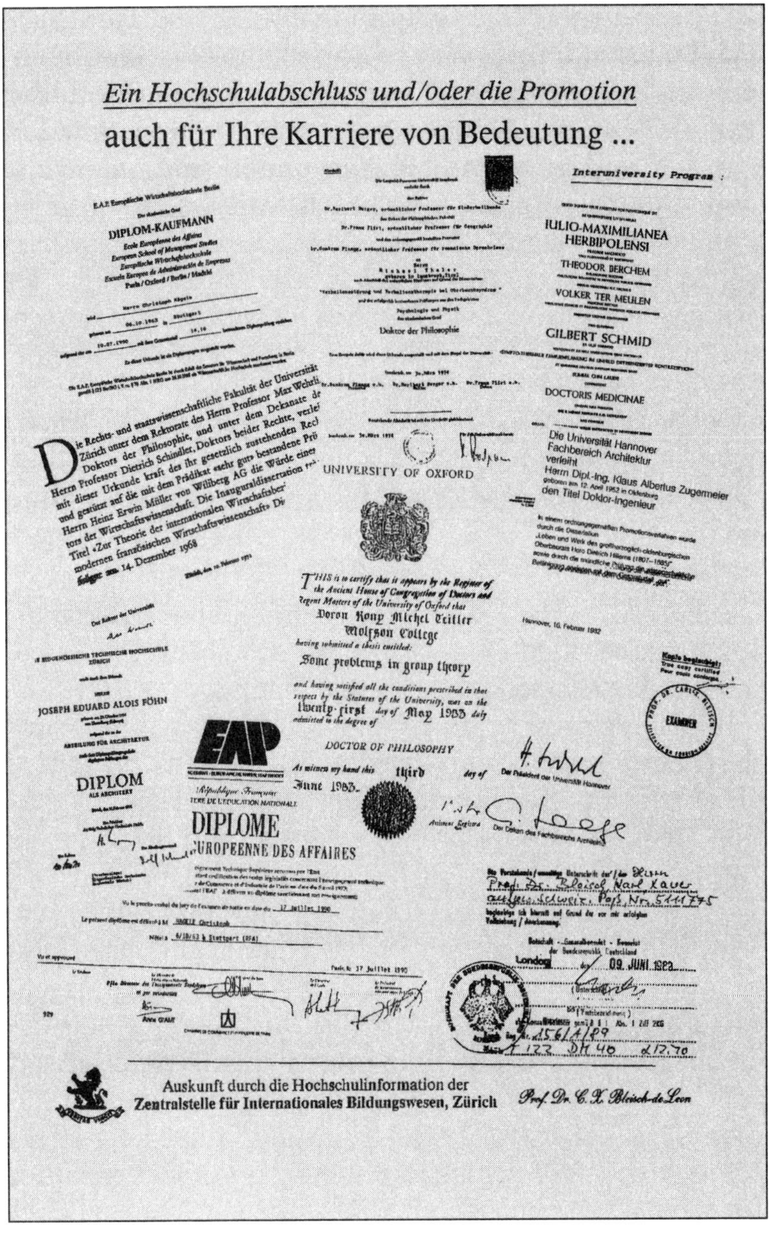
Ein Hochschulabschluss und/oder die Promotion
auch für Ihre Karriere von Bedeutung ...
DIPLOM-KAUFMANN
IULIO-MAXIMILIANEA HERBIPOLENSI
THEODOR BERCHEM
VOLKER TER MEULEN
Doktor der Philosophie
GILBERT SCHMID
DOCTORIS MEDICINAE
Die Rechts- und staatswissenschaftliche Fakultät der Universität Zürich unter dem Rektorate des Herrn Professor Max Wehrli
Die Universität Hannover Fachbereich Architektur verleiht
Herrn Dipl.-Ing. Klaus Albertus Zugermeier
den Titel Doktor-Ingenieur
UNIVERSITY OF OXFORD
THIS is to certify that it appears by the Register of the Ancient House of Congregation of Doctors and Regent Masters of the University of Oxford that
Doron Kony Michel Teitler
Wolfson College
having submitted a thesis entitled:
Some problems in group theory
and having satisfied all the conditions prescribed in that respect by the Statutes of the University, was on the twenty-first day of May 1983 duly admitted to the degree of
DOCTOR OF PHILOSOPHY
As witness my hand this third day of June 1983.
Hannover, 16. Februar 1982
JOSEPH EDUARD ALOIS FÖHN
DIPLOM
EAP
République Française
DIPLOME
EUROPEENNE DES AFFAIRES
London 09. JUNI 1983
Auskunft durch die Hochschulinformation der
Zentralstelle für Internationales Bildungswesen, Zürich
Prof. Dr. C. X. Bleisch-de Leon

verwirrt werden könnte, legt die Zentralstelle für Internationales Bildungswesen, Zürich, ihren vielen Kunden ein Faltblatt bei, auf das sie eine ganze Reihe dieser graphisch schönen, leider jedoch wertlosen Urkunden zu einer Collage zusammengefaßt hat. Diese Abbildung will ich dem Leser natürlich nicht vorenthalten.

Die Trickkiste des C. X. Bleisch

Ein Herr fortgeschrittenen Alters, der vorübergehend entmündigt war und dennoch so viel Erfolg hat, seltsam, nicht wahr? Daß auch heute noch so viele Deutsche auf Bleisch und seine Helfer hereinfallen, liegt an einer gewissen Gerissenheit, die ich ihm wirklich nicht absprechen will oder gar kann. Lassen Sie uns gemeinsam einen Blick in seine Trickkiste werfen.

Trick Nummer 1:

Die Masche mit immer neuen Namen.

Bleisch und Co. sind nicht nur Herren einer, sondern einer unübersehbaren Vielfalt von Institutionen, ob die sich nun „Universitäten", „Kuratorien", „Institute" usw. nennen. Die lassen sich in der Schweiz als Aktiengesellschaften, Stiftungen oder in Form eines Vereins ohne viel Formalitäten und Kapital gründen. Manchmal gibt es nur einen Briefkasten und eine Telefonnummer. Bisweilen fehlen sogar diese Dinge. Wenn es sein muß, verschwinden die Unis ganz rasch eine Zeitlang von der Bildfläche und tauchen anschließend wieder unerwartet auf. Das geschieht alles so schnell, daß die schweizerischen Behörden, denen man wirklich keinen allzu hastigen Arbeitsstil vorwerfen kann, praktisch chancenlos sind.

Dafür ein Beispiel. Post von Bleisch bekommt der Leser, wenn er sich auf eine Anzeige der „Hochschulinformation“ in Zürich nach den Möglichkeiten eines Dr.-Grades erkundigt. Post von Bleisch erhält, wer wegen der „Promotionsberatung“ zur „IHSV Hochschulinformation“ nach Zürich schreibt.

Das IHSV-Schreiben unterzeichnet der gleiche Dr. Heinz-Erwin Müller, der bei der Hochschulinformation neben Bleisch, diesmal jedoch als Senator h. c. Dr. Heinz-Erwin Müller, Doktor der Wirtschaftswissenschaften der Universität Zürich, unterschreibt.

Dr. med. ab 28000 Schweizer Franken

Zwischendurch mal kurz etwas zu den Preisen: Im Frühjahr 94 kostet ein wertloser Brit. PH. D/Dr. (Oxford) 8900 englische Pfund. Ein Schweizer Dr. rer. pol. ist für Beträge zwischen 18000 und 22500 Schweizer Fränkli zu haben. Ärzte müssen für einen Dr. med. mit 28100 Franken noch tiefer in die Geldbörse langen.

Nun zu Trick Nummer 2:

Bleisch ist ein Meister des Täuschens und Tarnens, gerade auch was die eigene Person betrifft. Einige der schönen Urkunden, die er massenhaft den titelsüchtigen Deutschen andrehte, hat er noch selber unterschrieben. Diese Stücke dürften heute jedoch schon fast Seltenheitswert, wenn nicht gar einen gewissen Sammlerwert haben. Die meisten jedoch sind mit vielen anderen Namen, Titeln, Bezeichnungen, Stempeln versehen. Daß Deutsche derartige Stempel lieben, hat sich bis in die Schweiz herumgesprochen.

Ein Beispiel hierfür ist die von seiner Gemahlin, Frau Rosalina Bleisch=de Leon, in ihrer „Rechts-, Patentanwalts- und Treuhandpraxis“ unterzeichnete Bestätigung, daß die von der „Albert-Einstein-Universität“, Zürich, ausgestellten „Ausweise, Diplome und akademischen Graduierungen“ mit den entsprechenden Originalurkunden (der Albert-Einstein-Universität, natürlich) „in Wort für Wort und Zeichen für Zeichen übereinstimmen“.

ALBERT EINSTEIN UNIVERSITÄT
Université Albert Einstein Università degli Studi

Administration
CH – 8037 Zürich
Schweiz – Suisse – Svizzera – Switzerland

E=mc²

Bestätigung

Hiermit wird bestätigt, dass

a) die hiermit verbundenen Statuten sowie

- seitens des Generalkonsulates der Bundesrepublik Deutschland, Zürich,

- der Handelskammer, Zürich, und der Schweizerischen Bundeskanzlei, Bern,

amtlich beglaubigten- und durch die Staatskanzlei des Kantons Zürich unter dem Datum des 24. Juni 1986 gemäss der Internationalen Konvention der Vertragsstaaten von Den Haag durch die sog. "apostille" von der Legalisation befreiten Urkunden in Photokopie betreffend den Status der Föderation der ALBERT EINSTEIN UNIVERSITAET, ZUERICH,

b) - der Ausweise, Diplome und akad. Graduierungen des

Herrn
Deutscher Staatsangehöriger, z.Zt. in Zürich,

mit den entsprechenden Original-Urkunden in Wort für Wort und Zeichen für Zeichen übereinstimmen.

Diese Bestätigung wurde mit den erwähnten Dokumentkopien heute im Büro der RECHTS- PATENTANWALTS- und TREUHANDPRAXIS Rosalina Bleisch-de Leon - administratives Sekretariat für die Albert Einstein-Universität in Zürich erstellt, und dient Herrn Dr. als Beweismittel.

Zürich, den 19. August 1987

Rechts-, Patentanwalts- und Treuhandbüro
Rosalina Bleisch-De Leon, Zürich
R. Bleisch-de Leon
Handlungsbevollmächtigte(r)

Siegel der Föderation der
ALBERT EINSTEIN UNIVERSITAET, ZUERICH:

LAW OFFICE BLEISCH-DE LEON
reg. nr. 11803
ZURICH

AMTLICHE BEGLAUBIGUNG UMSTEHEND

So kommt Geld in die Haushaltskasse

Damit ist natürlich nichts, absolut nichts, über die Echtheit oder den Wert der Originalurkunde ausgesagt. Das haben bis heute viele Leute nicht begriffen und ziehen aus den Stempeln einfach falsche Schlüsse. Dafür können die Bleischs natürlich nichts. Ganz und gar nichts?

Der in dieser Bestätigung erwähnte „Deutsche Staatsangehörige, z. Zt. Zürich" nahm also eine schön gestempelte Kopie einer Urkunde entgegen, die von einer Universität vergeben wurde, die nicht mehr als eine Briefkasten-Uni ist. Aber die Kopie der Phantasieurkunde ist wirklich echt! Dafür bürgt schließlich die deutlich jüngere, selbstverständlich nicht entmündigte Ehegattin (geboren am 12. 6. 56) des Herrn Bleisch. Sie führt neben vielen verantwortungsvollen Aufgaben gleich noch das „administrative Sekretariat für die Albert-Einstein-Universität".

Das ist eine überaus praktische Lösung. Der Gatte kassiert für die Originalurkunde, die Gattin für das Bestätigen der Echtheit der Kopie. So kommt Geld in die gemeinsame Haushaltskasse.

Trick Nummer 3:

Bleisch wußte immer schon deutsche Behörden für seine seltsamen Unternehmungen geschickt einzuspannen. Der eifrige Prof. Dr. C. Bleisch holt bei deutschen Landes-Kultusministerien eifrig Auskünfte ein, so zum Beispiel welche ausländischen Hochschulgrade in Deutschland zur Führung zugelassen seien.

Diese Informationen dienen zwei Zielen. Einmal interessierte das Bleisch selber, damit er die entsprechenden Urkunden mit ähnlich klingenden Bezeichnungen wie die richtigen Unis anfertigen lassen kann. Zum anderen will er mit den Kopien amtlicher deutscher Behörden seine deutschen Käufer blenden.

Behörden geben wertvolle Informationen

Die ahnungslosen deutschen Beamten geben dem „sehr geehrten Herrn Prof. Dr. Bleisch" bereitwillig Auskunft. Aus Kiel teilt man ihm das notwendige Fachwissen mit und schreibt außerdem: „Eine Übersicht der anerkannten Hochschulen Großbritanniens habe ich beigefügt."

Darauf dürfte der gute Bleisch nur gewartet haben. Denn er entwirft flugs sein „Inter-University Program", bei dem die Hochschulen in „Oxford" und „London" natürlich nicht fehlen. Hinweis an den Leser: Die Oxford-Urkunde finden Sie im Kapitel „Der Handel mit ausländischen Doktortiteln", Seite 43 ff.

Trick Nummer 4:

Bleisch sammelt eifrig deutsche Gerichtsurteile und weiß daraus, seinen Nutzen zu ziehen.

Auch dafür ein Beispiel. Mit Freuden las er in der Süddeutschen Zeitung und im Münchner Merkur die Berichterstattung über eine Verhandlung vor dem Münchner Amtsgericht, die für den Angeklagten, einen Münchner Rechtsanwalt, gut ausging. Der hatte nämlich von der Guatemaltekischen Universität Franzisco Marequin in Guatemala City den Titel „Professorio Extraordinario" erhalten. Seinen Briefkopf zierte er jedoch mit der Abkürzung „Prof." Das brachte ihm eine Anzeige wegen „falscher Titelführung“ ein, von der ihn der Amtsrichter diesmal aber freisprach.

Glück gehabt in diesem Fall bei diesem Richter, kann man dazu nur sagen. Bleisch freute sich darüber sehr, griff zu seinem Stempel und legte eine Kopie dieses Zeitungsartikels fortan seinen vielen Aussendungen bei.

Pech für den Professor Extraordinario

Wer sich dann allerdings auf dieses schöne Urteil verließ und den „Professor Extraordinario“ zum Beispiel als Mediziner in der deutschen Form oder in der Abkürzung als „Prof.“ führte, der hatte dann nicht immer so großzügige Richter. So wie jener niedergelassene Arzt, der auch einen guatemaltekischen „Professor Extraordinario“ hatte und in der letzten Instanz beim Bundesgerichtshof mit seinem Begehren scheiterte, den schönen Titel ohne „aufklärenden Zusatz“ führen zu dürfen. Solche, dem Titelhandel eher abträglichen Urteile, fand der Titelbesteller natürlich nie in Bleischs Postsendungen. Denn dumm ist der einmal entmündigte Bleisch wirklich nicht.

Trick Nummer 5:

Aber Bleisch ist ein Mensch, der mit der Wahrheit eher etwas salopp umgeht. Übrigens wie fast alle Akteure im Titel-Business, denen Sie in diesem Buch begegnen. Auf Vorhaltungen der deutschen Behörden, ihnen hätte man wiederholt „Diplome der Schweizerischen Universität Zürich vorgelegt“, flunkert Bleisch gegenüber CASH, dies seien „Ausnahmefälle früherer Jahre“.

Über die „Zentralstelle für Internationales Bildungswesen“ bietet er im Frühjahr 94 diese schweizerischen Titel wieder an. Oder tun wir ihm gar Unrecht und er offeriert nicht diese Urkunden, sondern jene der Albert-Einstein-Universität oder wieder einer anderen Institution seines Universitätsimperiums? Um das herauszufinden, waren 18 000 Schweizer Franken einfach zu schade. Wir bitten Verlag und Autor um Verständnis.

Zusammenarbeit mit renommierten Universitäten?

Der (beste) Trick Nummer 6:

In den vielen Veröffentlichungen des Bleisch-Imperiums tauchen massenhaft die Namen und Adressen von renommierten deutschen und schweizerischen Hochschulen und deren Professoren auf, so beispielsweise der Hochschule St. Gallen. Diese Daten entnimmt man etwa der Publikation „Das Doktorstudium“ aus dem Forum Verlag. So gaukelt man vor, die anerkannten Hochschulen und deren Lehrer würden mit Bleisch zusammenarbeiten. Die werden sich hüten.

Trick Nummer 7:

Bleisch ist flexibel wie ein Chamäleon und paßt sich den neuen Markttrends an.

In den heutigen, schnellebigen Zeiten möchten viele, die genügend Geld, aber zu wenig Grips haben, einen schönen Doktortitel. Diese Zeitgenossen werden nun auch bei Bleisch fündig. Er schreibt sich eine „Fortbildungs-Revolution“ zugute, der Gute. In einem „famosen Programm“ am Wochenende erwirbt diese Zielgruppe Abitur oder Matura – innerhalb von sieben bis zehn Stunden. Und danach haben die Kandidaten die Promotion zu gewärtigen. Wie rasch das geht, das erfahren wir aus dem Prospekt leider nicht. Aber das dauert sicher nicht viel länger. Da soll einer noch ironische Bemerkungen über das Tempo unserer schweizerischen Nachbarn machen!

„Es gab schon viele Revolutionen in der Geschichte", formuliert Bleisch in seiner Eigenschaft als „Tutor" seiner Uni in Oxford und „Koordinator" seiner Institutionen in Zürich. „Die französische Revolution, die amerikanische Revolution, die russische Revolution." Nun komme aus Zürich die „Fortbildungsrevolution".

Und er verspricht: „Unsere ist die letztere."

Wenn's doch mal Bleischs letzte wär …

Hinweis:
Bitte lesen Sie dazu noch den Kasten „Risiken und Konsequenzen im Geschäft mit ausländischen akademischen Graden", Seite 70 f.

Christine Halder, Cham/Schweiz

„Mündliche Erklärungen stets unverbindlich“

Im Titel-Business mischen nur ganz wenige Frauen mit. Eine davon ist Christine Halder aus dem schönen schweizerischen Cham am Zuger See. Dort wohnt und arbeitet sie in einem etwa 100 Quadratmeter großen Appartement in der ersten Etage eines mehrstöckigen Wohnhauses, das inmitten eines häßlichen Neubauviertels liegt. Frau Halder, Mitte 30 bis Anfang 40, ist eine resolute, aber auch humorvolle kleine Person, die – so wirkt sie auf mich – genau weiß, was sie will.

Ihre Ausdrucksweise ist gewählt. Sie spricht manchmal, wenn sie etwas betonen möchte, langsamer als sonst, was dann ein wenig künstlich, beherrscht wirkt. Bei Telefongesprächen hingegen ist sie fast ein bißchen burschikos. Hinterläßt sie auf einem Anrufbeantworter irgendwelche Nachrichten, weiß der Angerufene sofort, wer aufs Band gesprochen hat. Denn sie beginnt ihren Text regelmäßig mit einem fröhlichen „Hallöchen, Herr ..., hier ist Christine Halder aus Cham“.

Im Gegensatz zu manchem anderen Promotionsberater oder Titelhändler arbeitet sie absolut diskret, läßt sich nur schwer festnageln oder in die Karten schauen. Sie ist zwar sehr höflich, aber auch sehr unverbindlich.

Bei meinem Besuch in der Schweiz macht sie wirklich interessante Offerten. Geht man jedoch (zum Schein) darauf ein, sichert ihr sogar die Zahlung von

60 000 Schweizer Franken zu, dann erhält man so unverbindliche Verträge, daß man schon allein deswegen von derartigen Geschäften abraten muß.

Doch zunächst zu ihren Dienstleistungen. Christine Halder ist nach eigenen Angaben seit drei Jahren in diesem Geschäft. Ihre Kontakte zu den eidgenössischen Hochschulen habe sie „Familienbeziehungen" zu verdanken. Sie arbeitet mit „anerkannten, im internationalen Hochschulverband eingetragenen Universitäten" zusammen.

Wer sie das erste Mal auf eine ihrer vielen Anzeigen hin kontaktiert, der muß einen kleinen Fragebogen ausfüllen. Mitzuliefern sind außerdem:

– beruflicher Lebenslauf in Kurzform,
– Kopien von Zeugnissen bzw. Berufsbescheinigungen,
– 2 aktuelle Paßfotos,
– aktuelles polizeiliches Führungszeugnis,
– und, falls vorhanden, Kopien wissenschaftlicher Arbeiten.

Erst im persönlichen Gespräch läßt sie dann die Katze aus dem Sack. Sie kooperiere mit Hochschulen aus den USA, Großbritannien und der Schweiz. Die seien alle staatlich anerkannt, so daß es mit einer Nostrifikation in Deutschland keine Probleme gebe. Bei den schweizerischen Universitäten sei das ohnehin

nicht notwendig. Im Gespräch fallen die Ortsnamen Zürich und Bern.

Alles in sechs Monaten erledigt

Wer die Promotionsarbeit selber schreiben wolle, könne das gern tun. Wer dazu keine Zeit habe, bekomme von ihr eine Doktorarbeit. Die würde in der Schweiz von Studenten höherer Semester erstellt. Sie stünden nach Abschluß des Verfahrens in der Universitätsbibliothek. Wer ganz schnell den Doktortitel benötigt, könnte in gut einem halben Jahr fertig sein. Eine mündliche Prüfung könne abgelegt werden. Das müsse jedoch nicht der Fall sein.

Je nach Aufwand kostet eine solche „Gesamtlösung“ bei ihr rund 80 000 Schweizer Franken. Wer die Dissertation selber fertigt, der zahlt noch 60 000. Zahlweise: 50 Prozent der Gesamtsumme sofort, den Rest nach Zustellung des „Dokumentationspaketes“.

Da ich jedoch mit schweizerischen Universitäten bereits viele Erfahrungen gesammelt habe, zum Beispiel mit Herrn Bleisch=de Leon, habe ich natürlich erhebliche Zweifel, ob mir in der Person von Christine Halder nun jemand gegenübersitzt, die nur getürkte Urkunden aus der Schweiz, den USA oder Großbritannien verkauft, oder ob ihre Angaben tatsächlich der Wahrheit entsprechen.

Die Tücken in ihrem Vertrag

Zweifel nährt der angebotene Vertrag. Für 60 000 DM erhält der Auftraggeber also ein „Konzept“ sowie eine Beratung zur Erlangung eines akademischen Grades. Außerdem wird die „Auswahl der Ernennungsstelle

AUFTRAG

Auftraggeber

HERRN

erteilt der Firma

CHRISTINE HALDER
ST. JAKOBSTRASSE 6
CH-6330 CHAM / SCHWEIZ

zuständige Niederlassung:

CH-6330 CHAM / SCHWEIZ

folgenden Auftrag:

1. AUFTRAGSGEGENSTAND

- Erstellung eines Konzeptes sowie Beratung bis zur Erlangung eines akademischen Titels / Grades DOCTOR rerum politicarum

- Auswahl der Ernennungsstelle und des Landes für das die Ernennung erfolgt.

2. VERGÜTUNG

- Pauschalhonorar (Festpreis) **SFr. 60'000.-** spesenfrei auf ein schweizerisches Bankkonto.

- Zahlungsweise
  50 % der Summe fällig 10 Tage nach Auftragserteilung
  Endbetrag bei Aushändigung der Dokumente

und des Landes, für das die Ernennung" erfolgt, vertraglich zugesichert.

Das, verehrte Frau Halder, war bei Herrn Prof. Prof. Schilden (siehe Seite 79 ff.) mit 400 DM pro Stunde aber erheblich preisgünstiger.

Als ich damit unzufrieden bin, verspricht mir Christine Halder einen „Detailvertrag". Er kommt dann auch wenige Tage später per Post. Der besteht tatsächlich nicht mehr aus einem Blatt Papier, sondern immerhin aus 13 Seiten. Doch das wichtigste aus Sicht eines Titelkäufers, die „Leistung" der Firma Halder ist als „Vertragsgegenstand" exakt genauso formuliert wie in der Kurzfassung.

Von anerkannten schweizerischen, britischen oder amerikanischen Universitäten ist hier an keiner einzigen Stelle die Rede. Auf der drittletzten Seite findet man jedoch den bezeichnenden Satz: „... sind von der Fa. Halder gegebene mündliche Erklärungen stets unverbindlich."

Ich will Frau Halder an dieser Stelle nicht vorwerfen, Sie wolle irgend jemanden betrügen. Für eine solche Behauptung fehlen mir die Beweise. Ich war jedoch auch nicht bereit, die geforderte Anzahlung von 30 000 Schweizer Franken bei dieser unsicheren Rechtssituation zu investieren, um der Wahrheit auf den Grund zu gehen.

Ganz offen gesprochen: Würde mir Christine Halder keine echten Doktortitel aus der Schweiz verschaffen, sondern nur Urkunden irgendwelcher Phantasie-Universitäten andrehen, die wiederum den schönen, in Deutschland nicht führbaren akademischen Grad verleihen, so hätte man mit diesem Vertrag juristisch nichts in der Hand.

Letztendlich: Dramatisch, ja sogar absurd, ist Ziffer 12 dieses Vertrages, wonach „etwaige entstandene Urheberrechte an den Arbeitsergebnissen“ bei der Firma Halder bleiben. Soll man das so verstehen, daß die Urheber- und Nutzungsrechte für die gekaufte Arbeit bei der humorvollen Dame aus der Schweiz bleiben? Die Folge: Der Schein-Autor könnte die gekaufte Arbeit nicht noch einmal in eigenem Namen – auch nur in Auszügen – verwenden! Das geschieht dem Käufer zwar urheberrechtlich recht, weil er in Wahrheit ja nicht der Verfasser ist. Das macht – aus seiner Sicht – jedoch nicht viel Sinn. Es sei denn, Frau Christine Halder wollte beispielsweise dann wieder die Hand aufhalten, wenn der im Beruf erfolgreiche Dr. X viele Jahre später beim Dienstjubiläum aus seiner/ihrer schönen Doktorarbeit einige Passagen zitieren will ...

Insofern muß man Christine Halder das Kompliment machen, bei der Gestaltung dieser Vertragsbedingungen stellenweise nachgerade diabolischen Humor entwickelt zu haben.

Titelhandel in der Schweiz nicht strafbar

Um die Titelhändlerin aus der Reserve zu locken, habe ich ihr dann noch eine Diplomarbeit zugesandt. Einmal, um zu erfahren, ob die als Dissertation ausreicht. „Hallöchen“, rief sie wieder an. „Das sieht alles sehr gut aus.“ (Das ihr zugesandte Werk, das sich mit „Energie aus Biomasse“ befaßt, hat immerhin 109 Seiten.) Diese Arbeit würde vollkommen ausreichen. Mein Kunde wäre also mit 60 000 Schweizer Franken dabei.

Ich wollte aber auch wissen, ob Sie nun endlich zu einer anderen schriftlichen Vertragsgestaltung bereit wäre. Das war sie nicht. Dies ist um so unverständlicher, als „Titelhandel" in der Schweiz, wie uns die eidgenössische Botschaft in Bonn mitteilt, „kein Straftatbestand" ist.

Der Leser möge daraus selber seine Schlüsse ziehen.

Noch ein kurzes Nachspiel.

Ich habe mich bemüht herauszufinden, ob die Erzählungen der Christine Halder zumindest der Theorie nach stimmen können. Dazu habe ich die Universitäten in Bern und Zürich, deren Namen bei meinem Besuch in Cham fielen, um Auskünfte über die Sicherheitsvorkehrungen gebeten. Leider sprechen die Ergebnisse dieser Recherchen eher dafür, daß Machenschaften à la Halder zumindest theoretisch möglich wären.

Sicherheitsvorkehrungen gibt es kaum

Das ist bei der Universität Zürich um so erstaunlicher, weil sie unter der Existenz oder besser gesagt der Nicht-Existenz der Phantasie-Universität mit ähnlich klingendem Namen leidet. „Das Fehlen jeder öffentlichen Kontrolle führt", so bestätigt man uns, „zu Mißbräuchen". Viele Schreiben an die Schweizerische Universität Zürich würden „mangels postalischer Existenz einer solchen an die Universität Zürich weitergeleitet".

So sehen die Sicherheitsvorkehrungen aus: Ein externer Doktorand muß zur Zulassung entweder eine an der Universität Zürich bestandene „Lizentiatsprüfung" oder „an anderen Universitäten abgelegte Prüfungen" vorweisen. (Kein Problem.) Er muß die Eigenständigkeit der Arbeit eidesstattlich versichern (für Betrüger auch kein Problem). Die Fakultät entscheidet aufgrund der jeweiligen Promotionsverordnung über die Erfordernisse von Ergänzungsprüfungen. Dazu hat in Einzelfällen der Dekan oder *ein* „Prüfungsdelegierter" die Kompetenz. (Ein Problem?) Schließlich die letzte angebliche Hürde bei Betrügereien, die mündliche Prüfung. An diesem Kolloquium muß *ein* Vertreter der Fakultät *als Beisitzer* teilnehmen.

Fazit: Es sind leider nur wenige Leute involviert. Die Sicherheit, irgendwelche Mauscheleien zu verhindern, hängt in der Praxis ganz wesentlich von der Anzahl der an einer Promotion beteiligten Personen ab. Je mehr Mitwisser durch Geldbeträge ruhiggestellt werden müssen, desto unwahrscheinlicher ein solcher Versuch. Denn dann wird der Kauf eines Doktortitels einfach zu teuer. In diesem Fall wäre es, zynisch gesagt, ja schon fast wieder interessant, die Promotion selber zu machen.

Das Ergebnis der Recherchen bei der Universität Bern sieht noch haarsträubender aus. Die Antwort zeugt von sehr großer Naivität.

Wir wollten wissen, welche Sicherheiten es gibt, um eine Mauschelei zwischen (bestochenen) Professoren, zahlenden Doktoranden und vermittelnden Promotionsberatern zu verhindern.

Hier die Antwort von Prof. Dr. P. Mürner:

„Das von Ihnen in der Fragestellung formulierte Szenario ist meiner Ansicht nach für die Universität Bern nicht denkbar. Selbstverständlich gibt es eine ganze Reihe von ‚Sicherungen', um die Authentizität einer Dissertation zu garantieren:

a) Der Doktorand muss über einen von der Fakultät akzeptierten Studienabschluss (Diplom oder Lizentiat) verfügen.
b) Das Dissertationsthema muss vom ‚Doktorvater' akzeptiert werden.
c) Der Doktorvater begleitet den Doktoranden in seiner wissenschaftlichen Arbeit und bestätigt jährlich einmal zuhanden der Universitätsleitung den Doktorandenstatus.
d) Bei der Anmeldung für die Doktorprüfung muss der Doktorand eine schriftliche Erklärung abgeben, dass die Dissertation selbständig erarbeitet worden ist.
e) Nach dem Einreichen der Dissertation findet in der Regel (fakultätsweise unterschiedlich geregelt) eine mündliche Prüfung des Kandidaten vor Fakultätsmitgliedern statt.

Ich denke, dass durch diese Vielzahl von Auflagen eine missbräuchliche bzw. käufliche Promotion an der Universität Bern praktisch ausgeschlossen ist. Jedenfalls ist mir kein Fall bekannt, der dem von Ihnen geschilderten Beispiel entsprechen würde."

Das wird sich bestimmt bald ändern …

Hinweis:
Bitte lesen Sie dazu noch den Kasten „Risiken und Konsequenzen im Geschäft mit ausländischen akademischen Graden", Seite 70 f.

Renner-Promotionsvermittlung, Warendorf

Doktortitel für Doofe

RENNER-Promotionsvermittlung

Postfach 11 02 52
48204 Warendorf

Molkenstraße 6
48231 Warendorf

Telefon : 02581 - 63 44 53
Telefax : 02581 - 63 45 52

Konto Sparkasse Warendorf
Konto Nr.: 21 110 291
BLZ 400 514 75

Vielen Dank für Ihre Anfrage! Wir hoffen Ihnen hiermit genügend gewünschte Informationen zu geben, um Sie bald als weiteren zufriedenen Kunden zu begrüßen.

doctor agronomiae doctor culturae doctor designatus doctor scientiae rerum forestalium doctor habilitatus doctor honoris causa doctor juris utriusque doctor rerum politicarum doctor multiplex doctor oeconomiae doctor paedagogiae doctor pharmaciae doctor philosophiae doctor rerum commercialium doctor rerum culturarum doctor rerum technicarum doctor rerum oeconomicarum doctor . . .

„Schnell, legal, diskret – *alles ist möglich*", verspricht die Renner-Promotionsvermittlung aus Warendorf. Das freut die geneigten Leser, besonders all jene, die weder Hauptschulabschluß, noch mittlere Reife oder gar Abitur haben. Denn nun können auch etwas weniger Gebildete – *„alles ist",* dank Renner, *„möglich"* – zu Doktorwürden kommen.

Wer noch höher hinaus will, den macht der Warendorfer sogar zum Professor! Und dieser Titel ist – man kann es kaum glauben – mit 6 000 DM je Stück sogar erheblich preisgünstiger als der Doktorgrad. Der kostet in der „h.c.- Version" 8 000 DM. Der „ordentliche" Doktorgrad ist für 12 000 DM zu haben. Als „Vorkosten" – sozusagen bar auf die Hand – hätte Renner gern 4 000 DM.

„Doktortitel für Doofe", so könnte man die Renner-Strategie bezeichnen. Aber nicht, weil der Autor Leute ohne Studium und Abitur für blöd hält, sondern weil Renner das anscheinend tut. Dieser Promotionsberater zielt offenbar wirklich auf Leute, die gar keine Ahnung, aber wenigstens ein paar Tausender in der Tasche haben. Ganz im Gegensatz übrigens zu Prof. Dr. Dr. H.-P. Öhlenschläger und seiner „Thai-Uni" (Seite 137 ff.), der viele seiner Leser mit seiner juristischen Ausarbeitung fast überfordern dürfte.

Renner macht es sich und seiner Zielgruppe dagegen ganz einfach. Im primitiv gestalteten und getexteten Prospekt (noch einfallsloser erweist sich nur noch J.&L. Consulting, siehe Seite 260 ff.) flunkert man, daß sich die Balken biegen.

Auszüge:

„Fast alle Universitäten in Europa oder woanders auf der Welt finanzieren sich mit einem Großteil durch Spenden und Subventionen, um eigene Forschungen machen zu können. Ausländische Mäzene können dann mit der Doktorwürde als ‚Dankeschön' ausgezeichnet werden. Damit die Bildungshoheit auch stabil bleibt", formuliert der Warendorfer Titelhändler, „suchen europäische Universitäten ihre ‚Doktoranden' in Übersee und nordamerikanische suchen diese in Europa". Und nun erfährt man auch, für welche armen Universitäten man angeblich als „Mäzen" in die Tasche greifen darf. Renner behauptet, als Vermittler u. a. folgender (amerikanischer) Universitäten tätig zu sein:

- Boston University,
- Adelphy University,
- Georgetown University,
- Miami University.

Bei diesen „anerkannten öffentlichen Universitäten", flunkert er weiter, könne man „ohne große Doktorarbeit, Doktorvater, Verdienstausfall und jahrelangem Studium, denn es ist keine Dissertation nötig!, schnell und unbürokratisch Doktor" werden. So etwas halten Leute, die das wirklich besser wissen müssen, für völlig ausgeschlossen.

Wer kein abgeschlossenes Hochschulstudium hat, kann sich in Warendorf für 8 000 DM zwar „nur" einen Doktor honoris causa bestellen. Das ist aber nicht so schlimm. Da weiß die Renner-Promotionsvermittlung zu trösten: „Da Sie heutzutage", lügt man weiter, „nach dem neuesten AkadGrad Gesetz nicht mehr Art und Herkunftsland des Doktorgrades tragen müssen, steht auch bei einem Doktor honoris causa nur noch Dr. im Ausweis, Führerschein etc."

Aber vielleicht weiß die Renner-Promotionsvermittlung wirklich nicht, daß das Gesetz über die Führung akademischer Grade vom 7.6.39 nur durch das Gesetz vom 2.3.74 § 5 geändert wurde. Dieses Gesetz, von dem es übrigens keine „neueste“ Fassung gibt, gilt weiterhin. Es stellt den Handel mit ausländischen akademischen Graden unter Strafandrohung (Geld- oder Freiheitsstrafe bis zu einem Jahr).

Und der § 132 a Strafgesetzbuch, den man immer im Zusammenhang mit dieser Bestimmung sehen muß, gilt natürlich auch weiterhin unverändert, ohne daß es da eine „neueste“ Fassung gibt. Der droht die gleichen Strafen demjenigen an, der akademische Titel unberechtigt führt.

Bei Renner genügt es, einen knappen Fragebogen auszufüllen, und nach vier Wochen kommt, so das Versprechen, aus den USA die entsprechende Urkunde.

Nicht viel schwerer haben es die Hochschulabsolventen. Sie legen dem Fragebogen noch eine Kopie des letzten Hochschul- oder Fachhochschulzeugnisses bei, um zu den Rennerschen Würdigungen zu kommen. Wer die in Händen hält, soll erstmal den Rest zahlen, der nach der Anzahlung von 4 000 Märkern übrig bleibt. Und danach braucht der Renner-Kunde eine Übersetzung der Urkunde, um beides dann beim Kultusministerium einzureichen.

Wir empfehlen dagegen den umgekehrten Weg: Wer leider bereits die 4 000 DM gezahlt hat, sollte die Unterlagen lieber zuerst zum Kultusministerium schicken. Denn die Restzahlung wird man sich wirklich sparen können!

Zwar fügen die Warendorfer Titelhändler dem schriftlichen Angebot noch eine Kopie vom „Rundschreiben des Ministeriums für Wissenschaft und Weiterbildung“ in Mainz bei, das sich mit den gesetzlichen Bestimmungen zum Führen ausländischer Grade beschäftigt. Doch die wirklich interessanten Sätze hat man vor dem Kopieren einfach herausgeschnitten und – verräterisch – unvollständige Sätze stehengelassen. Doktortitel für Doofe?

Der Leser wird sich bestimmt fragen: Handelt es sich bei den von Renner genannten Universitäten um „Degree mills“, also Titelmühlen, wie die Amerikaner diese Briefkasten-Hochschulen nennen? Keineswegs! Drei der vier genannten Universitäten gibt es wirklich. Nur die Miami University kennt man nicht. Boston, Adelphy und Georgetown University entspringen nicht der Rennerschen Phantasie.

„Derart renommierte Hochschulen verkaufen ganz sicher keine Doktortitel oder Promotions-Urkunden“, ist Dr. Dieter Lucht von der Hochschulrektorenkonferenz überzeugt. Was von sogenannten Promotionsvermittlern, also Titelhändlern, an die Frau und den Mann gebracht werde, sind Urkunden von Briefkasten-Unis oder Fälschungen richtiger Unis. (Siehe gegenüberliegende Seite.)

Bei der Überprüfung der abgebildeten Urkunde (die nicht von Renner geliefert wurde!) stellte sich heraus, daß zum Ausstellungszeitraum eine ganz andere Person Präsident der Hochschule war. Dr. Lucht: „Daß die Georgetown University Urkunden in deutscher Sprache ausgestellt haben sollte, halte ich für vollends ausgeschlossen.“

Wie soll man das Angebot der Renner-Promotionsvermittlung nun bewerten? Zu weiteren, fundierten Informationen, die genaue Rückschlüsse über die wirklichen Angebote geben, war man in Warendorf nicht bereit. Da die Experten der Hochschulrektorenkonferenz jedoch glaubhaft versichern, daß die von Renner

Georgetown - University

Der wissenschaftliche Rat der

Georgetown - University in Washington, D.C., USA

verleiht

Herrn

geboren am 11-12-1944 in

DEN AKADEMISCHEN GRAD

DOKTOR EINES WISSENSCHAFTSZWEIGES

doctor oeconomicae

nachdem die Befähigung nachgewiesen wurde und das Gesamturteil

cum laude (gut)

erteilt wurde

Washington, den 04-12-1992

DAVID P. ABBOT
Präsident

JOHN J. LANGLEY
Secretary

ins Spiel gebrachten drei bekannten Universitäten sicher keine echten Titel, auch keine Urkunden gegen Cash abgeben, ist uns das Risiko, für die geforderte Anzahlung in Höhe von 4000 DM entweder gar nichts oder irgendwelche wertlosen Urkunden zu erhalten, einfach zu groß.

Hinweis:
Bitte lesen Sie dazu noch den Kasten „Risiken und Konsequenzen im Geschäft mit ausländischen akademischen Graden", Seite 70 f.

Prof. Dr. Dr. H.-P. Öhlenschläger, Bangkok

Doktorhut für Prozeßhanseln

Wir hatten es im vorigen Kapitel mit sehr einfach argumentierenden Zeitgenossen zu tun, die fast nur plumpe, wahrheitswidrige Behauptungen verbreiten, auf die eigentlich nur völlig Ahnungslose hereinfallen sollten. Der Titelhändler, den ich nun vorstelle, ist von ganz anderer Statur.

เฟิรสต–ไทย–ยูโรเปี้ยน ยูนิเวอร์ซิตี้ กรุงเทพฯ
FIRST-THAI-EUROPEAN UNIVERSITY BANGKOK

Faculty of Law, Bangkok - Bangkapi

Prof. Dr. Dr. H.-P. Öhlenschläger

Bangkok Residence :
234/1 Moobaan Sammakorn Soi G 14
Bangkok 10240, THAILAND
Fax : (00662) 3738357
Bangkok, den

Prof. Dr. Dr. H.-P. Öhlenschläger peilt die entgegengesetzte Käuferschicht unter den eitlen Titelaspiranten an. Er ist offensichtlich ein juristisch vorgebildeter oder aber anwaltlich gut beratener Herr, der nach eigenen Angaben an der „First-Thai-European University Bangkok“ eine „Professur für International Law“ innehat.

Von Asien aus sammle er mit dem Dekan Gelder ein. Öhlenschläger spricht das gehobene, eitle und gebildete Publikum an. Dazu dienen die Aufmachung seiner Korrespondenz, die goldenen Lettern des Briefkopfes, die gewählte Ausdrucksweise, die juristischen Erörterungen, natürlich auch die entsprechenden Preise für seine Titel.

Für ein paar lumpige Tausender sind seine Doktorwürden nicht zu haben. Ob sie freilich mehr wert sind als die Titel der Renner-Promotionsvermittlung, das steht auf einem anderen Blatt.

Geradezu verächtlich, zumindest aber arrogant, äußert er sich in seinem Brief über die vielen Konkurrenten in diesem nicht ganz so feinen Gewerbe: „In der Regel mangelt es diesen Personen und Institutionen schon von vornherein an der notwendigen Sachkompetenz und auch Qualifikation, um die Nostrifikation und die damit unabdingbar verbundenen juristischen Voraussetzungen eines im Ausland erworbenen Doktortitels zu gewährleisten, worauf es Ihnen doch letztendlich ankommen soll und muß.“

Der werte Öhlenschläger, Verzeihung, Prof. Dr. Dr. Öhlenschläger, scheint – nebenbei bemerkt – mit dem ehemaligen Bundeswirtschaftsminister Jürgen Möllemann noch eine Rechnung offen zu haben. Ob der auf einen Öhlenschläger-Titel wohlweislich verzichtete und ihm damit nicht zur erhofften Reputation verhalf?

Ein kleiner Seitenhieb für Ex-Minister Möllemann

Denn wer kein Reifezeugnis, keine Studien- und Prüfungsnachweise beibringen kann, für den komme nur „eine nostrifizierbare Ehrenpromotion“ in Frage, schreibt er aus Thailand und sich selbst in Rage: „Wobei wir jedoch nicht unbedingt auf Postulanten Wert legen, die als Volksschullehrer, Fußballklub-Vorstandsmitglieder oder Parteibonzen bzw. Trittbrettfahrer (z. B. Dr. h. c. Möllemann und ähnliche Konsorten) den Zenit ihrer intellektuellen Möglichkeiten erreicht haben.“ Womit er Herrn Möllemann immerhin „intellektuelle Möglichkeiten“ zubilligt.

Was bei Öhlenschläger in Fällen unzureichender Bildung einzig zählt, ist cash, viel, viel Bargeld. Oder wie der Herr Professor seine profanen Wünsche vornehm zu verschleiern versucht: Von Bedeutung ist für die Uni in solchen Fällen allein „der finanzielle Background und die damit verbundenen Möglichkeiten zur Finanzierungshilfe für unseren neuen Campus“.

Schön formuliert, denkt der Leser dieser Zeilen, aber schließlich wollen Sie, lieber Herr Professor, nicht nur ein Feld bestellen, sondern in erster Linie mein Geld. Und das, wie sich gleich herausstellt, sogar blitzschnell. Zeit zum Überlegen bleibt nicht viel.

Je besser die Noten, desto teurer der Titel

Das Angebot landet bei mir am 21.3.94 auf dem Schreibtisch. Bis zum 9.4. soll ich mich spätestens für einen Titel entschieden haben. Die entsprechende Benotung darf ich mir aussuchen. Wie praktisch. Es fängt bei 47500 DM („rite“) an, geht über 60000 DM (cum laude) und 75 000 DM (magna cum laude) und mündet bei summa cum laude, die ich für 90 000 DM bescheinigt erhalte.

Nur der „Doktor honoris causa“ ist mit satten 200 000 DM noch ein ganz klein wenig teurer. Oder wie Öhlenschläger sinngemäß formuliert: Wenn die Qualifikation fehlt, muß in dem Fall der „finanzielle Background“ her. Seine Kollegen von der Renner-Promotionsvermittlung würden wohl ganz profan formulieren: Wer ein bißchen doof ist, zahlt doppelt. Aber so würde sich der Herr Prof. Dr. Dr. sicher nicht ausdrücken.

„Der jeweilige für Sie anfallende Betrag ist bei der Verleihung in bar fällig“, fordert Öhlenschläger ganz unbescheiden. „Aus währungspolitischen, devisenrechtlichen und fiskalischen Gründen können wir keine anderen Zahlungsmittel (Scheck, Kreditkarte etc.) akzeptieren.“ Fiskalische Gründe? Als ob da die Steuer etwas sieht ...

Das Geld soll angeblich in der Provinzhauptstadt im Nordosten Thailands, in Burirum, verbaut werden. Die „First-Thai-European University Bangkok“, so erfahre ich, „ist selbstverständlich eine nach ... den gesetzlichen Bestimmungen Thailands anerkannte Ausbildungsstätte, die wissenschaftlichen Hochschulen im Sinne des Hochschulrahmengesetzes vergleichbar ist“.

Um genau das zu beweisen, hat sich der Herr Professor wirklich viel Mühe gemacht und eine neunseitige, 28 Paragraphen umfassende Promotionsordnung dem Doktortitel-Bestellschein gleich mit hinzugefügt. Da kann man wirklich etwas werden, in Thailand. Zum Beispiel: Dr. Ing., Dr. jur., Dr. med., Dr. oec. usw. usw.

Der kleine, aber wichtige Unterschied zu deutschen Unis

Alles ist vortrefflich geregelt. Zumindest auf dem Papier. Es gibt einen Promotionsausschuß, eine Prüfungskommission, es soll sogar eine Dissertation geschrieben werden, es findet eine mündliche Prüfung statt. Diese Promotionsordnung steht vielen Bestimmungen, wie sie an deutschen Hochschulen gelten, sicher in nichts nach. Kompliment, Herr Professor.

Aber doch gibt es einen kleinen, aber nicht unwichtigen Unterschied zwischen deutschen Unis und jener in Thailand: Die deutschen Hochschulen verkaufen – von möglichen privaten Gaunereien einiger Professoren abgesehen – sicher keine Doktortitel-Urkunden.

Aber daß bei der Thai-Uni viel Geld im Spiel ist, wird sich der Titelhändler aus dem fernen Asien vielleicht denken, muß der Käufer den deutschen Behörden ja nicht unbedingt auf die Nase binden. Man kauft die Urkunde, fliegt nach Thailand, nimmt dort an einer (hoffentlich) feierlichen Zeremonie teil und fliegt frohgemut mit beglaubigten Übersetzungen des Thai-Textes in Englisch und Deutsch in die Heimat zurück.

Und jetzt gibt es verschiedene Möglichkeiten, wie es weitergeht.

Die erste, die aber unwahrscheinlich ist, lautet: Der frischgebackene Herr Doktor geht mit den schönen Urkunden zum Einwohnermeldeamt und legt sie zur Änderung der Personalpapiere vor. Die Beamten ändern den Paß, stellen dem Namen das ersehnte „Dr.“-Kürzel voran.

Beamte in den Ämtern dürften sich querlegen

Wahrscheinlicher ist dagegen: Sie runzeln die Stirn, stecken die Köpfe zusammen und verweisen den Herrn Doktor mit der ihm nun geziemenden Höflichkeit an das Kultus- oder Wissenschaftsministerium des jeweiligen Bundeslandes, um den Titel „nostrifizieren" zu lassen. Ohne diese behördliche Genehmigung läuft bei Titeln aus Asien sicher nicht allzuviel bei uns.

Der nächste Schritt dürfte sein: Die Experten aus dem Wissenschafts- oder Kultusministerium lehnen die Nostrifizierung ab. Wie ich darauf komme? Die Hochschulrektorenkonferenz teilt mir auf Anfrage mit: „Die First-Thai-European University ist weder in den gängigen Handbüchern noch in der jüngsten Veröffentlichung des thailändischen Universitätsministers enthalten." Daraus sei zu schließen, daß diese Institution keine „Universität nach hiesigem Verständnis ist".

Aus und vorbei? Geld unter Umständen umsonst ausgegeben?

Nicht, wenn es nach dem juristisch bewanderten Prof. Dr. Dr. Öhlenschläger geht. Denn der hat schon beim ersten Schreiben auf 13 engbedruckten Seiten akribisch Schritt für Schritt dargelegt, wie eine Nostrifizierung dennoch erreicht werden kann; nämlich auf dem Weg quer durch die juristischen Instanzen. Oder besser gesagt, wie eine Nostrifizierung unter Umständen vor Gericht durchgesetzt werden könnte.

Das ist die Masche des Herrn aus Thailand, mit der seine Kunden bei dem einen oder anderen deutschen Gericht mit viel Glück sogar Erfolg haben. Öhlschläger weiß natürlich wie viele Insider im Titel-Geschäft: Vor deutschen Gerichten ist sehr viel möglich. Es ist einigen wenigen Klägern sogar schon gelungen, das Führen von Titeln der Universitäten Teufen und Herisau gerichtlich einzuklagen …

Ein Anwalt bombadiert den Richter mit Urteilen

Wie so etwas zustande kommt? Der Richter eines vielbeschäftigten Verwaltungsgerichts kennt sich in der Materie nicht so toll aus, hat einen gewievten Anwalt vor sich, der ihn mit einer Sammlung von Urteilen à la Öhlenschläger bombadiert, ist einfach genervt, hat Wichtigeres zu tun, als sich mit Doktortitelhändlern und ihren Anwälten zu streiten … Er entscheidet gegen das Kultusministerium. Dem zuständigen Staatsanwalt geht es ganz ähnlich. Der legt gegen dieses etwas seltsame Urteil keine Berufung ein. Glück für die Titelhändler. Ein solches Urteil – und davon gibt es leider einige – ist für zwielichtige Gestalten eine fast unbezahlbare Werbung.

Die unausgesprochene, eher zart angedeutete Aufforderung Öhlenschlägers lautet denn auch: Machen die Ministerial-Bürokraten bei der Genehmigung nicht mit, klage dich zum Doktortitel!

Er winkt mit dem Zaunpfahl, wenn er formuliert: „Rechtlich relevante Ausführungen sind zudem mit aussagefähigen Fund- bzw. Belegstellen versehen, so daß Sie jederzeit in der Lage sind, den Gehalt von einem Experten (Rechtsanwalt) Ihres Vertrauens auf seine Rechtsgültigkeit hin überprüfen zu lassen …"

Wie ein solches Verfahren schließlich ausgeht, ist mehr als ungewiß. Wer 50 000 DM und mehr für einen Öhlenschlägerschen Titel ausgegeben hat und diesen noch verteidigen will, zahlt sehr wahrscheinlich noch einmal horrende Anwalts- und Gerichtskosten. Denn es ist ja nicht ganz unwahrscheinlich, daß es unter Staatsanwälten und Richtern juristisch mindestens genauso kompetente Leute gibt, wie Herr Öhlenschläger zumindest zu sein vorgibt. Und dann steht man nicht nur mit einer wertlosen Urkunde, sondern auch noch mit zusätzlichen Gebührenrechnungen da. Denn daß der Titel tatsächlich juristisch erfochten werden kann, das mag selbst Schlaumeier Öhlenschläger nicht behaupten. Von Geld zurück bei Nichterfolg, davon ist bei ihm natürlich keine Rede.

Suche nach der Uni in Thailand ergebnislos

Nachtrag: Über Wochen habe ich versucht, Öhlenschlägers Universität in Bangkok ausfindig zu machen. Gerne wäre ich ja hingeflogen, doch leider wollte der Verlag die Reisespesen nicht übernehmen. Die thailändische Botschaft in Bonn kennt diese Institution genausowenig wie die Experten der Hochschulrektorenkonferenz.

Hinweis:
Bitte lesen Sie dazu noch den Kasten „Risiken und Konsequenzen im Geschäft mit ausländischen akademischen Graden“, Seite 70 f.

Dr. D. Thomas Müller, Hamburg

Ein kirchlicher Titel gefällig?

Im Frühjahr 94 taucht ein weiterer Titelhändler auf, der einem verschiedene, seltsam anmutende Doktortitel per Brief oder Fax offeriert. Er selbst nennt sich Dr. D. Thomas Müller. Entsprechend soll es dann einen Dr. D. Andreas Huber oder einen Dr. phil. r. Andreas Huber geben. „Eine Spende von 6850 DM wäre wünschenswert, besondere Voraussetzungen sind nicht erforderlich“, teilt Müller blitzschnell mit.

Da er aber „für weitere Fragen ... gerne zur Verfügung“ steht, erkundige ich mich mal telefonisch, was es mit den komischen Buchstaben neben dem „Dr.“ auf sich hat. Ob er damit vielleicht den traditionellen deutschen kirchlichen Doktortitel meint, den Doctor Theologiae, den D. Martin Luther schon trug? Der aber im Alltag heute (normalerweise) ohne Bedeutung ist.

Mit dieser Vermutung liege ich richtig. Früher, so plaudert Müller ganz locker, habe er auch mit akademischen Graden gehandelt. Das sei aber riskant gewesen. Heute jedoch sei er mit „kirchlichen Titeln“ im Geschäft.

Zwischen beiden bestünde ein gewaltiger Unterschied. Der Paragraph 132 a des Strafgesetzbuches stelle nämlich nur das unbefugte Tragen akademischer Grade unter Strafe. Von Kirchen verliehene Titel fielen jedoch nicht darunter. Das habe im übrigen das Oberlandesgericht in einem Urteil festgestellt. Wie die Rechtslage wirklich aussieht, verraten wir am Ende dieses Kapitels.

Diese „Gesetzeslücke“, so argumentiert er, müsse man nur richtig für sich zu nutzen wissen. Es käme ganz entscheidend darauf an, daß der kirchliche Grad sich eindeutig vom akademischen Grad abhebe. Das geschieht seiner Meinung nach durch den Zusatz „D.“ zum „Dr.“ Dieser Buchstabe sei die Abkürzung von „Divinity“, was auf deutsch übersetzt „Göttlichkeit“, aber auch „Theologie“ heiße. Daß das (alleinstehende) „D.“ auch in Deutschland eine lange Tradition als kirchlicher Grad hat, davon hat Müller offenbar keine Ahnung.

Titel einer Kirche aus Kalifornien

Wer noch sicherer gehen wolle, soll dieses englische Wort gleich mit „div.“ abkürzen. So sei auf jeden Fall ausgeschlossen, daß irgendein böser Staatsanwalt einem vorwirft, dieses „D.“ hinter dem „Dr.“ könnte von Unwissenden als Abkürzung eines mit D. beginnenden Vornamens mißverstanden werden. Und der Staatsanwalt zöge daraus die Schlußfolgerung, der kirchliche Grad sei deswegen nicht von einem akademischen Grad zu unterscheiden und verdonnere einen zu einer Geld- oder gar Haftstrafe.

Wer diese Doktortitel, die übrigens von einer amerikanischen Kirche aus Kalifornien stammten, mit deutschen Abkürzungen führen wolle, der kann seiner Ansicht nach ein „r.“ oder eine „rel.“ benutzen, was für „religiöser Grad“ stehen soll.

Man könne, bot er großzügig an, die Urkunde auf Probe bestellen, sie käme dann per Fax. Erst, wenn man wirklich zufrieden ist, sei die Zahlung fällig, und man erhält die Originalunterlagen per Post zugestellt.

Ob das Interesse nach derartigen Titeln groß ist? Das ist schwer zu sagen. Zumindest wissen wir aber: Das Telefon war bei ihm oft besetzt. Ende April wollte er 6850 DM haben. Anfang April waren es hingegen nur 5800 DM. Ein solcher Sprung innerhalb weniger Wochen deutet auf eine relativ hohe Nachfrage hin.

In diese Richtung weist noch ein anderer Umstand. Denn zur gleichen Zeit, in der Dr. D. Müller in diesem Business aktiv ist, bietet ein Dr. D. Jan-Uwe K., ebenfalls Hamburg, ebenfalls „Dr. D."-Grade und „Dr. Phil. r."-Grade an und ganz zufällig ebenfalls zum Preis von 6850 DM. Komisch, was?

Taucht hier vielleicht das im Titel-Business häufig anzutreffende Phänomen auf, daß eine Person unter verschiedenen Namen, Adressen und Telefonnummern das gleiche Geschäft betreibt? Vielleicht um Ermittlungsbehörden zu verwirren? (Siehe das Kapitel „Hitzinger & Co.", Seite 221 ff.) Dr. D. Jan-Uwe K. ist jedenfalls nach der schriftlichen Offerte unter der angegebenen Telefonnummer nicht zu erreichen. Auf Faxe erhalte ich auch keine Antwort.

Ein alter Hut in neuem Gewand

Was hat es denn nun mit diesen „kirchlichen Graden" auf sich? Die Antwort lautet: Das ist eine alte, uralte Masche in diesem Geschäft, auf die natürlich immer wieder Unbedarfte hereinfallen. Ein wirklich alter Hut.

„Wie Sie in Deutschland völlig legal und straffrei Doktortitel verleihen und führen dürfen“, hat Dr. Daniel Jaeger bereits in einer umfangreichen, mehr als 40seitigen Studie Mitte der achtziger Jahre nachzuweisen versucht. Auch er zielt in Richtung Kauf und Verkauf religiöser Titel, geht aber noch einen Schritt weiter.

„Wenn es Ihnen schon unter Strafandrohung verboten ist, Doktortitel einer ausländischen Hochschule zu verhökern“, schreibt er, „gründen Sie zu dem nämlichen Zweck ganz einfach eine eigene Hochschule in diesem, unserem Lande.“ Am besten, so rät er, eine private, kirchliche Universität.

Das sei zumindest in Niedersachsen rechtlich einwandfrei möglich. Sodann verpasse man sich selbst einen kirchlichen Grad und steige ins einträgliche Titel-Business ein.

Wer keine Kirche kennt, gründet eben selbst eine

Er empfiehlt, die eigene Religionsgemeinschaft in der Rechtsform eines eingetragenen Vereins (e.V.) zu gründen, weil dies problemlos und billig sei. Jaeger: „Außerdem können Sie als Religionsgemeinschaft beim Finanzamt die Anerkennung der Gemeinnützigkeit beantragen, mit der angenehmen Folge, daß gemeinnützige Vereine keine Steuern bezahlen …“

Dieser Kirche, schlägt Jaeger dann pfiffig vor, könne man beispielsweise den Namen „Ecclesia obsecro“ geben (deutsch: Ich flehe die Kirche an). Dies habe wiederum interessante praktische Folgen. Um den kirchlichen Titel von einem akademischen zu unterscheiden, benutze man als Unterscheidungsmerkmal die

Abkürzung der eigenen Kirche. So wird aus dem Dr. Jaeger der Dr. eco. Jaeger.

Dazu schreibt der Spaßvogel: „Daß bei dieser Abkürzung fast jeder an Economie = Wirtschaft denkt, ist ja nicht Ihr Problem.“ Da der Zusatz „eco.“ auch kaum mit einem akademischen Grad verwechselt werden kann, führt er weiter aus, „dürfte es hier kaum Probleme geben“.

Aber da irrt Jaeger genauso wie unser Dr. D. Müller. Ihm kann ich nur empfehlen, rasch wieder von der Bildfläche zu verschwinden. Ob das Düsseldorfer Oberlandesgericht wirklich wie erwähnt so entschieden hat, das konnte ich nicht nachprüfen, da das von ihm angegebene Aktenzeichen falsch war.

Das wiederum überrascht nicht. Denn das fast gleich lautende Aktenzeichen gab schon „Altmeister“ Prof. Prof. Dr. Dr. Claus Schilden an, der mit seinen Versprechungen recht großzügig umging. Im Mai 1991 bot er nämlich auch kirchliche Grade an.

Zu dieser Zeit war er mit seiner eigenen „akademischen Karriere“ noch nicht ganz so weit wie zuletzt (nur zwei Doktortitel, kein einziger Professor!). Die Titel sollten von der kalifornischen „UNIVERSAL LIFE CHURCH“ stammen und sofort „im Personalausweis“ eintragbar sein. Alles natürlich Quatsch.

Frage an Herrn Dr. D. Müller: Wollen Sie auf Schildens Spuren wandeln? Sie wissen doch, wohin das führt! (Wenn nicht, dann bitte Seite 79 lesen!)

Noch einmal kurz zurück zum Urteil, das Müller gemeint haben dürfte. Das Oberlandesgericht hat den Beschuldigten zwar vom Vorwurf des Verstoßes gegen das AkdGradG freigesprochen, aber nicht generell. Es hat ausdrücklich darauf hingewiesen, daß sich der Beschuldigte möglicherweise des Betruges schuldig gemacht hat. Deswegen konnte ein Freispruch nicht erfolgen.

Was wir jedoch abschließend auf jeden Fall tun können ist, einen Blick ins Strafgesetzbuch zu werfen.

§ 132 a (1) lautet: „Wer unbefugt 1. inländische oder ausländische Amts- und Dienstbezeichnungen, akademische Grade, Titel oder öffentliche Würden führt ... wird mit Freiheitsstrafe bis zu einem Jahr oder mit Geldstrafe bestraft."

Absatz (2) heißt: „Den im Absatz 1 genannten Bezeichnungen, akademischen Graden, Titeln, Würden, Uniformen, Amtskleidungen und Amtsbezeichnungen stehen solche gleich, die ihnen zum Verwechseln ähnlich sind."

Und noch eindeutiger heißt es schließlich in Absatz (3):

„Die Absätze 1 und 2 gelten auch für Amtsbezeichnungen, Titel, Würden, Amtskleidungen und Amtsabzeichen der Kirchen und anderer Religionsgemeinschaften des öffentlichen Rechts."

Dem ist nichts hinzuzufügen.

Hinweis:
Bitte lesen Sie dazu noch den Kasten „Risiken und Konsequenzen im Geschäft mit ausländischen akademischen Graden", Seite 70 f.

Prof. Dr. Dr. EC Franz Kanehl, Düsseldorf

Beste Kontakte bis ins Ministerium

Er dürfte nach meinen Schätzungen in Deutschland nach Umsätzen berechnet die Nummer zwei sein, dicht hinter dem im Knast hockenden Schilden. Prof. Dr. Dr. (EC) Franz Kanehl, eine schillernde Persönlichkeit, der sich manchmal heftig gegen den Vorwurf verwahrt, Titelhändler zu sein, der das manchmal aber auch wohlweislich unterläßt – je nachdem, ob es seinen Geschäften dienlich ist oder nicht.

Lassen wir ihn am besten zunächst selbst zu Wort kommen. In einem 1992 ausgestrahlten, fabelhaften Fernsehbeitrag des Südwestfunks (Titel: „Dr. Cash") sagte der eitle Kanehl mit stolzgeschwellter Brust: „Ich bin nicht ein Promotionsberater. Ich bin *der* Promotionsberater."

Bis dahin, so gab er an, habe er über 500 Studenten zu Doktorwürden verholfen, womit er eigentlich reif „für's Guinness-Buch der Rekord" sei. Bei einem zugrundegelegten Preis von rund 50000 DM (Kanehl: „Das ist richtig.") käme man bis dahin auf einen Umsatz von rund 25 Mio. DM. Kanehl zu dieser Rechnung, die der Autor der Sendung, Erich Schütz, aufmachte: „Sie sollten nicht Journalistik-Professor werden, sondern Mathematik-Professor."

Aber er stecke die 50000 DM nicht in die Tasche. Da seien Studiengebühren dabei, laut Magazin „Focus" 12000 bis 15000 Dollar. Bleibt also gar nichts übrig für unseren agilen Professor aus Düsseldorf? Doch. Ein bißchen. Kanehl: „Ich kann zumindest ordentlich davon leben."

Das beruhigt mich, schließlich weiß ich, daß Kanehl auch schon ganz andere Zeiten durchgemacht hat, in denen es ihm wirtschaftlich gar nicht so toll ging. Aber das änderte sich dann wieder. Ich will jedoch nicht fies in der wechselvollen Vergangenheit des Prof. Dr. Dr. EC Kanehl (Jahrgang 1946) herumstochern, obwohl es da unheimlich viel zu berichten gäbe. Zum Beispiel, daß er im Oktober 1986 sein Amt als Schöffe am Düsseldorfer Amtsgericht niederlegte, als herauskam, daß er 1972 wegen Fahnenflucht zu neun Monaten Gefängnis mit Bewährung verurteilt wurde, usw.

1987 in Düsseldorf zum Ritter geschlagen

Schwamm drüber. Vergangenheit ist Vergangenheit und Schnaps ist Schnaps. 1987 wird Zigarrenraucher Kanehl Mitglied im „Internationalen und Souveränen Ritterorden vom Tempel", der sich zum christlichen Glauben und Handeln bekennt. Am gleichen Tag übrigens zeichnet man die Lebensgefährtin des frischgeschlagenen Ritters, Frau Dr. Anna Skowronska, mit dem Orden 1. Klasse der Stiftung „Nederlands Laureaat van de Arbeit" aus, wie die Lokalpresse groß berichtet. Gewürdigt wird der „selbstlose, private Einsatz der Düsseldorferin in Bolivien, wo sie rund drei Jahre lang im Dienste kranker Menschen gearbeitet hat".

Es gibt noch viele andere Highlights im Leben des Franz Kanehl, die wirklich bemerkenswert sind. Ich habe nur wenige der vielen mir bekannten Details herausgegriffen, um die Wichtigkeit dieser Person zu unterstreichen.

Denn sonst versteht der Leser womöglich überhaupt nicht, wieso Kanehl einerseits relativ offen über sein Business vor dem Fernsehpublikum redet, andererseits trotz eindeutiger Gesetzeslage weitgehend unbehelligt bleibt.

Sollte er etwa derart gute Kontakte haben, möglicherweise über den Männerorden oder durch Saunabesuche, die sogar bis ins Düsseldorfer Ministerium für Wissenschaft und Forschung reichen, das von Anke Brunn (SPD) geführt wird? Denn dort müssen die südamerikanischen Titel, die über Kanehl zu haben sind, ja zur Führung in Deutschland genehmigt werden. Zumindest dann, wenn der Titelaspirant in Nordrhein-Westfalen lebt.

Das Wissenschaftsministerium wiegelt ab

In Focus lesen wir, daß Kanehl als „einer der größten Titelhändler Deutschlands gilt". Und dann steht dort noch der bemerkenswerte, bis heute von den Behörden unwidersprochen gebliebene Satz: „Das nordrhein-westfälische Ministerium sucht regelmäßig den fachlichen Rat des Düsseldorfers." Läßt sich ein deutsches Ministerium tatsächlich von einem Titelhändler beraten?

Das wollen wir genau wissen. Über diesen Satz habe man hellauf gelacht, sagt Ministerialrat Harald Nolte auf unsere Rückfrage. Zu einer Gegendarstellung in „Focus" habe man sich dennoch nicht entschlossen, weil man den Mann nicht noch weiter habe „hochjubeln" wollen.

So kann man das natürlich auch sehen. Aber ist diese Haltung nicht ziemlich naiv? Für den vielbeschäftigten Kanehl bedeutet diese unwidersprochen gebliebene Aussage fast so etwas wie ein neues Amt: Er kann sich von nun an als fachlicher Berater des Düsseldorfer Wissenschaftsministeriums in Sachen Doktortitel bezeichnen. Denn, wenn das nicht wahr wäre, würde es doch wohl erstens nicht in einem Nachrichtenmagazin wie „Focus“ stehen, und zweitens hätte das Ministerium dem ansonsten widersprochen ...

Ausländische Grade mit behördlicher Garantie

Kanehl, der schlaue Fuchs, wird sich über diese Schlamperei der Ministerialen die Hände gerieben haben. Was für eine fantastische, kostenlose Werbung für ihn!

Doch es kommt noch toller. Um dem Steuerzahler Gerichtskosten zu ersparen, so erläutert uns Nolte ganz treuherzig, habe er Kanehl gesagt: Wenn er Leute habe, soll er lieber vorher fragen kommen. Dann werde Nolte ihm sagen, was geht oder was nicht.

Auf diese Weise hat Nolte dem Steuerzahler sicher für den Fall Steuern erspart, daß Kunden Kanehls versuchen sollten, vom Ministerium verweigerte Titel einzuklagen, und damit vor Gericht obsiegen. Doch damit hat Nolte gleichzeitig Kanehl und seinen Kunden das Prozeßrisiko total abgenommen.

Der Herr Prof. Dr. Dr. EC kann seine Doktortitel aus Südamerika nun quasi mit amtlicher Garantie aus dem Ministerium für Wissenschaft und Forschung offerieren. Man zahlt an Kanehl nur dann, wenn Nolte und seine Kollegen den Deal im vorhinein inoffiziell absegnen und dann später nach Verleihung offiziell genehmigen. Was will ein Händler mehr? Kann man einem Titelkäufer eine größere Sicherheit bieten als eine amtliche Garantie? Dies, das muß ich Kanehl neidlos lassen, ist wirklich „reif für das Guiness-Buch der Rekorde“.

Da können seine Konkurrenten, wie Dr. h.c. Kessenich, der auch im Südamerika-Geschäft tätig ist, natürlich überhaupt nicht mithalten. Der Bochumer Händler, dem wir im nächsten Kapitel begegnen, hat noch einen gewissen Respekt vor dem Düsseldorfer Wissenschaftsministerium. Wie lange noch?

Kunden „vergessen“ den häßlichen Zusatz

Und so verwundert es dann schon gar nicht mehr, daß Antiquitäten-Liebhaber Kanehl so prima aus vielen kleinen Affären herauskommt, ohne große Schrammen abzukriegen.

Seine Titel aus Südamerika, die sich seine Kunden natürlich unwahrscheinlich hart erarbeiten, müssen in Nordrhein-Westfalen mit einer Herkunftsbezeichnung geführt werden. EC steht für Ecuador, BOL für Bolivien. „Titelsüchtige vergessen einfach den Zusatz“, schreibt „Focus“. „Es gibt immer wieder Affen, die so was machen“, schimpft sogar Kanehl. Doch so richtig sauer kann er über diesen Teil seiner Klientel, den er „der Justiz angeblich ans Messer liefert“ („Focus“), gar nicht sein.

Schließlich, auch das wissen die wenigsten, ist ihm dieses kleine Malheur auch schon passiert. Und einmal hat man ihn dabei sogar erwischt. Das war im Herbst 1993. Da hatte er seinen Stempel auf die Rechnung eines Mönchengladbacher China-Restaurants gedrückt und siehe da: Der vom Düsseldorfer Ministerium geforderte Zusatz fehlte.

Man stellte daraufhin fest: Das Kürzel EC fehlte auch im Telefonbuch (Das sei ein Fehler einer Telekom-Mitarbeiterin) und komischerweise auch auf dem Klingelschild seiner Wohnung. Doch dann hatte der Herr Prof. Dr. EC mal wieder Glück und wurde Anfang 94 freigesprochen. Auch dies war und ist für das Ministerium kein Grund, irgendwelche Konsequenzen zu ziehen. Ein Schelm, wer Böses dabei denkt.

Beste Beziehungen hat Kanehl nicht nur zu den Düsseldorfer Behörden. Auch in Südamerika kann er fest auf offizielle deutsche Unterstützung bei seinen Geschäften rechnen. So stellte ihm freundlicherweise am 12. Februar 1993 Otto Schneewind, Honorarkonsul der Bundesrepublik Deutschland im ecuadorianischen Cuenca, ein „Empfehlungsschreiben" aus, das wir dem Leser natürlich nicht vorenthalten wollen (siehe nebenstehende Abbildung).

Bezeichnend auch hier: Schneewind scheint genauso vergeßlich wie die von Kanehl als „Affen" bezeichneten Klienten oder wie er selbst zu sein. Denn er schreibt auch nur „Prof. Dr. jur. Kanehl". Von EC oder BOL keine Spur. Nebenbei bemerkt: Dieser Honorarkonsul mag die Bundesrepublik Deutschland vertreten, deren Rechtschreibung freilich nicht.

Ehrendoktorat und Ehrenprofessur

Bei soviel behördlichem Goodwill bleiben die Geschäftserfolge natürlich nicht aus. Sehen wir uns einmal ein paar von Kanehls Doktoren und Professoren und ihre Anstrengungen wissenschaftlicher Art etwas genauer an.

Einer davon ist der Viernheimer Heilpraktiker Horst L. Mandel, sorry Prof. EC Horst Mandel, muß ich jetzt wohl besser schreiben. Und um ganz korrekt zu sein,

Honorarkonsul
der
Bundesrepublik Deutschland

Cónsul Honorario
de la República Federal de Alemania

Cuenca - Ecuador

Oficina: Pasamanería S. A.
Avda. Huayna-Cápac 14-24
Casilla "H"
Conm.: 832388
Telex: 04-8578 PASA ED
Fax: 7-833610

Cuenca, den 12. Februar 1993

E M P F E H L U N G S SCHREIBEN :

Herr Prof. Dr. jur. Franz K A N E H L aus Duesseldorf, BRD., ist dem Honorarkonsulat der Bundesrepublik in Cuenca/ ECUADOR seit circa 3 Jahren bekannt.
In seiner Eigenschaft als DEKAN fuer auslaendische Studienangelegenheiten ist Prof. Kanehl mit der Durchfuehrung von Studiengaengen an der Universitaet von Cue nca (Katholische Universitaet des Dr. Cesar Cordero M.) beauftragt.

Als Praesident der Fundacion Dr. Josef Kanehl, (Stiftung Dr. Josef Kanehl) , fuehrt Prof.Kanehl seit Jahren umfangreiche Hilfsprogramme zum Aufbau , der Erweiterung und zum Betrieb des AKADEMISCHEN LEHRKRANKENHAUSES der Katholischen Universitatet, (Hospital Docente Universitario) durch.

Das Honorarkonsulat der BRD. begruesst und befuerwortet die Aktivitateten des Prof. Kanehl und bittet diejenigen, denen dieses S chreiben vorgelegt wird, ihn nach besten Moeglichkeiten zu unterstuetzen.

Uns ist bekannt , dass verschiedene staatliche wie staedtische Authoritaeten diese Hilfsaktionen fuer minderbemittelte Ecuatorianische Menschen sehr anerkennen und foerdern.

Wir wuenschen daher seiner Arbeit weitere Fortschritte.

HONORARKONSUL DER BUNDESREPUBLIK DEUTSCHLAND CUENCA 1

Otto Schneewind
Honorarkonsul
der Bundesrepublik Deutschland
Cuenca

müßte ich sogar Prof. EC Dr. h. c. schreiben. Denn der Heilpraktiker erhielt nach Kanehls Ernennung zum Professor noch ein Ehrendoktorat der Londoner Fakultät der Universität Prag.

Vorher gab's jedoch die vom amtlich bestellten Vertreter und Dekan der Katholischen Universität Cuenca, Prof. Dr. Franz Kahnel, verliehene Ehrenprofessur, wie die Lokalzeitung berichtet. Im Schreiben dazu heißt es: „Der Hohe Rat und die Medizinische Fakultät sind der Meinung, daß nach Prüfung Ihrer persönlichen Unterlagen und der Empfehlung, Sie in den Lehrstuhl zu integrieren, eine wissenschaftliche Kooperation zwischen der Universität und Ihnen der Medizinischen Fakultät von großem Nutzen sein wird."

Wie diese „wissenschaftliche Kooperation" aussehen wird, das schildert die Zeitung auch ganz vergnügt: „Wie Horst Mandel weiter mitteilt, bleibt seine Viernheimer Naturheilpraxis von der Berufung unberührt. Die von ihm wahrgenommene Dozententätigkeit an der über 5000 Studenten verfügenden Universität in dem Andenstaat beschränkt sich auf jährlich einige persönliche Referate, während alle anderen Arbeiten in Schrift oder Tonbandform über das deutsche Dekanat übermittelt werden können."

Kommen wir zum nächsten Beispiel.

„Heilen liegt Anna Skowronska aus Düsseldorf im Blut", schreibt die Boulevard-Presse über die gebürtige Polin, deren Großvater in Posen eine Stadtpraxis gehabt habe. Weiter heißt es: „Was lag da näher, als sie Ärztin werden zu lassen. Aber schon nach ein paar Semestern hing Anna das Studium an den Nagel." Ihre Begründung: „Die moderne Medizin sieht nicht den Menschen als Ganzes." Wie traurig.

Die Story mit dem „alten Russen"

Zum Glück lernte Anna jedoch nicht nur Ritter Franz, sondern auch noch „den russischen Professor Juri Popow kennen, der ihr eine alte Kladde schenkte", berichtet das Blatt weiter.

Was war da drin, wird der Leser sich jetzt hoffentlich fragen. Falsch geraten. Keine Urkunde einer Ehrenprofessur. Die gibt's erst später. Lassen wir das Boulevard-Blatt weiter fabulieren, besser können wir es auch nicht.

„Hier sind Mittel gegen allerlei Allergien aufgeschrieben", flüsterte er (der alte Russe, der Autor) geheimnisvoll. „Hebe das gut auf, du wirst es gebrauchen – schneller als du denkst. Ihr werdet es erleben, daß ihr an den Sünden, die ihr eurer Umwelt antut, zugrunde geht."

Nun kann die Düsseldorfer Heilpraktikerin, so schreibt das Blatt richtig erleichtert, „vielen Allergikern, die schon von Arzt zu Arzt gerannt sind", mit den „altbewährten Rezepten des Russen helfen".

Einige Jahre später, wir schreiben das Jahr 1992, kommt es zu dem denkwürdigen Augenblick, den Fernsehkameras des Südwestfunks sogar festhalten dürfen. Wir sehen Frau Dr. h. c. (BOL) Anna Skowronska (den Doktor ehrenhalber hat sie schon), Heilpraktikerin, der nun als Dank für ihre selbstlosen Taten auch noch eine Ehrenprofessur zuteil wird.

Der Staatspräsident, so erfahren wir, sei mit ihrer Behandlung so „sehr zufrieden" gewesen, „daß er den Rektor unserer Universität veranlaßt hat, Sie für Ihre hervorragenden Verdienste mit einer Professur zu belohnen".

Der Kommentar des Kollegen Schütz vom Südwestfunk fällt ein wenig drastisch aus: „Je dubioser der Titel, desto grotesker der Verleihungsakt."

Und dann erklärt er den Zuschauern den Hintergrund der nicht übermäßig würdevollen Zeremonie: „Die frischgebackene Frau Professorin ist übrigens die Lebensgefährtin von Franz Kanehl. Er hat ihr den Titel natürlich selbst besorgt. Kein Problem für ihn. Schließlich ist er seriös. Das heißt in dieser Branche nichts anderes, als daß seine importierten Titel auch von deutschen Ministerien anerkannt werden müssen." Müssen?

Sie müssen nicht. Aber sie machen es Prof. Dr. EC Kanehl in Düsseldorf offensichtlich einfach mit ihrer freiwilligen Vorabprüfung.

Grundsätzlich ist es so: Handelt es sich bei der ausländischen Universität um eine, die anerkannt ist, und das ist die in Cuenca immer noch, gehen die Beamten davon aus, daß alles mit rechten Dingen im Ausland zugegangen ist. Dann prüfen sie noch die Biographie des Betroffenen. Fällt da auch nichts Besonderes auf, erfolgt die behördliche Genehmigung, den Prof. oder Dr. mit einem Herkunftszusatz zu tragen.

Auch der intelligente Kanehl macht Fehler

Jetzt könnte der Leser unter Umständen denken, der listige Kanehl, der ein wirklich intelligenter, wenn auch sehr eitler Mann ist, habe einfach keinen Fehler gemacht. Natürlich gab es eine Reihe von Merkwürdigkeiten in der Vergangenheit, dann die kleine Vergeßlichkeit mit dem EC sozusagen als läßliche Sünde.

Aber ansonsten, könnte man annehmen, hat der ehrenwerte Prof. Dr. Dr. EC nur solchen Zeitgenossen zu akademischen Würden verholfen, die es einmal aufgrund ihrer außerordentlichen Verdienste um die Wissenschaft (Beispiele s. o.) verdienen und zudem die entsprechende Vorbildung mitbringen. Aber weit gefehlt. Ihm unterlief sogar ein grober Schnitzer, eine Todsünde sozusagen, die durch die Medien ging. Dieser Patzer zeitigte jedoch keine Folgen. Im Jahre 1988, so berichtet die Bild-Zeitung, bat „ein Bademeister aus Essen" den Düsseldorfer Titelhändler „... um Hilfe: Ein Doktorhut tut dem Umsatz gut. Die Universidad Catholica Boliviana half: Wegen hervorragender Leistung auf dem Gebiet der Sportmedizin verlieh sie den begehrten Titel." Regierungsdirektor Petermann, Noltes Vorgänger, verweigerte die Anerkennung. Der Bademeister klagte, aber sein Dr. wurde nicht anerkannt.

Stuttgarter Ministerium verweigert Anerkennung

Wir sehen: Kahnels Bilanz ist keineswegs makellos. Dafür andere Beispiele. Sie zeigen: Er und seine Kunden haben es in anderen Bundesländern nicht so einfach wie beim Heimspiel in Nordrhein-Westfalen.

In Hessen (!) verweigerte der Minister für Wissenschaft und Kunst einem Diplom-Kaufmann die Führung eines Doktor-Ehrengrades der Universidad Catholica Boliviana. Der zog bis vor das Bundesverwaltungsgericht, verwies sogar auf die in Nordrhein-Westfalen übliche Praxis und kam mit seiner Klage dennoch nicht durch.

Und einmal war ein Kunde sogar noch etwas schlauer als Kanehl. Aber nur zunächst. Ein Arzt aus dem Norddeutschen (!) wollte an der Uni in Cuenca habilitieren, hatte sogar Spanisch gelernt und eine Antrittsvorlesung vorbereitet. Nachdem der Mediziner jedoch feststellen mußte, daß er über Kanehl trotz Geldzahlung nicht zum erhofften in Deutschland führbaren Titel „Professor“ kam, verklagte er ihn in Düsseldorf und erhielt recht.

Kanehl sann offensichtlich auf Rache. Denn dieser Kunde, der es gewagt hat, Geld von Kanehl zurückzuholen, wird geoutet und ist blamiert. Ein Bild von ihm erscheint plötzlich in „Focus“. Ich weiß natürlich nicht, wie das Nachrichtenmagazin an dieses Bild gekommen ist. Ich weiß auch nicht, wie viele davon noch im Umlauf sind. Nur eines steht fest: Von dem Mediziner, der keinen Professorentitel führt, stammt es sicher nicht …

Hinweis:
Bitte lesen Sie dazu noch den Kasten „Risiken und Konsequenzen im Geschäft mit ausländischen akademischen Graden“, Seite 70 f.

Dr. h.c. Anton Gerhard Kessenich, Bochum

Beizeiten ins richtige Bundesland umziehen

Ein anderer auf Südamerika spezialisierter Händler, der bislang in der Öffentlichkeit weniger Aufmerksamkeit erregte als Kanehl (Seite 150 ff.), begegnet uns nun in Person des in Bochum residierenden Dr. h. c. Anton Kessenich. Auch ihn habe ich über eine Kleinanzeige kennengelernt.

Renommierte
ausländische Universitäten, Mitglieder im internationalen Hochschulverband vergeben **Doktorwürden und Gastprofessuren.** Info unter Fax 0234-50 03 79 oder WS 64762 WamS, Brieffach 24 56, 20350 Hamburg.

Er vertritt, so ist im Brief zu lesen, der mich kurz nach dem ersten Fax erreicht, in Europa die „International Promotor of Research and Economic Support, E.I.R.L“. Er sei „für den Raum Südamerika“ zuständig. Ein rasch ausgefülltes Formblatt wechselt wie immer die Besitzer, und wir verabreden uns zu einem netten Plausch im Ruhrgebiet.

„Wenn Se ein Hotelzimmer brauchen, dat organisier ich Ihnen, kein Thema. Wir tun dat ordentlich bereden hier, gucken uns in die vier Äuglein, und dann erzähl ich Ihnen mal alles“, sagt er noch am Telefon.

Seine Herkunft, den „Kohlenpott", kann er offensichtlich nicht verleugnen.

Am Freitagabend um 20 Uhr sitzt mir bei einem Italiener in der Bochumer Innenstadt ein älterer Herr, Ende 40 bis Mitte 50, gegenüber mit graumeliertem Haar, Goldrandbrille, dunklem Anzug, dezenter Krawatte, guten Manieren. Schnell kommt er zur Sache.

Seit einigen Jahren habe er beste Kontakte zu Hochschulen in Peru. Gerade sei wieder ein junger Wissenschaftler aus Lima bei ihm, alles ganz sympathische, nette, bescheidene Leute.

Die Titel stammten natürlich nicht von irgendwelchen dubiosen Universitäten, die in Deutschland nicht anerkannt seien. Die akademischen Grade, ausschließlich h. c.-Titel, würden ohne „viel Tamtam" in Düsseldorf, aber auch in einigen anderen Bundesländern genehmigt. Das wäre alles überhaupt kein Problem.

In Bayern oder Baden-Württemberg sei man strenger. In dem Fall müßte man pro forma vorher einen Umzug ins Auge fassen. Denn wenn irgendwo einmal die Titelführung abgelehnt sei, bestehe zwar immer noch die Möglichkeit, es woanders zu probieren. Aber selbst, wenn das dann klappe, so erfahre ich, besteht immer noch die Gefahr: Sollte irgendwann einmal durch einen blöden Zufall herauskommen, daß vorher schon einmal woanders eine Ablehnung stattgefunden habe, dann ist der Titel für immer futsch. Daher sein gutgemeinter Rat: Beizeiten umziehen in das richtige Bundesland!

Die meisten Leute sind für seine Titel zu dumm

„Mein Problem ist ein ganz anderes, und deshalb finde ich das Gespräch mit Ihnen auch ganz interessant", gesteht er schließlich. Seine Schwierigkeiten seien nicht die Titel, denn die sind wirklich von bester Qualität. Sein Problem sind die Leute, die die Titel kaufen wollten.

Ich könne mir gar nicht vorstellen, sagt er und schaut, Mitleid heischend, zu mir herüber, was für Leute Doktortitel kaufen und führen wollten: Metzger, Halbgescheite, ein Kampfsportler aus dem Rheinischen, sehr gescheit, aber ohne Abitur. Geld sei genügend da. „90 Prozent der Anrufer auf die Anzeige", und bei diesem Eingeständnis wird er fast ein bißchen zornig, seien Schrott.

„Ich finde das Gespräch mit Ihnen auch deswegen so interessant", hebt er noch einmal an, „weil Sie in Ihrem Beruf als Personal- und Unternehmensberater sicher mit vielen guten Leuten zusammenkommen." (Hinweis für den Leser: Ich habe mich natürlich nicht als Journalist, sondern als Personalberater vorgestellt.) Damit meint er wohl Zeitgenossen, die eben nicht zu jenen 90 Prozent gehören, die sich auf seine Anzeige gemeldet hätten. Wenn es da eine Zusammenarbeit gäbe, könne er auf das Schalten derartiger Anzeigen und auf diese entnervenden, nur zeitraubenden Gespräche am Telefon ganz verzichten.

Unsere Kunden gefallen ihm sehr

Ich verstehe ihn ganz und gar. Schließlich weiß ich selbst, welche Geistesgrößen heute alles Doktortitel oder gar Professorentitel haben wollen. „Unheimlich viele Idioten, Verzeihung, Herr Dr. Kessenich, ich meinte, Ungebildete sind darunter", bestätige ich ihm. Aus dem Aktenkoffer sind rasch drei Profile von Klienten der Personalberatung auf dem Tisch, die ich ein paar Stunden vorher bei einem befreundeten Journalisten schnell geschrieben habe, der nun zufällig ganz in meiner Nähe ist.

„Lassen Sie mal sehen“, sagt Dr. h. c. Kessenich hocherfreut, überfliegt die knappen biographischen Daten, die wir entworfen haben, und sagt: „Gar nicht so schlecht.“ Seine vorher ziemlich ernste Miene hellt sich auf. Ob er schon das Geld zusammenrechnet?

Seine Einschätzung kommt für mich nicht überraschend. Schließlich haben im Zuge meiner monatelangen Recherchen auch andere Titelhändler und Promotionsberater die Profile meiner erfundenen gut verdienenden Klienten immer titelwürdig gefunden. Nur bei dem 30jährigen Versicherungsfachmann, da sieht Kessenich Probleme. Obwohl andererseits mit Abschluß „Diplom-Kaufmann“, vor zwei Jahren erworben an der Universität in Bochum, das ist schließlich mehr als das akademisch eher konturlose Profil eines Kampfsportlers.

„Zwei sind gut, sogar sehr gut“, lautet schließlich sein wertes Urteil. „Da läßt sich auf jeden Fall etwas machen.“ Und beim noch zu jungen Versicherungskaufmann, der auch mal einen Doktortitel auf seine Visitenkarte schreiben möchte, da könne man in ein paar Jahren zur Promotion schreiten. Denn wie soll der sich schon so früh irgendwie verdient gemacht haben, so daß ihn die Uni in Peru dafür mit einer Ehrendoktorwürde auszeichne. „Das könnte in Düsseldorf einige Probleme geben“, wiegt er dann doch wieder unschlüssig den Kopf. „Die sind da ein bißchen kniepig.“

Schwierigkeiten, wenn die Biographie nicht stimmt

Und damit ich sehe, wie „kniepig“ diese Beamten sind, übergibt er ein vierblättriges Formblatt des Ministeriums für Wissenschaft und Forschung, um zu beweisen, was diese Beamten alles wissen wollen, bis am Ende schließlich die erwähnte Zustimmung kommt, den im Ausland erworbenen Grad in Deutschland zu führen. Das kostet zwischen 50 und 250 DM an Gebühren, die „erst auf besondere Aufforderung zu zahlen“ sind.

Jetzt erklärt er das Verfahren. Zuerst einmal muß die Biographie des Titelkäufers stimmen. Also ein gewisses Alter, möglichst nicht unter 40, möglichst Hochschulabschluß, auch möglich Fachhochschulzeugnis, weil die Peruaner da keinen Unterschied machen, Abitur ist Bedingung, sonst gibt es wieder Ärger mit den Düsseldorfern, die Bereitschaft, nach Peru zu fliegen, wegen der Stempel im Paß, die von den Düsseldorfern manchmal geprüft würden (er denkt auch an alles), dann die Courage, eine kleine Rede zu halten, vor der versammelten Studentenschaft …

„Soll er die selbst entwerfen und zu welchem Thema“, unterbreche ich seinen Redefluß. „Keine Sorge“, beruhigt er rasch. Das mache er schon, ist im Preis enthalten, dann noch die offizielle Verleihung, der Gang zum deutschen Konsulat in Lima, um die schönen Urkunden mit wichtigen deutschen Stempeln versehen zu lassen, dann ein paar Tage als frischgebackener Doktor Sightseeing in Peru, wenn man schon über 2 000 DM mindestens für den Hin- und Rückflug ausgibt, das organisiert er, dann zurück nach Deutschland, hier die vier Blätter für die Düsseldorfer ausfüllen, wobei er hilft, wenn es sein muß, und dann geht alles klar.

40 000 DM plus Reisekosten plus Spesen

„Jetzt wollen Sie den Preis wissen?“ fragt er, mehr rhetorisch, und hat sich diese Information als Bonbon für den Schluß unserer netten Plauderei aufgehoben: „40 000 DM alles in allem.“ Die Kosten für Flüge, Unterkunft in Peru usw. müsse man natürlich selber tragen. Mit einem Hunderter am Tag komme man dort aber gut aus.

„Der eine meiner Kandidaten“, flunkere ich ihm dann vor, „dieser Marketing-Fachmann aus München, der ist sofort dabei“. Diesen Klaus-Peter Adolf, der dem Leser in einigen späteren Kapiteln noch öfter begegnen wird, gibt es wirklich. Er ist ein guter und vor allem mutiger Freund, der bei unseren verdeckten Recherchen eifrig mitspielt. Warum sollen wir ihn nicht gleich mehrmals zum Doktor machen? Freundlich lächle ich zu Kessenich hinüber, der zwischendurch immer an seinem italienischen Salat pickt.

Und dann kommt ein überraschendes Angebot. „Warum arbeiten Sie als Personalberater?“ fragt er unvermittelt. Drei, vier Titelchen im Jahr bei geringen Kosten, denn die Pofessoren verdienen in Lateinamerika nur einen Tausender im Monat! Das könnte doch schon fast für mich reichen. Dazu konnte ich mich dann doch nicht durchringen.

„Dann senden Sie mir seine Vita zuerst“, sagt er abschließend und verspricht vor dem Hinausgehen, eine Liste jener Hochschulen aus Peru zuzusenden, für die er tätig sei, übernimmt großzügig die Gesamtrechnung, ein kurzer, freundlicher Händedruck, und er braust in seinem schwarzen VW-Golf-Cabrio davon.

Einige Tage später steckt in der Post tatsächlich ein Brief von ihm mitsamt den versprochenen Unterlagen der Unis aus Peru. Es sind, wie sich später feststellen läßt, sechs Kopien aus dem Standard-Nachschlagewerk „International Handbook of Universities", in der 12. Auflage, herausgegeben von der International Association of Universities.

Kessenich als „ehrlicher Titelhändler"?

Weil ich die Tricks mancher Betrüger kenne, überprüfe ich sofort, ob der werte Herr Dr. Kessenich, wie in dieser Branche durchaus geläufig, eine staatlich anerkannte Hochschule herausgeschnitten, irgendeine „Phantasie-Universität" im gleichen Schriftbild eingefügt und das Ganze wieder kopiert und in die Post gegeben hat. Der Test: Ist der Dr. honoris causa Kessenich nur ein Titelhändler oder auch ein Betrüger?

Er hat nichts herausgeschnitten. „Die Führung von Titeln, die von diesen Universitäten verliehen werden", teilt Dr. Dieter Lucht von der Hochschulrektorenkonferenz mit, „kann durch die zuständigen (Wissenschafts-) Ministerien erlaubt werden, wenn zur Erlangung des Titels – im wesentlichen – dieselben Voraussetzungen erfüllt wurden, die hierzulande üblich sind."

Besser als die meisten sonstigen Angebote

Alles echte Auslandstitel, zwar nur in der „h. c.-Version", aber gar nicht schlecht. Zwar muß man, anders als bei Herrn Dr. h.c. Kessenich geschrieben, in Nordrhein-Westfalen noch einen Hinweis auf das Herkunftsland als Abkürzung, also (PE), dazusetzen. Aber 40000 DM plus Spesen, das klingt gar nicht so unattraktiv, wenn man bedenkt, daß einige Zeitgenossen für gleiche oder nicht viel geringere Beträge gefälschte

Urkunden oder echte Urkunden von Phantasie-Universitäten an den Mann oder die Frau bringen.

Wie verabredet faxe ich Herrn Dr. Kessenich dann noch die Unterlagen meines Klienten Klaus-Peter Adolf zu. Hocherfreut faxt er zurück: „Nach Durchsicht kann ich Ihnen mitteilen, daß wir für Herrn Klaus-Peter Adolf einen h.c. Titel vermitteln können. Wir sollten nunmehr versuchen, schnellstens ein Gespräch mit Herrn Adolf zu führen. Nach Übereinstimmung benötigen wir nachstehend aufgeführte beglaubigte Unterlagen, und zwar:

Diplomurkunde, Abschlußzeugnis, Lichtbild, Lebenslauf, Anzahlung in bar 30 000 DM.

Die Einladung zur Uni nach Peru könnte bis Anfang Juli 1994 erfolgen."

Ich habe dann von der Ernennung unseres Freundes Klaus-Peter Adolf zum „Dr. h.c. Klaus-Peter Adolf" Abstand genommen. Denn ich wollte ihn dann doch nicht mehrmals zum Doktor machen. Man darf schließlich nicht übertreiben.

Noch ein Wort zum Schluß: Ob wir gegen die Zahlung der Summe von 40 000 DM dann tatsächlich den Titel erhalten hätten, das können wir natürlich nicht beurteilen. Eine große Unsicherheit im Geschäft mit Kessenich bleibt: Er will immerhin 30000 DM im voraus haben. Gepflogenheit in dieser Branche ist schließlich auch, sich mit einer Anzahlung aus dem Staub zu machen.

Hinweis:
Bitte lesen Sie dazu noch den Kasten „Risiken und Konsequenzen im Geschäft mit ausländischen akademischenGraden", Seite 70 f.

3. Kapitel

Wenn man sich mit fremden Federn schmückt

Das florierende Geschäft der Ghostwriter

Wenn U-Boote Plagiate an Land ziehen

Über Anzeigen kommen sie zusammen: Der Kunde, der eine Doktor- oder Examensarbeit zu vergeben hat, und der Schreiberling, der diesen Job für ihn erledigt. Meist sind es die Ghostwriter selbst, die für ihre Dienstleistung in Tages- und Wochenzeitungen werben, doch manchmal ist es auch genau umgekehrt.

Examensarbeit
Suche dringend Hilfestellung für Juni (Jura).
Zuschriften unter Welt am Sonntag,
Brieffach 24 56, 20350 Hamburg

Im Vergleich zu manchen eher minderbemittelten Verkäufern von gefälschten Urkunden deutscher oder ausländischer Universitäten, die an noch dümmere Titelsüchtige verkauft werden, sind die „U-Boote“, wie man sie in Universitätskreisen bezeichnet, meist Akademiker, die nach dem Studium keinen Job suchten oder erst gar keinen fanden, weil sie schon während der letzten Semester für ihre Kommilitonen diskret zur Feder griffen. Andere sind schlechtbezahlte Hochschulassistenten mit miesen Aussichten, an der Universität langfristig unterzukommen. Bis sie einen Job in der Privatwirtschaft gefunden haben, nutzen sie diese Einkommensquelle.

Als Ghostwriter bekannt ist Achim Schwarze aus Berlin, der in seinen Büchern („Dünnbrettbohrer in Bonn“ und „Noch mehr Dünnbrettbohrer“, Eichborn Verlag) von seinem Tun offen berichtet. Heute geht er allerdings anderen Geschäften nach.

Das Verfassen von wissenschaftlichen Arbeiten gegen Bezahlung kommt meiner Beobachtung nach am häufigsten in den Disziplinen Medizin, Jura und Wirtschaftswissenschaften vor. Es erstreckt sich vom Schreiben einzelner Hausarbeiten über das Verfassen einer Staatsexamensarbeit bis hin zur Erstellung einer kompletten Dissertation.

Die Preise schwanken je nach Aufgabenstellung und Anbieter. Das Minimum bei Doktorarbeiten beträgt 10 000 DM (medizinische Dissertation) bis hin zu 60 000 DM. Diese Summen sind natürlich gering im Vergleich zu den Einkommensverlusten eines Managers, der sich nur ein Jahr lang in die Arbeit hineinkniet und deshalb seinen Job aufgibt.

Medizinische Doktorarbeiten, die selten mehr als 100 Seiten umfassen, sind meist innerhalb von vier bis sechs Wochen erledigt. Für die übrigen brauchen Ghostwriter kaum mehr als drei Monate, da sich die meisten auf bestimmte Disziplinen spezialisiert haben oder mit Leuten zusammenarbeiten, an die sie Aufträge aus anderen Fachbereichen weitergeben.

Diplomarbeiten zu Dissertationen aufmöbeln

Die relativ günstigen Preise hängen mit der Methode der Erstellung zusammen. Eine der beliebtesten Möglichkeiten ist das Auf- oder Umarbeiten bereits abgelieferter Dissertationen. Sie bietet Vor- und Nachteile. Da alle Doktorarbeiten in den Hochschulbibliotheken frei zugänglich sind (nur die von Bundeskanzler Dr. Helmut Kohl findet man nicht mehr), können Plagiatoren hier leicht zugreifen. Andererseits besteht gerade wegen der freien Zugänglichkeit das Risiko, daß irgendein Dritter, der sich mit dem gleichen Thema intensiv beschäftigt, durch Zufall auf die Doublette stößt.

Um dieses Risiko auszuschließen, besorgen sich Ghostwriter, aber auch Promotionsberater, die das Schreiben der Arbeit gleich mit anbieten, qualitativ und quantitativ (mindestens 150 Seiten) hochwertige Diplomarbeiten und möbeln die zu Dissertationen auf.

Als reich sprudelnde Quelle dienen all jene Universitäten, die in bestimmten Fachbereichen einen besonders guten Ruf genießen. Zwar sind diese Abschlußarbeiten nicht frei zugänglich wie die Dissertationen. Doch um an sie heranzukommen, bedarf es nur einer willigen (und meist schlechtbezahlten) Kraft aus dem Umfeld des Lehrstuhls, vom Assistenten bis hinunter zu irgendeiner Sekretärin.

Eine andere Quelle sind jene kleinen Copy-Shops in Universitätsnähe, die sich auf das Kopieren und Binden von Diplomarbeiten spezialisiert haben. Welcher Auftraggeber hat eine Kontrolle darüber, ob dieses Unternehmen anstatt der fünf bestellten Exemplare gleich sechs anfertigt und die eine an einen lachenden Dritten weitergibt?

Das geschäftliche Risiko ist sehr hoch

Neben den strafrechtlichen Risiken geht ein Doktorand, der sich die Arbeit erstellen läßt, auch ein relativ hohes wirtschaftliches Risiko ein.

Kauft man nicht die Katze im Sack? Läuft man nicht Gefahr, irgendwelchen Schrott einzukaufen, der dem wissenschaftlichen Anspruch deutscher Universitäten ganz und gar nicht genügt? Wirft man dann nicht unter Umständen viele Tausender zum Fenster hinaus?

Zwar sagen die meisten, wie der altgediente Carlo Otto Gantert (siehe Seite 180 ff.) zu, bei Beanstandungen des Professors die Arbeit nachzubessern. Doch was passiert, wenn der Hochschullehrer das gesamte Produkt in Bausch und Bogen verwirft? Was ist, wenn der Käufer am Ende doch nicht den begehrten Titel erhält?

Und dies ist der Schwachpunkt, der sich nie ausräumen läßt. Eine Garantie, wie auch immer, gibt es nicht, kann es bei diesem zwielichtigen Business gar nicht geben. Einerseits freut sich der geistige Beistand zwar über jeden gutbezahlten Auftrag. Das stärkt die Verhandlungsposition des Auftraggebers. Doch niemand von diesen heimlichen Schreibern geht das Risiko ein, unter Umständen umsonst in die Tasten gegriffen zu haben.

Die Argumente der Ghostwriter, die sie an dieser Stelle immer bringen: „Schließlich besteht ja auch die Möglichkeit, daß wir, wie vereinbart, eine hervorragende wissenschaftliche Arbeit abliefern. Doch Sie, lieber Herr Kandidat, bereiten sich auf die mündliche Prüfung nur unzureichend oder gar nicht vor."

Die Folge: Auch dem gutwilligsten Hochschullehrer schwant langsam: Beim Schreiben der Dissertation hatte wohl ein Dritter seine Finger im Spiel. Der getäuschte Professor lehnt den Kandidaten ab. Aus diesen Überlegungen heraus verlangen die Ghostwriter cash bei Ablieferung, geben unter Umständen noch Hinweise für eine mündliche Prüfung und ziehen sich dann wieder in den Hintergrund zurück.

Auch Referenzen sind nicht drin

Werden bei anderen Dienstleistern gern Referenzen angegeben, die die Leistungsfähigkeit des Anbieters bestätigen, ist so etwas in diesem Gewerbe nicht üblich. Die Haltung ist aus Sicht des Ghostwriters verständlich. Er will nicht zu viele Mitwisser.

Und wenn man es genau nimmt, sollten diejenigen, die seine Dienste in Anspruch nehmen, dafür auch Verständnis haben. Schließlich würde man es nicht so toll finden, wenn ein Ghostwriter die Arbeit, die er für einen selbst verfaßt hat, als Referenz dem nächsten Kunden vorlegt.

Dem Angerufenen bliebe das Herz stehen

Man stelle sich vor: Sie, liebe Leserin, lieber Leser, lassen bei Gantert und Co. diskret Ihre Doktorarbeit schreiben. Die wird gut benotet. Der Professor hat in der mündlichen Prüfung nicht viel nachgebohrt. Sie tragen stolz ihren Titel. Wie er zustande gekommen ist, hat Ihr Unterbewußtsein schon fast verdrängt. Unvermittelt ruft Sie einige Monate später jemand im Büro an und fragt: „Meine Name ist Hinterhuber aus Passau. Ich brauche auch einen Dr.-Titel. Herr Gantert hat mir erzählt, daß er Ihre Arbeit geschrieben hat. Stimmt das? Waren Sie zufrieden? Können Sie mir den empfehlen?“ Ihnen bliebe wohl das Herz stehen.

Nun zu den strafrechtlichen Aspekten. Um das Risiko für sich selbst möglichst klein zu halten, stellen sich die Ghostwriter offiziell ganz dumm. Ihr Trick: Um eine mögliche Strafanzeige wegen Beihilfe zur Urkundenfälschung zu vermeiden, leugnen sie einfach, eine Dissertation zu erarbeiten. Zumindest offiziell.

Ihre offizielle Version lautet daher stets: Sie erstellen eine wissenschaftliche Arbeit, allerdings auf „Dissertationsniveau". Was der Auftraggeber dann damit anfängt, davon wissen die Schreiberlinge nichts.

Bevor wir zu den wichtigen strafrechtlichen Aspekten kommen, auf die sich die Käufer einer Doktorarbeit einlassen, noch ein kurzer Hinweis auf die jüngste Marktentwicklung.

Lange Zeit konzentrierten sich die bekanntesten Ghostwriter auf ihr eigentliches Geschäft, das Erstellen von wissenschaftlichen Arbeiten. Nun ist zu beobachten, daß einige, Gantert ist dafür das prominenteste Beispiel, ihre Angebotspalette erweitern.

Sie bieten rund um den Doktortitel auch andere Dinge an, wie das Vermitteln des Doktorvaters und das Training auf die mündliche Prüfung. Gantert reagiert damit, so scheint es, auf die Konkurrenz der Promotionsberater, die früher (zumindest offiziell) nur den Kontakt zum Doktorvater herstellten, heute jedoch gleich das Schreiben der Arbeit mit anbieten.

Die Konsequenzen und Risiken:

Wer sich auf eine Zusammenarbeit mit Ghostwritern einläßt, muß mit folgenden Konsequenzen rechnen:

1. Die Doktorarbeit hält qualitativ nicht das, was der Käufer erwartet. Das gezahlte Geld kann kaum wieder eingeklagt werden, da es keine „Erfolgsgarantie" gibt. Zudem ist die Erstellung einer Dissertation durch Dritte sittenwidrig, ein Vertrag ist nichtig.
2. Der Professor und der/die Co-Prüfer stellen bei der mündlichen Prüfung vorhandene Wissenslücken fest und lehnen die Annahme der Promotion ab.
3. Anzeige wegen Täuschung oder Betruges (§ 263 Strafgesetzbuch) – bis zu fünf Jahren Haft oder Geldstrafe.
4. Anzeige wegen Urkundenfälschung (§ 267 StGB), die mit Geldstrafen oder Freiheitsstrafen bis zu fünf Jahren geahndet wird.
5. Bruch einer eidesstattlichen Versicherung und damit Verstoß gegen § 156 Strafgesetzbuch – bis zu drei Jahre Freiheitsentzug.
6. Die Universität erkennt einen derart „erworbenen" Titel wieder ab.
7. Wer einen Titel durch Betrug erworben hat, ist grundsätzlich von diesem Augenblick an von Mitwissern erpreßbar.

Prof. Carlo Otto Gantert, Bad Kreuznach

Vom Ghostwriter zum Komplettanbieter

In der Branche gilt Carlo Otto Gantert seit vielen Jahren als die Nummer eins in Sachen Ghostwriting. Auch heute firmiert er nach außen hin unter diesem Label. Seit 1980 ist er nach eigenen Angaben hauptsächlich mit dem Verfassen von wissenschaftlichen Arbeiten im Geschäft.

Zu seinem Business, so verriet er der „Frankfurter Allgemeinen Zeitung“, gehöre aber auch das Schreiben von Reden von Bundes- und Landtagsabgeordneten sowie Generalkonsuln. Für diese Klientel greife er noch selbst zur Feder. 1992 standen fünf feste Leute auf seiner Gehaltsliste, hinzu kamen 20 bis 30 „Geisterschreiber“, die hin und wieder für ihn in die Tasten greifen. Sein Tarif zu dieser Zeit: Eine etwa 100seitige Dissertation kostete zwischen 10000 und 30000 DM. Der Seitenpreis beträgt momentan zwischen 50 und 200 DM pro Seite. Ein Teil des Honorars sei bei Auftragserteilung, der Rest bei Manuskriptablieferung fällig.

Prof. Carlo Otto Gantert hätte ich gern persönlich kennengelernt, um die aktuellen Details zu erfragen. Doch er war leider dauernd auf Achse, und ich pendelte auch monatelang von Promotionsberatern zu Titelhändlern, machte die Bekanntschaft dieses und jenes Ganoven, kutschierte zu einer der wenigen engagierten Damen der Branche mal wieder in die Schweiz, nachdem ich gerade aus Wien zurückgekehrt war.

Und so müssen wir uns mit den wenigen schriftlichen Angeboten Ganterts zufriedengeben, die aber doch sehr interessant sind. Daß Gantert im Ghostwriting tätig ist, wußte ich ja schon lange. Mich interessierte mehr die Frage, ob er unter Umständen seine Dienstleistungspalette erweitert hat.

Denn in meinen Gesprächen mit einigen Promotionsberatern hatte ich erfahren: Sie stellen nicht nur Kontakt zu den Universitäten und Doktorvätern her, sondern sie bieten, wie oben schon angemerkt, gleich die Erstellung von Teilen oder der kompletten Dissertation mit an.

Wie reagiert ein Ghostwriter, wenn „Branchenfremde“ nun in seinem Revier wildern? Die Antwort ist ganz einfach: Der Ghostwriter übernimmt fortan auch gleich die Promotionsberatung und bietet das Gesamtpaket an Dienstleistungen – die Gesetze der Marktwirtschaft lassen grüßen – gleich günstiger als die meisten Konkurrenten an.

Ich wollte von Gantert ganz offen wissen:

– Können Sie auch bei der Themenfindung behilflich sein?

– Haben Sie auch Kontakte zu Universitäten?

– Trainieren Sie oder Ihre Mitarbeiter auch auf die mündliche Prüfung?

– Wie wäre in etwa der finanzielle Aufwand für eine „Komplettlösung“, also mit Kontaktherstellung zur Uni und Rigorosum-Vorbereitung.

Die Antwort Ganterts: „Wir können sowohl die Universität als auch den Doktorvater und das Dissertationsthema bereits im Vorfeld festlegen.“ Für das Rigorosum könne man die Kandidation so vorbereiten, daß praktisch nichts mehr „schiefgehen“ kann.

Das Beratungshonorar für eine solche „Komplettlösung“ beträgt 10 000 DM plus Mehrwertsteuer. Hinzu kämen, so Gantert, „die Gebühren an der Uni, die direkt vereinbart werden müssen, damit wir nicht in Konflikt mit dem Gesetz kommen“.

Da muß Gantert uns mißverstanden haben. Ich wollte natürlich nicht nur diesen Service einkaufen, sondern die Doktorarbeit, also sein urprüngliches Dienstleistungsangebot, plus allem Drumherum. Um es mit anderen Worten auszudrücken: Für einen Doktortitel wolle ich keine einzige Handbewegung bis auf den Griff in die Geldbörse machen.

Ich frage also wieder schriftlich an, was denn ein wirkliches Gesamtpaket einschließlich der Doktorarbeit kosten würde, denn 10 000 DM einschließlich der Dissertation, das käme mir doch etwas zu billig vor. Hat sich Gantert, so fragte ich mich verwundert, neuerdings ganz aus dem Ghostwriting zurückgezogen und spielt jetzt nur noch den Herrn Promotionsberater?

Nein, weit gefehlt. Die Erstellung der wissenschaftlichen Arbeit, so teilt er mir mit, sei sein „Hauptbetätigungsfeld“. Und dann fügt er noch hinzu: „Diese Dienstleistung ist völlig unabhängig zu sehen von einer evt. Promotionsberatung …“ Wer's glaubt, wird selig.

Hinweis:
Wer sich auf das Geschäft mit Ghostwritern und/oder sogenannten Promotionsberatern einläßt, geht hohe Risiken ein und muß mit harten Konsequenzen rechnen. Bitte lesen Sie dazu die Seite 179 und die Seite 278.

Stephan Nuding, Bergisch-Gladbach

„Ein Schreibtischtäter auf vielen Gebieten“

> **Ghostwriter**
> Erfahrener Autor schreibt Ihr/e
> Chronik, Buch, Rede, etc.
> Auch Recherche.
>
> **STEPAHN NUDING**
> **Im Aehlemaar 1b**
> **51467 Bergisch Gladbach**
> **Tel./Fax 0 22 02 / 8 30 63**

Diese Anzeige, erschienen im Herbst 93 im Wirtschaftsmagazin „!Forbes“, weckte meine Neugier. Was steckte dahinter? Und vor allem wer? „Ein Ghostwriter, ein erfahrener Autor“, so die Überlegung, schreibt vielleicht nicht nur „Chronik, Buch, Rede, etc.“ Was versteht Herr Nuding unter „etc.“? Ob damit auch die Erstellung von Doktorarbeiten vorsichtig angedeutet werden soll?

Direkt, wie es meine Art ist, falle ich mit der Tür ins Haus. Ich möchte per Fax wissen, ob er auch eine Unterstützung in Sachen Promotion anbietet?

Die Antwort läßt nicht lange auf sich warten. Noch am gleichen Tag faxt Stephan Nuding seine Antwort. Ich erfahre, daß der „Schriftsteller – Ghostwriter – Medienberater“ gern in dem von mir offen „angesprochenen Vorhaben behilflich“ ist. Sogar „Referenzen“ könne er benennen. „100 % Diskretion“ sei Ehrensache.

In der Anlage des Briefes sendet er seine Vita. Man erfährt, daß der 1961 geborene Ghostwriter in Köln und Bonn nach dem Abitur „mittlere und neue Geschichte, Archäologie und Byzantinistik“ studiert hat. Nuding über Nuding: „Der Verfasser zahlreicher Sach- und belletristischer Bücher lebt und arbeitet im Bergischen Land. Diese Landschaft, seine Heimat, hat es ihm angetan.“

Ein Mann, der alles schreiben kann?

Doch er verfaßt nicht nur Bücher mit Titeln wie „Schildgen – Geschichte eines bergischen Dorfes“ und „Der bergische Schelm oder die Leben und Taten des Lügschumachers Mathias Tobias von Hebborn“. Von sich selbst hat Nuding einmal gesagt: „Ich kann alles schreiben!“ In einer Reportage des Westdeutschen Rundfunks (WDR) teilt er stolz mit, habe man ihn als „Schreibtischtäter auf vielen Gebieten“ bezeichnet. Und die zwei anschließenden Sätze lassen noch einmal aufhorchen: „Dies muß er auch sein, wenn man bedenkt, wie viele der unterschiedlichsten Aufträge er bereits bewältigt hat. Nüchterne Sachthemen und wissenschaftliche Abhandlungen (hört, hört) zu er- bzw. überarbeiten gehören genauso dazu wie politische Themen, Familienchroniken und Reden.“

Wenn der Mann so flexibel ist, wie er vorgibt, wird man ihm auch schwierige Aufgaben stellen dürfen. Also frage ich gleich zurück, ob er einen Maschinenbau-Ingenieur, Diplom-Betriebswirt (FH) und einen Heilpraktiker bei ihren Promotionsvorhaben unterstützen könne. Letzterer habe allerdings bisher nur ein abgebrochenes Pädagogik-Studium vorzuweisen.

Kaum hat das Fax-Gerät diese Frage übermittelt, spuckt es schon Nudings Antwort heraus: „Grundsätzlich besteht für jeden der drei von Ihnen genannten Fälle, die Möglichkeit zur Unterstützung bei der Erstellung einer wissenschaftlichen Arbeit." Wie dies im Einzelfall zu geschehen habe, müsse man besprechen, also ob ein Text nur zu überarbeiten oder völlig neu zu erstellen sei.

Das diskrete Treffen am späten Sonntagnachmittag

Wir verabreden uns zu einem vertraulichen, persönlichen Gespräch in Bergisch-Gladbach für den 21. 11. 93. Freundlicherweise hat er eine Wegbeschreibung übermittelt.

Es beginnt zu dämmern, als ich am späten Sonntagnachmittag an seiner Haustür klingle. Nuding, ein blasser, schmalbrüstiger Typ, ist sehr freundlich, stellt seine Frau vor. Sie hat schon Kaffee vorbereitet. Im Wohnzimmer nehmen wir Platz. Solide Eichenschränke und Orientteppiche auf gepflegtem Parkettboden zeugen von bescheidenem Wohlstand. „Das Haus", so erzählt er später beiläufig, habe er von seinen Eltern geerbt. Die meisten seiner Nachbarn arbeiteten bei Bayer Leverkusen. Diskret zieht sich Frau Nuding zurück, nachdem sie uns mit Kaffee, Mineralwasser und feinem Gebäck versorgt hat.

Ich komme gleich zur Sache. Als Personalberater, so flunkere ich, stellten mich in jüngster Zeit immer wieder meine Klienten vor die heikle Aufgabe, nach einer Möglichkeit zu suchen, auf bequeme Weise einen Doktortitel zu ergattern. Sie wollten sich in der heutigen, wirtschaftlich schwierigen Situation von jenen Kollegen ohne den schmückenden Namenszusatz abheben.

Sie versprechen sich davon sichere Arbeitsplätze, lukrativere Aufträge, ein höheres Einkommen. Ganz abgesehen natürlich vom höheren Status, der sich von selbst einstellt.

Geld spielt bei uns gar keine Rolle

Für all das wären sie bereit, tief in die Tasche zu greifen. Geld sei genügend da. Doch Zeit hätten die Leute nicht viel. Nach all dem Vorgeplänkel lasse ich die Katze aus dem Sack: „Ist es möglich, Doktortitel zu kaufen oder zumindest die damit verbundenen Arbeiten extern erledigen zu lassen?" Welchen Part kann Nuding dabei übernehmen?

Der ist über diese Forschheit gar nicht überrascht. Ein solches Ansinnen scheint nichts Außergewöhnliches für ihn zu sein. Cool entgegnet er, er sei kein Titelhändler. Doch er habe bereits einem Mediziner und einem Ökonomen, der in Kanada studiert hat, eine Doktorarbeit geschrieben. Sein Leistungsspektrum umfasse die Recherche bis zur Texterstellung. Ein Training auf die mündliche Prüfung könne er auch anbieten. Das heißt andererseits: Einen Doktor-Vater müssen seine Klienten genauso selber finden wie das Thema der Dissertation.

Im Vergleich zu anderen preisgünstig

Da er selber von Haus aus Historiker sei, empfiehlt er seinen Kunden, einen geschichtlichen Ansatz zu wählen. Das funktioniere in den meisten Fächern ausgezeichnet. Eine wirtschaftlich-historische Arbeit könne sich zum Beispiel mit dem Wirken der Hanse in den Städten London, Köln und Hamburg beschäftigen. In der Medizin wären historische Dissertationen an der Tagesordnung.

Die umfaßten nicht einmal hundert Seiten. Das sei aber die Ausnahme. Im Schnitt, so Nuding, müsse man mit rund 200 Textseiten plus Anhang kalkulieren.

Die Totalerstellung dauere vier, eher sechs Monate. Als Karenzzeit bittet er sich weitere sechs Wochen aus. Sein Honorar für diese Dienstleistung: 18 000 bis 25 000 DM. Natürlich könne er keine „Garantie" übernehmen. Aber „Überarbeitungen", die ein Professor eventuell fordere, seien in diesem Pauschalpreis bereits enthalten. Zur Zahlweise merkt er noch an, daß man entweder sechs gleichbleibende Monatsraten vereinbaren könne, aber auch eine Summe von 4 000 DM bei Vertragsschluß, ein größerer Teil bei Fertigstellung des Textes und den Rest bei Endabnahme.

Nach einer guten halben Stunde begleitet er mich zur Tür. Zuvor hat er mir noch seinen fünfseitigen Standardvertrag in die Hand gedrückt. Darin betont er ausdrücklich noch einmal: „Der Ghostwriter haftet nicht für die ... Anerkennung als wissenschaftliche Arbeit."

Auch steuerlich läßt sich etwas machen

Apropos Barzahlung. Ich ließ längere Zeit nichts von mir hören, da das Wichtigste gesagt war. Doch dann gibt es noch ein interessantes Nachspiel einige Wochen später. Plötzlich meldet sich der Herr Dichter wieder. Ob er unter Auftragsmangel leidet?

Ich stelle nun einen Job in Aussicht, will jedoch vorab noch wissen: „Sehen Sie eine Möglichkeit, Ihre Arbeit als irgendeine Beratungsleistung in Rechnung zu stellen", damit mein Klient sie steuerlich verwerten könne, um das Finanzamt praktisch am Kauf der Dissertation finanziell zu beteiligen.

Und tatsächlich ist Herr Nuding bereit, seine „Tätigkeit als Beratungsleistung rechnungsmäßig zu deklarieren ... Ich denke sowieso“, fügt er noch an, „daß es für alle Beteiligten von Interesse ist, die Bezeichnung Promotion in Zukunft zu vermeiden.“

Versprochen, Herr Nuding. Nur eine Ausnahme noch. Ich möchte nämlich noch furchtbar gern wissen, ob unser Ghostwriter Humor hat. Also schlage ich ihm allen Ernstes folgendes Thema einer Dissertation vor, die eine deutsche Universität mit dem Doktorhut belohnen soll: „Die Veränderung der Werbung von Coca-Cola im Nachkriegs-Deutschland von 1955 bis 1990 als Reflexion auf veränderte Verbrauchergewohnheiten.“ Hört sich doch gut an, oder?

Nuding ist einverstanden. Ob er gelacht hat, weiß ich nicht. Einige Zeit später breche ich den Kontakt ab. Mein Klient hat es sich mal wieder anders überlegt ...

Hinweis:
Über die Konsequenzen und Risiken im Geschäft mit Ghostwritern lesen Sie bitte den Kasten auf Seite 179.

LitTeam Dr. Dieter Farda, Nierstein

„Die Profis, wenn es um's Schreiben geht“

> **Wissenschaftliches Schreibbüro,** konkrete Hilfe bei Diplomarbeit, Dissertation, Rede und Text. Professionell, seriös, diskret, schnell. Tel. 06133-60125. Fax 06133-59720.

Nur „Ghostwriting“ oder doch mehr? Diese Frage beantwortet Dr. Dieter Farda aus Nierstein nicht eindeutig. „Die Profis, wenn es um's Schreiben geht“, wie der Chef sich und seine Helfershelfer bezeichnet, scheinen sich in der Hauptsache auf folgende Dienstleistungen zu beschränken:

– Erstellen einer Gliederung für eine wissenschaftliche Arbeit, um ein Dissertationsvorhaben in Gang zu bringen,

– konkrete Unterstützung beim Verfassen einer wissenschaftlichen Arbeit, beispielsweise durch Literaturrecherche,

– eigenständiges Verfassen einer wissenschaftlichen Arbeit für einen Klienten und Vorbereitung auf das Rigorosum.

„Gebiete, die wir leider nicht abdecken können“, so Farda, „sind die Fächer Medizin und Jura.“ Die „Spezialgebiete“ des Teams, das sich nicht „aus Studenten, sondern ausschließlich aus Akademikern“ zusammensetzt, sind die Fachbereiche:

– Germanistik,
– Geschichte,
– Soziologie,
– Philosophie,
– Betriebs- und Volkswirtschaft,
– Kunstgeschichte.

Als „Richtwerte“ gibt Farda folgende Preise an (Stand April 94):

– Recherche: 2 000 DM,
– Gliederung: 3 500 DM,
– Verfassen: 25 000 DM.

Für rund 30 000 DM ist man beim LitTeam also dabei.

Sehr fest scheinen Preise und Konditionen aber auch nicht zu sein. Denn auf eine andere Anfrage hin nennt er den Preis von 18 000 DM für eine Dissertation, die einen Umfang von 200 Seiten hat. Bei Vertragsschluß erwartet das Unternehmen eine A-conto-Zahlung. Der Restbetrag werde „in Tranchen fällig, wenn immer ein Abschnitt der Arbeit fertiggestellt wurde“. In „Vorleistung“, so betont er, müsse man bei ihm nur einmal treten.

Keine Qualitätsgarantie

Niemand kennt natürlich die Qualität der gelieferten Arbeit Fardas und seiner Mannen. Referenzen will er nicht nennen. Er versichert dagegen: „Um unseren guten Ruf zu wahren, achten wir darauf, sorgfältige Arbeit zu liefern, die zu einem Prädikatsexamen führt.“

Um noch einmal auf die Eingangsfrage „nur Ghostwriting oder mehr“ zurückzukommen. „Wir machen keinen Titelhandel, vermitteln keine Doktorväter oder ähnliches. Unsere Leistungen", so betont er in einem Schreiben ausdrücklich, „beschränken sich auf die Mitwirkung oder alleinige Erstellung einer Dissertation". Andererseits aber, meint er, daß zwar keine „ganz konkrete Kontaktanbahnung" möglich sei. Was er jedoch tun könne: „Eine auf eine bestimmte Person abgestimmte Gliederung zu erstellen und uns umzusehen, welche Universität, welcher Professor hierfür in Frage käme."

Dr. Dieter Farda scheint sehr vielseitig zu sein. Er betreibt nämlich auch eine in Gründung befindliche „Bonavita Gesellschaft für Gesundheit, Fitness und Ernährung mbH".

Lassen wir es hierbei bewenden.

Hinweis:
Über die Konsequenzen und Risiken im Geschäft mit Ghostwritern lesen Sie bitte den Kasten auf Seite 179.

Wirtschaftskanzlei Mottinger & Co., Wien

Doktorarbeiten mit Garantie

GHOSTWRITER schreibt für: Privat, Geschäft, Wissenschaft. ☎**00431/522-22-68, Fax:00431/522-22-694**

Sie haben erst kürzlich ihr neues, repräsentatives Büro mit einer Fläche von 300 Quadratmetern am verkehrsreichen Europaplatz bezogen. Einen großen Raum hat man als Privatbibliothek eingerichtet. Endlich konnte man die engen Verhältnisse in der Mariahilfer Straße (Eingang Schottenfeldgasse 1) hinter sich lassen.

„Das neue Büro kostet uns 10 000 DM im Monat", sagt Rechtsanwalt Mottinger, als wir ihn an einem freundlichen Nachmittag in Wien besuchen. Wobei sich aus seinem Tonfall nicht heraushören läßt, ob ihm dieser Betrag zu hoch erscheint oder das Ausplaudern dieser beträchtlichen Monatsmiete signalisieren soll: „Schaut her, liebe Besucher aus Deutschland. Wir können uns das eben leisten." Aber für Geld, so sagt der schwergewichtige Kettenraucher dann in seinem Büro, sei ohnehin sein „lieber Cousin" verantwortlich. Seit mehr als 20 Jahren arbeite und lebe man zusammen.

Sein Verwandter, der dem Gespräch im Büro später beiwohnt, nickt stets nur beiläufig, wenn es um Zahlen geht. Er ist ein im Vergleich zum Anwalt kleiner, hagerer Typ, mit auffallend leuchtendblauen Augen. Mit dem eher etwas finster wirkenden Advokaten scheint er nur eines gemeinsam zu haben: die Leidenschaft, fast pausenlos filterlose Zigaretten zu rauchen. Das Nikotin hat Zeige- und Mittelfinger beider gelbbraun gefärbt.

Mottinger & Co. bieten in Deutschland per Anzeige Ghostwriter-Dienste an. Aber auch „Wissenschaftliche Beratung und Auskunfterteilung“ oder „Gutachten und Studien für alle sachlichen und wissenschaftlichen Problemstellungen“ stehen auf ihrem Programm.

Im Vorfeld haben sie mir in meiner Rolle als Personalberater bestätigt, daß sie bei drei von mir frei erfundenen „Promotionskandidaten“ zur Feder greifen wollen:

– ein Dipl.-Ing., 41 Jahre, Fachrichtung Maschinenbau, der heute im mittleren Management steckt,

– ein 44jähriger Heilpraktiker mit abgebrochenem Pädagogikstudium, der sich mehr Patienten durch den Doktortitel verspricht,

– ein 38 Jahre alter Marketing-Spezialist und Fachhochschulabsolvent, der als Werbeprofi seinen Industriekunden mehr Kompetenz signalisieren möchte.

Zehn Prozent Provision für meine Vermittlung

Gleich drei Kandidaten auf einmal, das ließ die Mottingers sofort aufhorchen. Schnell hat sich gegen Jahresende 93 ein eifriger Briefverkehr per Fax entwickelt. „Bei Zustandekommen des Geschäfts“, versichert Mottinger, „würden wir Ihnen eine Provision von zehn Prozent des jeweils vereinnahmten Honorars ausschütten“. Und wenn ich zehn Kandidaten bringe, nehmen ich mal an, gibt’s die Arbeiten bestimmt mit Mengenrabattstaffel.

Doch mir genügte die nette Korrespondenz nicht. Kennenlernen wollte ich sie, die Firma Mottinger.

Einen meiner „Kunden“, den eitlen Marketing-Spezialisten, meinen Freund Klaus-Peter Adolf, habe ich bei meinem Besuch Ende Januar gleich mitgebracht. „Wir können in seiner Anwesenheit alles offen besprechen – auch die Honorarfrage, da ich meine Dienste separat in Rechnung stelle bzw. bereits fakturiert habe“, hatte ich den Herren aus der Wiener Wirtschaftskanzlei mitgeteilt.

Nach der freundlichen Begrüßung tauscht Mottinger nur kurz Höflichkeitsfloskeln aus und kommt rasch zur Sache. Da wir keinen blassen Schimmer haben, worüber mein „Klient“ etwas Vernünftiges zu Papier bringen könnte, das auch noch der kritischen Würdigung einer deutschen Hochschule standzuhalten hat, geben wir uns kleinlaut.

Gleich drei Themen zur Auswahl

Rechtsanwalt Mottinger ist ganz Herr der Situation. „Na, denken wir mal nach“, sagt er und bläst den Rauch in die Luft, „worüber der Herr promovieren könnte.“ Nur ein kurzer Augenblick vergeht, und schon zaubert der Herr Advokat schnell ein paar Themen für eine Doktorarbeit aus dem Hut. So schlägt er vor, sich für uns mit folgenden Dingen auseinanderzusetzen:

– werbepsychologische Untersuchungen in bezug auf das Konsumverhalten der Bürger in den ehemaligen planwirtschaftlichen Gesellschaftsstrukturen,

– das neue UWG-Gesetz (Gesetz gegen unlauteren Wettbewerb) in Tschechien und Folgen für die Werbewirtschaft,

– die Möglichkeiten, wie die europäische Werbewirtschaft in den ehemaligen Ostblockstaaten Fuß fassen könnte.

„Mir ist das Thema völlig Wurscht", sagt mein aus München stammender „Promotionskandidat". Hauptsache sei, daß die Arbeit gemacht und vor allem vom Professor „geschluckt" werde.

Dafür, so versichert Mottinger, könne er „garantieren". Das wird dann gleich schriftlich festgehalten. Ein kurzer Druck auf einen Knopf des Telefons, und eine Anwaltsgehilfin steht mit Stenoblock neben ihm. „Herr Magister?" sagt sie fragend in ehrfürchtigem Ton. Und der diktiert ihr sehr professionell eine Aktennotiz, die ich später bei meiner Rückkehr bereits auf der Fax-Rolle wiederfinde.

Ein wichtiger Passus der Abmachung vom 24. 1. 1994 lautet:

„In diesem Zusammenhang erklärt die Fa. Mottinger & Co. ausdrücklich, daß sie die übliche Gewährleistung, hinsichtlich der zu erfassenden Arbeit, für die vorgestellten Erwartungen übernimmt. Sollten wider Erwarten von Seiten des Auftraggebers irgendwelche Mängel angemerkt werden, so werden diese selbstverständlich saniert, also kostenlos, im Zuge der einschlägigen Gewährleistungsbestimmungen nach dem BGB, erstellt."

Der Umfang der Arbeit wird auf 200 Seiten, eineinhalbzeilig geschrieben, festgelegt. Die Arbeit soll, wie Mottinger im Gespräch oft – fast schon zu oft – betont, „auf höchstem wissenschaftlichem Niveau" sein.

50 000 DM Honorar – aber mit Garantie

Drei Monate benötige man für die Erstellung der Arbeit. Der Preis von 50 000 DM ist in drei Raten zu zahlen: ein Drittel bei Auftragserteilung, ein zweites bei Auslieferung des Rohkonzepts, das letzte Drittel bei „Approbation durch den Doktorvater". Zahlungen an die Universität müßten „direkt mit unserem Gewährsmann" abgesprochen werden.

„Verzeihung, verehrter Herr Mottinger", wendet mein Klient dann etwas vorlaut ein, als sich das Gespräch nach einer halben Stunde dem Ende zuneigt, „offen gestanden, bin ich nicht so sehr an einer Doktorarbeit, sondern eher an einem Doktortitel interessiert. Was nutzt die beste Arbeit auf höchstem Niveau, wenn ich die nicht loswerde." Und ergänzend springe ich bei: „Haben Sie keine Kontakte zu deutschen Universitäten, zu Professoren, damit man quasi ein Gesamtpaket schnüren kann? Also Promotionsarbeit mit allem Drum und Dran bis zur fertig ausgestellten Urkunde?"

Mottinger überlegt einen Augenblick. Zu deutschen Universitäten, sagt er dann, fast ein wenig gekränkt, habe er keinen so guten Kontakt. Aber er kenne jemanden, einen „Gewährsmann", den „Dipl.-Ing. P.". Der habe vor allem zu ostdeutschen Hochschulen ausgezeichnete Verbindungen. „Zahlungen, was die Universitäten betrifft", so Mottinger, müßten dann direkt „mit unserem Gewährsmann abgesprochen werden". Der, so ergeben unsere späteren Recherchen, arbeitet aber alles andere als zuverlässig und bietet die Ghostwriting-Dienstleistung übrigens für die Hälfte an.

Nach einer guten halben Stunde verabschiede ich mich. Mottinger, ganz Wiener: „Kompliment, mein

Herr, meine Empfehlung." „Auf Wiedersehen", antworte ich und meine das doch nicht so ganz ernst.

Hinweis:
Über die Konsequenzen und Risiken im Geschäft mit Ghostwritern lesen Sie bitte den Kasten auf Seite 179.

4. Kapitel

Wenn alles ganz schnell gehen soll

Der Handel mit Titeln deutscher Hochschulen

Leichte Beute für Betrüger

Das Geschäft mit ausländischen Titeln, ob aus Südamerika, der Schweiz, Polen oder auch der Sowjetunion, dürfte, nach Umsätzen gemessen, in Deutschland immer noch vorn liegen. In diesem Business betätigen sich die meisten Händler. Wegen der gerade erst begonnenen „Erschließung" der Ostmärkte durch Titelhändler, Betrüger oder auch Promotionsberater werden falsche und echte akademische Grade aus Europa und Übersee in Zukunft sicher weiter dominieren.

Eine kurze, aber sehr intensive Blüte erlebt derzeit jedoch der Handel mit deutschen Doktortiteln. Das hat mehrere Gründe. Der Ruf ausländischer Titel hat unter den vielen Betrügereien gelitten. Dummheit und Titelsucht sind zwar weiterhin stark verbreitet und bescheren den Händlern prächtige Gewinne. Doch mittlerweile hat sich – zumindest in manchen Kultus- und Wissenschaftsministerien – ein hinhaltender Widerstand gegen dieses Geschäft etabliert. Zudem wurden die Gesetze teilweise engmaschiger.

Zumindest die Südamerika-Connection spürt einen heftigen Gegenwind. Einen ausländischen Titel heute in Deutschland anerkannt zu bekommen ist, wie wir gesehen haben, durchaus möglich. Aber es ist deutlich schwerer als noch vor zehn Jahren.

Diese Entwicklung brachte eine ganze Reihe von Leuten auf die Idee, auf die deutsche Karte zu setzen. Das Führen von Doktortiteln heimischer Universitäten bedarf keiner Genehmigung. Auch der Eintrag eines solchen akademischen Grades in den Personalausweis ist nur eine Formsache, die nicht länger als zehn Minuten dauert.

Auf die Masche mit Titeln bzw. Urkunden deutscher Hochschulen setzen drei verschiedene Gruppen von Anbietern. Einmal sind das so kapitalkräftige Titelhändler wie Hermes Treuhand oder Hitzinger und Co. Sie investieren in ein großangelegtes Direct-Mailing. Per Post offeriert man Doktortitel aus Berlin, Rostock usw. Die sind für rund 40000 DM zu haben.

Computer, Drucker, Fax und Telefon

Außerdem haben sich viele Ein-Mann-Unternehmen etabliert, die deutsche Titel, besser gesagt Urkunden für Preise zwischen 20000 und 30000 DM anbieten. Deren Firmenausstattung ist kaum mehr als ein Telefon, ein Telefax und eine moderne Computeranlage plus Drucker. Schließlich tummeln sich die Promotionsberater auf dem neuen Markt.

Grundsätzlich werden zwei ganz unterschiedliche Angebote gemacht:

1. echte Titel, verliehen von Professoren anerkannter, deutscher, privater und staatlicher Universitäten. Diesen Markt und seine Gesetze stellen wir im nächsten Kapitel vor, in dem es um die verschiedenen Geschäfte der Promotionsberater geht;

2. gefälschte Urkunden anerkannter, deutscher Universitäten, die genaugenommen natürlich keinen akademischen Grad bedeuten.

In diesem Kapitel stellen wir dem Leser das Marktsegment Nummer 2 vor. Es ist eine neue Art des Betruges im weiten Feld der Geschäfte um akademische Grade. Im Vergleich zu den echten käuflichen Titeln deutscher Provenience, bei der auch eine Arbeit (von einem Ghostwriter) verfaßt wird, ist der Verkauf gefälschter Urkunden das momentane Massengeschäft. Hier vertreibt man gut oder weniger gut nachgemachte Urkunden anerkannter, deutscher Hochschulen.

Hermes und die anderen Anbieter flunkern zwar dreist vor, diese Titel stammten tatsächlich von deutschen Universitäten, die sie zum Handel beauftragt hätten. Andere erzählen dieses Märchen: Deutsche Professoren unterzeichnen die Urkunden und verdienen auf diese Weise ein paar Tausender nebenbei. Das ist natürlich alles Quatsch.

Die Dissertation wird angeblich nachgeliefert

Wer sich einigermaßen in der Materie auskennt, muß schon stutzig werden, wenn es heißt: Das Verfassen einer Dissertation ist nicht notwendig. Denn jeden ordentlichen (nicht h.c.-Titel) akademischen Grad erwirbt man ja über diese Arbeit. Ein Exemplar wird im übrigen in die Bibliothek der verleihenden Universität eingestellt und ist dort allen Benutzern zugänglich.

Wer hier kritisch einhakt, bekommt manchmal zu hören: „Natürlich wird eine Doktorarbeit erstellt. Die ist im Preis enthalten. Nach der Verleihung des akademischen Grades wird sie in der Universitätsbibliothek zu finden sein. Dort können Sie sie besichtigen. Ihnen persönlich senden wir später auch ein Exemplar zu. Das Geld übergeben Sie bitte dem Kurier, der die Verleihungsurkunde bringt.“ Wer tatsächlich zahlt, erhält eine gefälschte Urkunde. Auf die Dissertation warten der Kunde und die Universitätsbibliothek natürlich vergeblich.

Trotz dieser offensichtlichen Täuschungsmanöver sind Leute wie Jeschkowski oder die „Dr.-Promotionsberatung“ gut im Geschäft. Auch Hermes hat kräftig Geld abkassiert und wird das morgen unter anderem Namen und anderer Adresse von neuem tun.

Warum haben sie soviel Erfolg? Warum werden die Fälschungen zu einem Massenphänomen? Das liegt unserer Einschätzung nach an der Schlampigkeit mancher deutscher Behörden und der Ahnungslosigkeit vieler Unternehmen.

Paßeintrag mit Garantie

Ich wollte es anfangs nicht glauben und habe einen Test gemacht. Siehe da (Kapitel „Karl L.“, Seite 235 ff.): Die Urkunden zum Preis von 20 000 DM und mehr können gar nicht plump genug sein, als daß sie nicht von den Einwohnermeldeämtern als echt anerkannt würden. Das wissen die Betrüger und geben sogar eine „Garantie“: Man zahlt erst, wenn der Titel im Paß steht.

Das Fatale ist: Wer sich einigermaßen geschickt verhält, der fällt gar nicht auf. Nur der Straßenkehrer, der von heute auf morgen plötzlich einen Doktortitel führt, dürfte Schwierigkeiten bekommen, selbst wenn der akademische Grad bereits eingetragen ist. Wessen Biographie jedoch einigermaßen stimmt, wer Geduld aufbringt, die Aufnahme eines externen Studiums im Bekannten- und Firmenkreis frühzeitig verkündet und nach einem Jahr Karenzzeit den „lang ersehnten und hart erarbeiteten“ Titel (ha ha) führt, der hat gute Chancen, mit seinem Betrug unentdeckt zu bleiben. Fortan kann der falsche Herr Doktor an seiner Karriere weiterbasteln.

Uns wundert eigentlich nur, daß einige Herrschaften überhaupt 20 000 DM und mehr für ein solches an sich wertloses Stück Papier zahlen. Wer selbst die Computertechnik nutzt, kommt im Grunde zum gleichen Ergebnis.

Aber in den Betrieben merkt man doch bestimmt etwas, habe ich zu Anfang meiner Recherchen vermutet und 20 Großunternehmen aus Industrie, Banken und Versicherungen nach ihren Sicherheitsvorkehrungen gefragt, die solche Betrügereien erschweren. Das Ergebnis ist niederschmetternd. Eine Versicherung verlangt von ihren promovierten Bewerbern nicht einmal die Vorlage der entsprechenden Urkunde, geschweige denn die Präsentation der Doktorarbeit.

Selbst Großunternehmen sind ahnungslos

Die Mehrzahl will von ihren promovierten Bewerbern zwar eine beglaubigte Kopie oder die Originalurkunde sehen. Bei der modernen Computertechnik von heute kann jedoch eine „Originalurkunde“ in Heimarbeit hergestellt werden. Eine Möglichkeit, Betrügereien einzuschränken, wäre, sich ein Exemplar der Doktorarbeit bei Bewerbung oder Einstellung vorlegen zu lassen.

Nicht ein einziges der 20 befragten Unternehmen (darunter Siemens, Deutsche Bank, Bayer, BASF, Allianz Versicherung usw. usw.) will grundsätzlich die Doktorarbeit sehen. Neun möchten sie sich nur dann vorlegen lassen, wenn das Thema für das Unternehmen oder die Aufgabenstellung Relevanz hat.

Dies ist schon deswegen sehr erstaunlich, weil eine Person mit einer derartigen Schein-Qualifikation sehr viel Schaden in einem Betrieb anrichten kann. Selbst wenn seine wahrscheinliche Unfähigkeit sich bereits in der Probezeit herausstellt, dürften die vergeblich aufgewandten Personalkosten für diesen Herrn plus die enormen Beträge für die erneute Personalsuche die Grenze von 100000 DM erreichen, in Einzelfällen sicher überspringen.

Die Personalberater in Deutschland verhalten sich diesem Problem gegenüber auch eher zögerlich. Nur einer packte einmal gegenüber dem „Handelsblatt“ aus: Frank Salomon aus Darmstadt. Seit 1988 sind ihm allein fünf derartige Betrügereien bekanntgeworden.

Lebenslauf und Urkunden – alles gefälscht

Einer dieser Fälle, über die das Blatt berichtet:

Wolfram S. bewarb sich per Eigeninserat als „Dipl. Wirtschafts-Ing.“ und MBA (Master of Business Administration), der eine „herausfordernde Führungsaufgabe“ suchte. Sowohl sein illustrer Lebenslauf mit mehreren Positionen in Frankreich und auf dem internationalen Parkett als auch seine Urkunde als Diplom-Wirtschaftsingenieur der Technischen Universität Karlsruhe erwiesen sich als Fälschungen. Das Strafverfahren gegen ihn wurde gegen Zahlung einer Buße von 15000 DM eingestellt.

Der gelernte Werkzeugmacher sah damit grünes Licht zum Weitermachen. Ihn zog es wie viele Scharlatane in Richtung Osten. Tatsächlich setzte man ihn als Sanierer der Motorradwerke Zschopau ein. Dann wurde ihm seine Eitelkeit zum Verhängnis. Auf einem Foto, das ein vollmundiges Interview in einer Fachzeitschrift illustrierte, erkannte Personalberater Salomon seinen alten Kunden wieder und schlug Alarm bei der Treuhand. Größerer Schaden wurde in letzter Minute verhindert. Das Landgericht Stuttgart verurteilte S. 1993 zu zwei Jahren Gefängnis mit drei Jahren Bewährung wegen Untreue und Urkundenfälschung.

Um noch einmal auf die Umfrage zurückzukommen. Bei derart laschen Kontrollen verwundert nicht, daß von 20 befragten Unternehmen 19 keinerlei Unregelmäßigkeiten bei den Bewerbungsunterlagen festgestellt hatten. Nur bei BASF gab es ein Vorkommnis. Da hatte ein gewerblicher Arbeitnehmer das Arbeitszeugnis ein wenig verbessert. Er tauschte einen Absatz gegen einen neuen aus und kopierte das Ganze zu einer neuen Zeugniskopie. Beim Verfassen des neuen Absatzes verwendete er jedoch eine Schreibmaschine, die auffallend andere Typen als das Original hatte. So einfach werden es die gerissenen Fälscher und ihre Kunden den Unternehmen sicher nicht machen.

Hinweis:
Wer sich auf derartige Geschäfte einläßt, hat mit folgenden Konsequenzen zu rechnen:

- *Verstoß gegen § 132 des Strafgesetzbuches, der unberechtigte Titelführung mit Geld- oder Freiheitsstrafe bis zu einem Jahr bestraft.*
- *Wer mit Hilfe eines ihm nicht zustehenden Titels einen Vermögensvorteil erschleicht (Bewerbung, Anstellungsvertrag), macht sich des Betruges im Sinne des § 263 Strafgesetzbuch schuldig.*
- *Vorwurf der Urkundenfälschung durch Gebrauch der gefälschten Urkunde im Rechtsverkehr, selbst wenn einem nicht vorgeworfen werden kann, die Urkunde selbst hergestellt zu haben.*
- *Möglichkeit, heute oder später einmal erpreßt zu werden.*

Hermes Treuhand AG, Lausanne, Salzburg, Karibik

In „absentia" zum Doktor der Philosophie

Diesmal ist es der „Nachtrag", die Seite 4 des Schreibens aus der Schweiz, die Neugierde weckt. Denn da bietet die „Hermes Treuhand Aktiengesellschaft" über ihre Verwaltungsstelle Lausanne/Schweiz drei akademische Grade einer deutschen Universität an. Ein „Doctor rerum oeconomicarum honoris causa" sei für insgesamt 37580 DM zu haben.

Dieser „Dr. h.c." ist zwar wesentlich teurer als die ebenfalls offerierten „Dr. jur", „Dr. rer. oec." und „Dr. rer. nat." (sogar ohne h.c.), die knapp 18000 DM kosten sollen. Doch die stammen, will man dem Briefschreiber glauben, auch ‚nur' von einer argentinischen Universität. Diese Titel in Deutschland anerkannt zu bekommen, das weiß ich bereits aus meinen Erfahrungen mit Händlern wie Kessenich oder Öhlenschläger, könnte schwierig werden.

Um das Angebot abzurunden, gibt es zwischen der hochpreisigen „deutschen Offerte" und der günstigen Lateinamerika-Version noch eine mittlere Preislage. Grade von Schweizer Hochschulen bietet die Hermes AG für gut 26000 DM feil. Doktortitel für jeden Geldbeutel sozusagen.

Ein verlockendes Angebot. Besonders natürlich – aus deutscher Sicht – die Offerte einer heimischen Universität. „Wenn die einen Dr. h.c. in petto haben",

HERMES TREUHAND

AKTIENGESELLSCHAFT

NACHTRAG

VERWALTUNGSSTELLE LAUSANNE
Rue Beau-Séjour 12
CH-1003 Lausanne

========================

Tel.: 021/311.37.56
Fax: 021/311.37.64

An geeignete Interessenten können auch noch von einer deutschen Universität insgesamt drei akademische Grade

Dr. rer. oec. h.c.
Doctor rerum oeconomicarum honoris causa -

zugestanden werden.

Förderbeitrag jeweils DM 35.000,--
zuzüglich Anwaltskosten- und Treuhänderpauschale von DM 2.580,--

Alle Eingaben bitte richten zum Aktenzeichen: 93/U-HUMB/HP

Alle Anfragen werden streng vertraulich behandelt.

VORMALS
ALPENLÄNDISCHE UND MERKUR
TREUHAND ACTIENGESELLSCHAFT VON 1823

so kalkulieren wir, „werden sie sicher auch einen Titel ohne diesen störenden Zusatz besorgen können."

Ich mache mich mal wieder, gut getarnt als Unternehmens- und Personalberater Herbert N., auf den Weg. Genauer gesagt: Da persönliche Treffen unerwünscht sind, müssen wir uns mit Telefonaten und Briefen, per Post oder Fax, zufriedengeben. Aber wer zügig, unkonventionell und nicht einmal so furchtbar teuer einen Doktortitel einer anerkannten deutschen Universität kaufen will, der muß auch zu einem „Promotionsstudium per Post oder Telefon" bereit sein.

Viel Geld für eine aufwendige Direct-Mail-Aktion

Wie kam der Kontakt mit der Hermes Treuhand Aktiengesellschaft zustande? Diese AG mit dem Vertrauen erheischenden Namen, deren Briefpapier zudem noch den Zusatz „vormals Alpenländische und Merkur Treuhand Actiengesellschaft von 1823" ziert, hat im Geschäft mit dem Titelhandel in der Bundesrepublik die bisher wohl aufwendigste Akquisitions-Kampagne durchgeführt. Die meisten Promotionsberater, Titelhändler usw. setzen in erster Linie auf relativ bescheidene Kleinanzeigen in „Welt am Sonntag", „Frankfurter Allgemeine Zeitung", „Die Welt" usw. Eine Ausnahme bildeten da nur die teuren Großanzeigen von „Prof. habil. Prof. Dr. Dr. Claus Schilden". (Siehe Seite 79 ff.) Die gewöhnlichen Annoncen der Titelhändler kosten im Schnitt zwischen 100 bis 500 DM je Stück.

Hermes Treuhand AG gab sich mit ein paar Kontakten, die sich per Anzeigen pro Woche erzielen lassen, nicht zufrieden. Sie wollte in kurzer Zeit sehr viele zahlungskräftige Kunden ansprechen. Aus einer genügend großen Zahl, so das Kalkül, werden schon genügend Titelsüchtige ihrer lukrativen Offerte erliegen, so daß sich auch eine aufwendige und vor allem teure Aktion rechnet.

Also startete Hermes ganz professionell ein kostspieliges Direct-Mailing. Das heißt: Sie kaufte offensichtlich bei speziellen Adressenhändlern für viel Geld gut vorsortierte Namen und Anschriften von solchen Personen, die aufgrund ihres Berufes finanziell in der Lage sind, 15000, 20000 DM oder auch mehr für einen Doktortitel auszugeben. Und zu diesem erlauchten Personenkreis zählt natürlich auch ein Unternehmens- und Personalberater wie Herbert N., ein Freund, der mir seine Identität für die Recherchen „lieh".

Doktortitel nach dem Windhund-Prinzip

Der künftige Doktor soll sich allerdings sputen. „Da aus verständlichen Gründen stets nur eine beschränkte Zahl akademischer Grade verliehen werden können und die Nachfrage sicherlich höher sein dürfte als die Anzahl der zur Verfügung stehenden Grade", schreibt Hermes-Kommerzialrat Dr. F. Hümmler mit Brief vom 10. Juni 1993, „behalten sich unsere Mandantschaften (gemeint sind die Universitäten, der Autor) das Recht vor, in der Reihenfolge des Eingangs unter den Bewerbern eine Anzahl geeigneter Personen auszuwählen". Doktortitel, so scheint es, vergibt die Hermes Treuhand nach dem Windhund-Verfahren.

Dennoch lasse ich bewußt Zeit verstreichen. Ich will einfach nicht glauben, daß es hier wirklich um echte Titel staatlicher deutscher Hochschulen geht. Ein kleiner Test soll Aufschluß geben. Wer Geld will, so das

Kalkül, wird es zu jeder Zeit wollen. Und wenn es eine Doktortitel-Fabrik ist, die gar keine echten deutschen Titel anzubieten hat, wird sie froh sein, ihre wertlosen Urkunden auch ein paar Monate später loszuschlagen. Dann wird sie auf's Windhund-Verfahren pfeifen.

Einige Monate später, am 9. November 1993, mache ich eine Anfrage per Fax, ob Kommerzialrat Dr. Hümmler noch die „Erlangung eines Grades einer deutschen Universität" bewerkstelligen könne. Drei Tage vergehen. Am 12.11. offeriert ein Herr Dr. Mahngold die gewünschten Titel deutscher Universitäten. Es handele sich zwar um ostdeutsche Hochschulen, sagt er, aber eben um die staatlich anerkannten, so daß es keine Probleme mit dem Führen der Grade in der Bundesrepublik gebe. Er nennt die Universitätsstädte Magdeburg und Berlin, genauer gesagt, Ost-Berlin. Dr. med. würde die Universität Rostock verleihen.

Titel aus Berlin ab 35 000 DM

Das schriftliche Angebot folgt am 17. 11. 93. Eine „Deutsche Universität ansässig in Berlin", schreibt Kommerzialrat Dr. R. Mahngold, verleihe „Dr. rer. pol.", „Dr. jur.", „Dr. rer. nat." usw. Sogar zum promovierten Theologen, Mediziner und Zahnmediziner könne man es bringen. Jeder dieser Titel verlange nach einem „Förderbeitrag" in Höhe von 39500 DM plus einer „Treuhänderpauschale" von jeweils 2160 DM. Alle diese Grade sind auch in einer „h.c."-Version zu kaufen und kosten 5000 DM weniger. Wer etwas gegen den Massenbetrieb der Berliner Universität einzuwenden hat, der kann sich auch für die gleichen Titel einer „Universität ansässig in Mecklenburg Vorpommern" entscheiden. Deren ordentliche und h.c.-Ausführungen sind allerdings auch rund 2000 DM teurer.

Zwei Tausender hin oder her – darauf kommt es mir nun wirklich nicht an. Soviel Geld habe ich für diese Recherche sowieso nicht. An einem Titel habe ich persönlich auch kein Interesse. Was mich dagegen brennend interessiert, sind Antworten auf die Fragen:

– Kungeln da tatsächlich irgendwelche habsüchtigen Professoren mit zwielichtigen Gestalten, opfern also die altehrwürdigen deutschen Doktortitel für schnöden Mammon auf dem Altar irgendwelcher Titelhändler?

– Wollen unter Umständen ostdeutsche Professoren, die von den neuen Kultusministern wegen ihrer DDR-Vergangenheit auf's Abstellgleis geschoben werden, noch eine schnelle Mark machen?

„In drei Wochen geht alles über die Bühne"

Dieser Verdacht scheint sich zunächst zu erhärten. Denn Dr. Mahngold drückt ungeheuer auf's Tempo. Mehr als mir lieb ist. „In drei Wochen", sagt er am 24. 1. 93 um 10 Uhr morgens am Telefon, ginge alles über die Bühne. Die Eile erklärt er folgendermaßen: „Die Universitäten wollen zum Jahresende noch so viel wie möglich an Fördermitteln hereinbekommen. Im nächsten Jahr haben sie wieder einen anderen Haushaltsplan. Dann sieht die Sache wieder ganz anders aus."

Heißt das vielleicht verklausuliert: Die alten Professoren haben nur noch bis Ende dieses Jahres Zugriff auf Urkunden, Stempel etc., weil sie ab Januar im Zwangsurlaub sind? Das werden die nächsten drei Wochen zeigen.

Zunächst einmal liefere ich Anfang Dezember 93 per Fax und per Post all das, was Mahngold verlangt: Abiturzeugnis und Hochschuldiplom meines Freundes Klaus-Peter Adolf, der bei den Recherchen hilft. Wir versehen das Antragsformular mit seinen Daten. Erst später, hat Mahngold aufgetragen, muß die Diplomarbeit meines Klienten nachgeliefert werden. Die soll anstelle der Doktorarbeit in der Uni-Bibliothek stehen, wie es sich gehört.

Originalton Mahngold: „Wir müssen bei der Universität eine Dissertationsschrift hinterlegen. Die wird dort in der Universitätsbibliothek eingestellt unter dem Namen des Rezipienten. Falls einmal von irgendeiner Seite nachgeprüft wird, ob er da seinen akademischen Grad erworben hat, ob er da studiert hat, dann kann da ruhig an der Universität angerufen werden. Man wird mit dem Registrar verbunden. Derjenige, der eine Auskunft haben will, bekommt vom Registrar bestätigt: Jawohl, das ist hier eingetragen. Die Dissertationsschrift liegt hier vor unter diesem Thema."

Wie sich die Spreu vom Weizen trennt

Ich habe diese Gesprächspassage so ausführlich wiedergegeben, weil sich an diesem Punkt im Doktortitel-Handel die Spreu vom Weizen trennt. Wie der Leser in einigen späteren Kapiteln erfährt, tauchen in jüngster Zeit Fälschungen von Promotionsurkunden staatlicher deutscher Universitäten auf. Deren Qualität ist zumindest so hoch, daß fast jeder, der damit dreist zum Einwohnermeldeamt marschiert, den vermeintlichen Dr.-Grad innerhalb weniger Wochen in seine Personalpapiere eingetragen bekommt.

Falls jedoch zu irgendeinem Zeitpunkt Zweifel an der Rechtmäßigkeit des (käuflich) erworbenen Titels auftauchen, offenbart sich die Lücke im Betrugssystem. Es genügt ein Anruf bei der betreffenden Hochschule, von der die Urkunde angeblich stammt, und es kommt heraus: Hier hat weder das Promotionsverfahren des Herrn X oder der Dame Y stattgefunden, noch läßt sich in der Uni-Bibliothek eine Dissertation unter dem auf der Urkunde verzeichneten Titel finden.

Wenn Hermes nun sogar eine Diplomarbeit verlangt, die in der ostdeutschen Universität als Dissertation fungieren soll, um die besagte Lücke zu schließen, scheint Götterbote Hermes doch mehr im Gepäck zu haben, als irgendwelche wertlosen Urkunden.

Doktortitel mit Mengenrabatt?

Mahngold ist ein wirklich guter Telefonverkäufer. Mit seiner angenehmen Tenorstimme wickelt er sicher viele Leute ein. Jedes Gespräch wird zur netten Plauderei. „Ich war für ein paar Tage in Mittelamerika und habe dort einige Minister getroffen“, sagt er gutgelaunt und fast beiläufig. Wenn ich mal Interesse an Diplomaten-Pässen hätte, ein Anruf bei ihm genüge.

Ob er deshalb so ausgesucht höflich zu mir ist, weil ich ihm nach Abwicklung des ersten Geschäfts noch andere Kunden in Aussicht gestellt habe? Meine Mühe soll jedenfalls nicht umsonst sein. „Sie müssen nur dafür sorgen, daß die beiden Herrn einzahlen, beziehungsweise an Sie bezahlen, und Sie zahlen an mich“, rät er fast fürsorglich. „Sie werden ja sicherlich einen anderen Förderbeitrag machen, als ich Ihnen gemacht habe.“ Da fordert er mich doch tatsächlich auf, mit ihm ins Boot des Titelhandels zu steigen und Provisionen zu kassieren.

Tage vergehen, sogar Wochen. Das Jahr geht zu Ende – ohne daß die angeblichen deutschen Universitäten die dringend notwendigen Fördermittel, nicht ganz selbstlos spendiert von titelhungrigen Zeitgenossen, in Empfang nehmen wollen. Sollte Mahngold irgendwie Lunte gerochen haben? Ist meineTarnung aufgeflogen?

Nein, zum Glück nicht. Am 14. Januar 94 kommt die freudige Nachricht, diesmal nicht aus Lausanne, sondern aus Salzburg. Dr. Mahngold teilt mit:

„In vorbezeichneter Angelegenheit nehmen wir Bezug auf Ihr Gesuchsschreiben vom 5. Dezember 1993 und freuen uns, Ihnen heute mitteilen zu können, dass das Rektorat unserer deutschen Mandantschaft Ihrem Gesuch stattgegeben hat und ihnen mit Entscheid vom 14. Januar 1994, und zugleich mit Wirkung von diesem Tage ab, ‚in absentia' den folgenden akademischen Grad verliehen hat:

Dr. phil.
– Doctor philosophiae –

Wir sind im Besitz der ordnungsgemäß unterfertigten und gesiegelten Urkunde sowie eines von der Universität ausgewählten Zertifikats über die Verleihung des vorbezeichneten akademischen Grades. Das Zertifikat ist notwendig und dient zur Vorlage bei Meldebehörde und Standesamt zum Zwecke der Ergänzung Ihrer Personenstands- und Personalausweispapiere.

In der Sache selbst erbitten wir nunmehr Ausgleich vorzunehmen entsprechend anliegender Kostennote.

Innerhalb von drei Tagen nach Eingang der Zahlung werden wir die Aushändigung der kompletten Dokumentation per Kurierzustellung veranlassen …“

Jetzt heißt es also, Farbe bekennen, eingestehen, daß die geforderten 43460 DM für den Dr. phil. nicht da sind. Oder läßt sich das Rad noch ein bißchen weiterdrehen? Drei Dinge im Schreiben machen stutzig. „Wieso“, frage ich einen Experten der Bonner Hochschulrektorenkonferenz, „ist ein Zertifikat zur Vorlage bei den Meldebehörden notwendig, um den Dr.-Grad in den Paß eintragen zu lassen, wenn es sich wie angegeben tatsächlich um eine deutsche Universität handelt?“ Die ernüchternde Antwort aus Bonn: „Ein solches Zertifikat ist nicht nötig. Die Original-Urkunde oder eine notariell beglaubigte Kopie langen allemal.“ Also doch nur eine Fälschung? Alles ein großangelegter Bluff?

Punkt zwei, der die Zweifel an der „Seriosität“ des Herrn Dr. Mahngold und seiner Hermes Treuhand verstärkt: In der beigefügten Kostennote soll ich „Ausgleich“ nehmen auf ein Anderkonto der Bank Austria in Feldkirch/Österreich. Von dieser Bank möchte ich wissen, ob es sich bei dem Konto tatsächlich um ein Treuhandkonto handelt. Doch die verweist auf das „österreichische Bankgeheimnis“. Recherchen ergeben zudem, daß eine Hermes Treuhand Aktiengesellschaft weder in Salzburg noch in Lausanne registriert ist.

Das Spiel mit immer neuen Namen beginnt

Punkt drei: Als Kontoinhaber tauchen plötzlich Namen der Rechtsanwälte „Wahrig von Maydell & Heyck“ auf, von denen vorher nie die Rede war. Genausowenig wie von „Hain von Wyk Forrester & Meyer". Zu allem Überfluß hat ein P. Weber das Blatt unterzeichnet.

Das ist mir dann doch ein zu großes Verwirrspiel. In scharfem Ton frage ich per Fax:

„– Wer zum Teufel sind die in der Kostennote erwähnten ‚Wahrig von Maydell & Heyk' oder auch ‚Hain von Wyk Forrester & Meyer', und wo sind die zugelassen und wie stehen Sie bzw. ich mit denen in Verbindung?

– Wo ist der Sitz der Hermes Treuhand AG?

– Wieso benötige ich ein Zertifikat? Das ist bei einer deutschen Uni nicht notwendig."

Zudem fordere ich Mahngold auf, die Doktortitel-Urkunde vorab wenigstens zur oberflächlichen Prüfung herüberzufaxen. Nach dieser „Peitsche" locke ich mit dem finanziellen „Zuckerbrot": „Auch die beiden anderen Interessenten haben nun ihre Unterlagen zugesandt, und wir könnten diese Fälle rasch abwikkeln."

Mahngolds Ton am Telefon ist diesmal – wie nicht anders zu erwarten war – eher forsch. Das Timbre in seiner Stimme ist gänzlich verschwunden. Befriedigende Antworten gibt er keine. Der Sitz der Hermes Treuhand AG, so läßt er sich entlocken, befinde sich auf einer Karibik-Insel. Im übrigen, so teilt er dann noch (mit all den Schreibfehlern) am 11.2.94 mit, „besteht gegenwertig eine Warteliste und viele Interessenten benötigen einen akademischen Grad dringend für ihr berufliches Fortkommen. Dieses gilt besonders für in mittel Deutschland ansäßige Interessenten." Mag sein, die Bürger aus den neuen Bundesländern kennen derartige Machenschaften noch nicht.

Gefälschte Urkunden beunruhigen die Humboldt-Uni

Nur wenige Tage später bringt das Nachrichtenmagazin „Focus" eine Story über „Doktor-Titel-Handel in der Bundesrepublik". Und über Herrn Mahngolds Hermes Treuhand ist zu lesen: „Die Humboldt-Universität zu Berlin (HUB) bangt um ihren guten Namen." Immer mehr erstaunte Anrufe seien in den letzten Wochen bei der Hochschulleitung eingegangen. Man wollte wissen, was es mit den seltsam aussehenden „Zertifikaten" über verliehene Doktortitel auf sich habe.

„Focus" kommt zum richtigen Schluß: Alles gefälscht. Die Urkunde ist eine Fälschung der Hermes Treuhand, die Mahngold und Co. für 43 000 DM unters Volk brachten.

Mahngold, das zeigt sich bei genauerem Hinsehen, hat trotz der enormen Summe einfach furchtbar schlampig gearbeitet. Er läßt am 19.4.1993 diese Urkunde von einem „Rektor" unterschreiben. Das ist einmal die falsche Amtsbezeichnung. Und: Seit Sommer 1992 hat die HUB eine Präsidentin, Frau Prof. Dr. Marlis Dürkop.

Hermes macht ganz einfach weiter

Noch ein kurzes Nachspiel. Eigentlich, sollte man meinen, müßte Mahngold mitsamt seiner Hermes Treuhand nun vor Scham in den Boden versinken oder aus Furcht vor strafrechtlichen Konsequenzen auf dem Weg in die heimatliche Karibik sein. Oder ist er so dreist und geht – „Focus" hin, „Focus" her – weiter seinem betrügerischen Gewerbe nach?

Ich wage spaßeshalber einen kleinen Versuch und frage am 21.2.94 ganz naiv – diesmal wieder höflich – an, ob denn die Doktortitel für unsere Klienten wirklich

DIE

HUMBOLDT-UNIVERSITÄT ZU BERLIN

VERLEIHT

HERRN

geb. am in

DEN AKADEMISCHEN GRAD

Doctor medicinae honoris causa

(Dr. med. h.c.

NACHDEM ER SICH AUF DEM GEBIET

ALLGEMEINE MEDIZIN UND CHIROPRAKTIK

AUSSERORDENTLICH UM WISSENSCHAFT
FORSCHUNG UND LEHRE
VERDIENT GEMACHT HAT

Berlin, den 19. April 1993

DER REKTOR

DER DEKAN
DER MEDIZINISCHEN FAKULTÄT

echt seien. Und genauso nett kommt tatsächlich die Antwort Mahngolds nur einen Tag später: „Alle von dieser Hochschule verliehenen Grade sind in der Bundesrepublik Deutschland uneingeschränkt anerkannt." Und er lügt dreist weiter: „Bei der Trageberechtigung gibt es keine behördlichen Probleme."

Nachdem der Beweis erbracht ist, daß die Hermes Treuhand trotz der „Focus"-Veröffentlichung ihren allem Anschein nach lukrativen Schurkereien weiter nachgeht, möchte ich eigentlich nichts mehr von ihr wissen. Doch Mahngold läßt nicht locker. Am 15. März fordert er in barschem Ton „dringendst eine Stellungnahme", ob wir den auf uns wartenden Titel gegen Zahlung der 43 000 Märker nun haben wollten oder nicht.

Ich kleide meine Antwort in eine Gegenfrage. Ich will ganz einfach wissen, ob die Qualität der angebotenen Urkunde „höher ist als jenes Schmuckstück, das das Magazin ‚Focus' ziert?"

Seitdem habe ich von Herrn Kommerzialrat Dr. Mahngold und der Hermes Treuhand AG nichts mehr gehört.

Advokaturskanzlei von Hitzinger & Co., Pretoria

Ein Verwirrspiel mit Namen, Unterschriften, Orten

Eine frohe Botschaft erreicht Personalberater Herbert N. im November 1992 aus Südafrika, genauer gesagt Pretoria. „Vertraulich", teilt die in Wien, Luxemburg, Stockholm, Pretoria, Rio de Janeiro, ja selbst in Washington residierende Advokaturskanzlei der Herrschaften von Hitzinger, Adler, Knudsen auf grünlichem Büttenpapier mit: Britische und schweizerische Universitäten hätten ihnen das Mandat erteilt, nach „geeigneten Förderern" Ausschau zu halten. „Als selbständig tätiger Unternehmensberater" sei ich dazu auserkoren.

„Im Gegenzug", so schreiben sie, „sind die Mandantschaften bereit, ... ihrerseits akademische Grade zu verleihen." Gegen Bares. Das versteht sich von selbst.

Im ersten Anschreiben wenden diese Titelhändler einen beliebten psychologischen Trick an, der mir schon an anderer Stelle begegnete. (Siehe das Kapitel „Dr. Doe", Seite 72 ff.) Sie bringen Namen bekannter Persönlichkeiten ins Spiel, die freilich gar nichts mit ihnen zu tun haben.

Man bezweckt damit zweierlei. Einmal machen sich die Titelhändler dadurch selbst wichtig, spielen sich auf, vertrauen darauf, daß der Leser diese Angaben nicht überprüft. Zum anderen wollen sie bei Interessenten den Gedankengang provozieren: „Wenn selbst

ADVOKATURSKANZLEI

von HITZINGER • ADLER • KNUDSEN

RECHTSANWÄLTE - NOTARE
INTERNATIONAL ATTORNEYS AT LAW

WIEN • LUXEMBOURG • STOCKHOLM • PRETORIA • RIO DE JANEIRO • WASHINGTON

OFFICE: PRETORIA , 4.11.1992

P. O. BOX 9686
PRETORIA
ZA - 0001
SOUTH AFRICA

Vertraulich

Germany

FINANZIERUNG VON STUDIEN- UND FORSCHUNGSPROJEKTEN
Promotion vor juristischer, geisteswissenschaftlicher, naturwissenschaftlicher oder wirtschaftswissenschaftlicher Fakultät

Sehr geehrter Herr

wir wenden uns an Sie in Ihrer Eigenschaft als selbständig tätiger Unternehmensberater, sofern Sie ordnungsgemäß als solcher niedergelassen sind und dieser Tätigkeit hauptberuflich seit mindestens einem Jahr nachgehen.

Unsere Mandantschaften sind zwei staatlich anerkannte und renommierte Universitäten, beide zählen seit mehr als zwei Jahrzehnten zu unserer ständigen Klientele. Es handelt sich dabei im einzelnen um eine britische und um eine in der Schweiz ansässigen Hochschule. Beide Universitäten führen regelmäßige Studien- und Forschungsprojekte im In- und Ausland durch. Bei verschiedenen dieser Studien- und Forschungsprojekte erhalten wir Treuhandmandat. Es handelt sich hierbei jeweils um aus aktuellem Anlaß eingeschobene Projekte, für welche keine staatlichen Haushaltsmittel mehr bereit gestellt werden konnten. Unserem Hause ist seitens der Mandantschaften der Auftrag erteilt worden, in ihrem Namen nach geeigneten Förderern Ausschau zu halten. Im Gegenzuge sind die Mandantschaften bereit, an eine Reihe ausgewählter und geeigneter Förderer ihrerseits akademische Grade zu verleihen. Die hier in Rede stehenden akademischen Grade sind ausnahmslos geeignet für selbständige Freiberufler, leitende Angestellte oder höhere Beamte, die nach beruflicher Qualifiktion nicht promovierten aus welchen Gründen auch immer, jedoch durch gesammelte Lebens- und Berufserfahrung eigentlich hierfür die Voraussetzung erfüllen.

Ferner ist es von immenser Bedeutung , daß der Interessent über einen Leumund und Charakter verfügt, die über jeden Zweifel erhaben sind.

Dem Bewerber stehen die nachfolgenden akademischen Grade zur Wahl, wobei wir erwähnen wollen, daß es sich hierbei um die lateinische Schreibweise handelt und die Grade auch in dieser Form verliehen werden. Sämtliche Grade stehen auch in der Form "**honoris causa**" (**h.c.**) zur Verleihung offen:

/2

DR. IUR. ET LIC. OEC. JÜRGEN VON HITZINGER DR. IUR. MAXIMILIAN ADLER DR. IUR. OLAF KNUDSEN die berühmten Leute ihre Titel gekauft haben oder sich beim ‚Erwerb' helfen ließen, dann wird das wohl nichts Unrechtes sein! Oder?"

Von Hitzinger und Co. brennen geradezu ein Feuerwerk von Namen bekannter Persönlichkeiten ab. Sie erwähnen Dr. Robert Schumann, den ersten Präsidenten des Europäischen Parlaments, Dr. Carlos Menem, den Präsidenten der Republik Argentinien, und Dr. Hanns-Martin Schleyer, den ehemaligen Präsidenten der Arbeitgeberverbände. Die Verstorbenen, Schleyer und Schumann, werden keine Auskunft geben. Und wer macht sich schon die Mühe, Menem nach Argentinien zu schreiben?

Diese Herren, schreiben die werten Anwälte, sowie Vorstandsmitglieder von „Bayer, Grundig, Hoechst, Opel, Siemens", promovierten angeblich „vor unseren Mandantschaften oder tragen deren Ehrendoktorwürden".

Ganz genau genommen, behaupten die Briefschreiber nicht einmal, daß die erwähnten Persönlichkeiten ihre Titel gekauft haben. Sie hätten bei den Mandanten Hitzingers, also Universitäten, promoviert oder von ihnen Dr.h.c.-Titel verliehen bekommen. Das entspricht sicher der Wahrheit, weil Schumann, Schleyer oder auch Menem sicher rechtmäßig ihre Titel bei angesehenen Universitäten erworben haben. Nur werden diese Unis bestimmt nicht irgendwelchen Gestalten wie Hitzinger und Co. „Mandat erteilen", Doktortitel gegen Bares zu vermitteln.

Doch diese wie andere Textpassagen muß man einfach zweimal lesen, um nicht in die psychologischen Fallen zu tapsen, die Hitzinger und Co. aufstellen. Sie wollen eben doch den Eindruck vermitteln, hier habe man es mit ehrenwerten Persönlichkeiten zu tun, die auch für Prominente tätig sind.

Hier sind keine Stümper am Werk

Die südafrikanischen Titelhändler bedienen sich in der Korrespondenz übrigens einer wirklich seltsam anmutenden, sehr gestelzten Ausdrucksweise. Auch das hat Methode. Die bürokratisch klingende Sprache soll wohl herüberbringen: „Hier lieber Leser, hast du es nicht mit irgendeinem zweitklassigen Titelhändler aus der Eifel (siehe das Kapitel „Schilden", Seite 79 ff.) zu tun, der nicht immer der korrekten deutschen Sprache mächtig ist. Hier schreiben dir international tätige Rechtsanwälte mit Büros auf drei Kontinenten."

Nur wenige akademische Grade erhältlich

Das ist, wie sich später zeigen wird, natürlich weitgehend Unfug. Aber die Briefschreiber glauben anscheinend, daß international operierende Anwälte so formulieren würden und die Leser genau das von ihnen erwarten.

Eine Kostprobe gefällig? „Nota bene: Da, wie bereits ausgeführt, die Nachfrage erwartungsgemäß höher sein dürfte als die zur Verfügung stehenden akademischen Grade und Auszeichnungen, e m p f e h l e n wir Ihnen, dem beiliegenden Gesuch untermauernde Angaben Ihrer Reputation beizufügen (Ablichtungen von Zeugnissen, Zertifikaten, Urkunden etc. sowie ihren handschriftlich abgefaßten Lebenslauf)."

Auch dieses Verlangen dient nur dazu, einen Schein von Seriosität zu vermitteln. Es ist in Wirklichkeit nicht so ernst gemeint. Später nämlich, als es konkreter wird, lassen von Hitzinger und Co. diese Forderungen ganz unter den Tisch fallen. Da ist nur noch von Geld die Rede, vom Treuhandkonto, von der Übergabe der Papiere usw. Dann kommt es auf die vorher so ausführlich geforderte „Reputation" der werten „Klientele" nicht mehr an.

Es zeigt sich: Obwohl die Nachfrage nach derartigen Titeln angeblich höher ist als die zur Verfügung stehenden Grade, gibt es schließlich sogar fast eineinhalb Jahre später noch schöne Titel. Da schwant einem schon: Papier ist geduldig. Wer wahrscheinlich nur Urkunden druckt, ohne daß die – wie behauptet – staatlichen deutschen Universitäten involviert sind, dem stehen so lange ‚Grade zur Verfügung', wie ausreichend Druckerschwärze und Papier vorhanden sind.

Als ich nach zahlreichen Briefen immer noch kein Geld zu überweisen bereit bin und sogar allen Ernstes wissen möchte, ob die Urkunden nicht gefälscht seien, da verliert der unterzeichnende „Dr. jur. Rainer Gräbner" einmal fast die Contenance und findet sogar ausnahmsweise zu einer sehr deutlichen Sprache. Er vergißt sein gestelztes Geschwafel, ohne freilich die in diesem Gewerbe gebotene Höflichkeit vermissen zu lassen: „Mit derartigen Unterstellungen bitten wir äußerst vorsichtig zu sein."

Von Hitzinger, Adler und Knudsen, die sich stets per Brief oder Fax aus Südafrika melden, haben Doktortitel aus der Schweiz für knapp 20000 DM (einschließlich 920 DM Treuhändlerpauschale) zu bieten. Die h.c.-Version ist mit 14580 DM deutlich günstiger. Wer noch billiger zu akademischen Ehren kommen möchte, entscheidet sich unter Umständen für die Offerten aus Großbritannien. Ein Dr. phil. ehrenhalber kostet nur 9 810 DM.

Auch deutsche Titel im Angebot

Da ich aber in dieser Phase der Recherche nur an Doktortiteln deutscher Universitäten Interesse habe, frage ich mal höflich nach, ob man mir da von Südafrika aus auf die Sprünge helfen könne. Man kann. Ein „Dr. rer oec." oder ein „Dr. phil." made in Germany ist natürlich, wie nicht anders zu erwarten war, deutlich teurer. Neben einer Vermittlungspauschale von 1500 DM sind 30000 Märker für einen Doktorgrad ehrenhalber und 40000 für einen ordentlichen Grad zu zahlen.

Diese Offerte vom 16.11.1993 lasse ich erst einmal unbeantwortet. Denn in diesen Wochen verhandeln wir eifrig mit der Hermes Treuhand AG (siehe das vorhergehende Kapitel), die unserem Klienten schließlich auch zu akademischen Weihen verhelfen möchte. Und für zwei Doktorhüte ist sein Kopf einfach zu klein.

Es ist noch etwas anderes, was nachdenklich stimmt. Beim Vergleich der Post von Hermes und Hitzinger wird man einfach den Verdacht nicht los, daß die südafrikanische Rechtsanwaltskanzlei und die schweizerische AG ein und derselbe Anbieter sind oder die zwei zumindest eng zusammenarbeiten. Beide Titelhändler-Unternehmen sprechen ihre potentiellen Kunden per Direct-Mailing an. Die Unterschiede, was die Preise oder die Voraussetzungen zur Erlangung der vermeintlichen Grade angeht, sind minimal. Während es bei von Hitzinger genügt, ein Jahr freiberuflich tätig zu sein, sind es bei Hermes zwei Jahre. Wo bei dem einen von britischen und schweizerischen Hochschulen die Rede ist, versprechen die anderen Titel von einer argentinischen und einer schweizerischen Hochschule.

Stecken von Hitzinger und Hermes unter einer Decke?

Was noch stutziger macht: Ganze Textpassagen stimmen zwischen beiden Briefschreibern sinngemäß überein.
Hermes formuliert: „Unabdingbares Erfordernis ist ferner, dass der Interessent über ein geeignetes Persönlichkeitsbild verfügt und unbescholtenen Charakters ist.“

Von Hitzinger und Co. schreiben:
„Ferner ist es von immenser Bedeutung, daß der Interessent über einen Leumund und Charakter verfügt, die über jeden Zweifel erhaben sind.“

Und es ist doch mehr als ein Zufall, daß sich in beiden Briefen folgender Bandwurmsatz mit 40 Worten (!) findet, der sich nur in einem einzigen Wort bei dem einen vom anderen unterscheidet:

> Auftrag erteilt worden, in ihrem Namen nach geeigneten Förderern Ausschau zu halten. Im Gegenzuge sind die Mandantschaften bereit, an eine Reihe ausgewählter und geeigneter Förderer ihrerseits akademische Grade zu verleihen. Die hier in Rede stehenden akademischen Grade sind ausnahmslos geeignet für selbständige Freiberufler, leitende Angestellte oder höhere Beamte, die nach beruflicher Qualifiktion nicht promovierten aus welchen Gründen auch immer, jedoch durch gesammelte Lebens- und Berufserfahrung eigentlich hierfür die Voraussetzung erfüllen.

Hermes

> *Im Gegenzuge sind die Mandantschaften bereit, an eine Reihe ausgewählter und geeigneter Förderer ihrerseits akademische Grade zu verleihen. Die hier in Rede stehenden akademischen Grade sind ausschliesslich geeignet für Freiberufler, leitende Angestellte oder höhere Beamte, die nach beruflicher Qualifikation nicht promovierten- aus welchen Gründen auch immer- jedoch durch gesammelte Lebens- und Berufserfahrung eigentlich hierfür die Voraussetzung erfüllen.*

von Hitzinger

„Die hier in Rede stehenden akademischen Grade sind ausnahmslos (beim anderen heißt es ‚ausschließlich') geeignet für selbständige Freiberufler, leitende Angestellte oder höhere Beamte, die nach beruflicher Qualifikation nicht promovierten aus welchen Gründen auch immer, jedoch durch gesammelte Lebens- und Berufserfahrung eigentlich hierfür die Voraussetzung erfüllen."

Der Verdacht, daß hier ein Spiel über mehrere Banden gespielt wird, erhärtet sich einige Wochen später. Da erhalte ich von einer Journalistin Briefe der Unternehmensberater „Jaeger La Roche" aus Luzern, die einem Münchner Dipl.-Ing. eine Promotion an einer technischen und/oder naturwissenschaftlichen Fakultät anbieten. Auch hier sind es Leute von „Rang", die von den „Mandantschaften" Ehrendoktortitel tragen. Wieder begegnen uns Dr. Robert Schumann und Carlos Menem aus Argentinien.

Sogar Dr. h.c. Bill Clinton …

Jaeger La Roche, alias Hermes, alias von Hitzinger, alias X, Y, Z hauen diesmal noch mehr auf die Pauke. Selbst der „jetzige Präsident der Vereinigten Staaten von Amerika, Dr. h. c. Bill Clinton" habe seinen Ehrendoktor von der Uni, in deren Auftrag Jaeger La Roche nun gegen Barzahlung neue Doktoren keilen will.

Bei der oben zitierten Textstelle haben sich die Titelhändler diesmal nur wenig mehr Mühe gemacht, die Passage gekürzt und ein paar Worte durch andere ersetzt. Diesmal lautet sie:

„Die hier in Rede stehenden akademischen Grade sind ausschließlich geeignet für Freiberufler in technischen und naturwissenschaftlichen Berufen, die nach beruflicher Qualifikation nicht promovierten – aus welchen Gründen auch immer – jedoch durch gesammelte Lebens- und Berufserfahrung eigentlich hierfür die Voraussetzung erfüllen."

Die Briefe enthalten selbstverständlich immer andere Unterschriften. Da sind die von Südafrika, Österreich und der Schweiz aus operierenden Titelhändler sehr einfallsreich. Bei Hermes ist meistens ein Kommerzialrat Dr. Mahngold der Unterzeichner. Ab und zu taucht auch ein Kommerzialrat Dr. jur. F. Hümmler auf. Bei von Hitzinger und Co. zeichnet meist ein Dr. jur. Rainer Gräbner verantwortlich. Bei Jaeger La Roche unterschreibt lic. oec. Barbara Jansen.

Ein Verwirrspiel, das die Spieler selbst verwirrt

Doch manchmal, so hat es den Anschein, verwirrt das andauernde Erfinden neuer Namen, Adressen, Unterzeichner, mit dem sich die Titelhändler um den akademischen Nachwuchs bemühen, die Händler selbst, und sie erzeugen versehentlich Dubletten. So schreibt die „Süddeutsche Zeitung" im April 94 von einem Werbefeldzug einer „European University Union" (wieder ein neuer Name). Die hätte von Universitäten den Auftrag erhalten, „nach geeigneten Förderern Ausschau zu halten" (die alte Masche). Als Unterzeichner wird genannt: „Dr. jur. Ferdinand Hümmler". Ob das der gleiche Herr Hümmler ist, der auch bei Hermes unterzeichnet?

Zufall oder nicht? Sicher nicht. Es gehört bei diesen Herren höchstwahrscheinlich zum System. Dafür spricht folgende Erfahrung: Einige Titelhändler wollen ihre „Kandidaten" meist schon deswegen gern persönlich kennenlernen, um besser einschätzen zu können, wen sie da vor sich haben. Aufgrund ihrer guten Menschenkenntnis wissen sie rasch:

– ob der Kandidat Mut genug hat, auch mit einer Phantasie- oder gefälschten Urkunde zum Einwohnermeldeamt zu marschieren, um sich dort den falschen Titel eintragen zu lassen.

– Ob er Traute hat, die Händler gegebenenfalls wegen Betrugs anzuzeigen.

– Ob er nach viel oder wenig Geld aussieht, um einen angemessenen Preis zu bestimmen

– oder ob der vor ihnen sitzende Interessent nach Staatsanwalt, Kriminalbeamtem oder Journalist aussieht.

Bei Hermes/von Hitzinger/Jaeger La Roche oder wie auch immer sich die Händler nennen, denen wir in diesem und den vorhergehenden Kapiteln begegnet sind, ist das ganz anders. Die wollen niemandem ins Gesicht sehen. Wohl auch deshalb nicht, um nicht selbst in den verschiedenen Rollen entdeckt zu werden.

Oder wie Dr. Gräbner vielsagend formuliert: „Wir dürfen darauf aufmerksam machen, daß aufgrund des absoluten Diskretionsangebotes, sämtliche Korrespondenz ausschließlich schriftlich“ zu erfolgen habe. „Wie soll Korrespondenz auch sonst erfolgen?“ möchte man den hochgebildeten Herrn Dr. jur. Gräbner fragen. Aber wir wissen ja, was gemeint ist.

Geringes Interesse ausländischer Behörden

Warum machen diese Leute eigentlich so ein Versteckspiel? Wahrscheinlich ist: Wer das Geld zahlt, erhält – wenn überhaupt – wertlose, gefälschte Urkunden oder Papiere von Phantasie-Universitäten. Wer sich betrogen fühlt und die Staatsanwaltschaft einschaltet, kommt nicht recht weiter. Denn deren Kollegen in der Schweiz oder auch Südafrika dürfte es ziemlich egal sein, wenn titelsüchtige Deutsche auf irgendwelche Gauner hereingefallen sind. Zumal in den meisten Ländern der Erde „Titelhandel“ weder verboten noch Straftatbestand wie bei uns ist.

Wie hoch ist die Motivation eines vielbeschäftigten Staatsanwaltes in der Schweiz, in Österreich oder Südafrika, nach Leuten zu fahnden, von denen nur die (wahrscheinlich erfundenen) Nachnamen bekannt sind? Die werden sich denken: Wir haben Wichtigeres zu tun, als geschädigten deutschen Titelsüchtigen zu helfen, ihr Geld zurückzubekommen. Das wissen Hermes oder Hitzinger und Co. natürlich genau und operieren deswegen vorsichtshalber vom Ausland aus.

Was ist eigentlich von Hitzingers Offerte zu halten? Schon wegen der Parallelität zu Hermes Treuhand mit ihren gefälschten Urkunden sollte man auf jeden Fall die Finger davon lassen. Wir erinnern uns: Hermes hatte plumpe Fälschungen der Humboldt-Universität zu Berlin unter die Leute gebracht. Doktortitel von Hitzinger, Adler und Knudsen, die sich auf die fünf „zur Verfügung stehenden Grade“ der deutschen Universität bezogen, konnten bestellt werden unter dem Aktenzeichen: 5/Dok/Humb/92 …

Wir haben übrigens wirklich lange nach der international operierenden Advokaturskanzlei mit Sitz in Südafrika gesucht. Im Handbuch der Anwälte für Südafrika, dem „Horthes Legal Diary“, ist weder eine Kanzlei dieses Namens verzeichnet, noch enthält es die Namen der Partner. Merke: Ein Postfach kann jeder eröffnen.

P.S. Im Juli 1994 bieten per Post Titelhändler aus den Niederlanden deutschen Sachverständigen per Direct-Mail Doktorgrade aus Deutschland, Tschechien, Großbritannien und der Schweiz an. Die Werbebriefe sind mit denen von Hermes, Hitzinger und Jaeger La Roche weitgehend identisch. Diesmal heißen die Absender „von Steinfels & Partner“.

Hinweis:
Zu den Risiken und Konsequenzen im Geschäft mit derartigen Herrschaften lesen Sie bitte den Kasten auf Seite 208.

Promotionsberater Dr. Karl L., Hamburg

„Mit einer plumpen Fälschung zum gleichen Ergebnis“

„Dr. Karl L.?“

„Warum nennt er in diesem Kapitel nicht Roß und Reiter, wie in den anderen Kapiteln auch?“ wird sich der Leser nun fragen. Die ehrliche Antwort lautet: aus Sicherheitsgründen. Ich habe mich auf einen Titelhändler, einen Betrüger, eingelassen, um zu überprüfen, ob deutsche Ämter es zwielichtigen Gestalten tatsächlich ganz einfach machen, ihren Geschäften nachzugehen. Das tun sie. Davon wird in diesem Kapitel zu berichten sein.

Ein angeschmierter Betrüger, der auch noch bloßgestellt wird? Ein unkalkulierbares Risiko, gerade auch angesichts der Schlafmützigkeit einiger deutscher Behörden. Zu meiner Sicherheit und der meiner Helfer bei der Recherche haben wir alle Informationen, die diese Person betreffen, bei einem Notar hinterlegt.

Aus einem ganz anderen Grund ist diese Zurückhaltung außerdem legitim: In diesem Kapitel wird nun exemplarisch gezeigt:

– wie man zur Zeit mit primitiven Manövern einen Doktortitel-Eintrag in die amtlichen Personalpapiere erhält,
– wie machtlos derzeit die Beamten der deutschen Meldebehörden den neuen Trends im Doktortitel-Unwesen gegenüberstehen,

– wie die Verantwortlichen sich vor Konsequenzen drücken, lieber wegschauen, als Mißstände zu beseitigen, die wir bloßlegen.

Um es ganz klar zu sagen: Gäbe es die nachfolgend geschilderten und offengelegten Sicherheitsmängel nicht, hätten Betrüger wie Karl L., aber auch Hermes, Schilden usw. usw. kaum noch realistische Chancen, ihrem einträglichen Gewerbe nachzugehen!

Es kommt etwas hinzu. Karl L. ist – wie wir in den nachfolgenden Kapiteln zeigen werden – kein Einzelfall. Seine Methode wenden nun auch viele andere Gestalten in der Doktortitelhandels-Szene an. Wichtiger, als eine einzelne Person unter hohem Sicherheitsrisiko zu outen, scheint uns in diesem Fall zu sein: Wir möchten dazu beitragen, daß die offensichtlichen Lükken im Sicherheitssystem geschlossen werden. Geschieht das nämlich nicht, werden noch mehr Typen die Eitelkeit und Geltungssucht von Bundesbürgern in bare, schnellverdiente Münze umsetzen und ehrlich verliehene akademische Grade weiter abwerten.

Um die Jahreswende 93/94 inseriert eine anonyme Person in der Wochenendausgabe einer großen deutschen Tageszeitung und bietet „Magister, Diplome, Doktorgrade (eintragbar)“ aller Fachrichtungen an. Das weckt natürlich meine Neugier.

Das Telefon ist ständig belegt

Es ist lange unmöglich, telefonisch durchzukommen. Von morgens bis spät in die Nacht ist das Telefon belegt. Der Herr hat offenbar gut zu tun. Ein paar Tage später gelingt es, um sechs Uhr morgens, auf dem eingeschalteten Anrufbeantworter Adresse, Fax-Nummer usw. zu hinterlassen. Am 14. Januar kommt das schriftliche Angebot:

„Wir sind im Bereich der Promotionsberatung und Bildungsberatung dahingehend tätig, daß wir für jeden unserer Klienten einen individuellen Weg erarbeiten ... Des weiteren möchte ich Ihnen noch versichern, daß wir nur mit deutschen, staatlichen Institutionen zusammenarbeiten und von ausländischen ‚Abschlüssen' dringend abraten ... Die Kosten unserer Dienstleistungen liegen zwischen 15 TDM und 35 TDM, je nach Art und Umfang der Inanspruchnahme."

Echte Urkunden deutscher Universitäten

Wir treffen uns am 17. Februar um 15 Uhr im Steigenberger Hotel in Hamburg. Bei zwei Kännchen Kaffee sitzt uns im Wintergarten ein etwa 40jähriger Mann gegenüber, gutaussehend, eher introvertiert, mit guten Manieren. An seinem Äußeren ist nichts Auffälliges. Er trägt einen grauen Anzug. Der einzige Farbtupfer, den er sich heute bei der Kleidung leistet, ist die leuchtendblaue Krawatte mit roten Teddybären. Eine leichte innere Anspannung ist ihm deutlich anzumerken. Mag sein, daß er sich beobachtet fühlt, weil – wie meist bei solchen Treffen – ein Freund zur Sicherheit in der Nähe sitzt, der diesmal (fast zu) oft herüberschaut. Nach der eigenen Vorstellung als Unternehmens- und Personalberater spule ich wie immer die Standardfloskeln von der zeitlichen Belastung meiner Klienten und deren Wunsch nach einem Doktortitel ab. Danach kommt Karl L. zu Wort und macht zwei konkrete Angebote.

Er könnte Urkunden einer deutschen Universität besorgen oder auch von einer schweizerischen, der aus

Bern. Beide Urkunden seien garantiert echt. Ältere Professoren, die kurz vor der Pensionierung stünden, würden sich dadurch ein Zubrot verdienen. Mit denen teile er sich die Beträge.

Die deutsche Urkunde würde 20 000 DM kosten. Sie sei in zwei oder drei Wochen verfügbar. Allerdings gäbe es, so sagt er ganz offen, hier einen entscheidenden Schwachpunkt: Eine Doktorarbeit würde in diesem Fall nicht in der Universitätsbibliothek stehen. Das heißt natürlich: Sollte irgendwann einmal der Verdacht aufkommen, der Käufer führe den Doktortitel zu Unrecht, würde er mit der echten Urkunde die erste Hürde bestehen. „Doch bei weiteren Recherchen eines eifrigen Staatsanwaltes“, so Karl L., „würde das Ganze durch einen Anruf bei der betreffenden Universität auffliegen.“ Zu jedem ordentlichen Doktorgrad gehöre nun mal in Deutschland eine Dissertation. Ihm war das Bedauern richtig anzumerken.

Die Alternative: Echte Urkunden aus der Schweiz

Dieses Risiko müsse jedoch jeder eingehen, der zu diesem geringen Preis in derartig kurzer Zeit den begehrten Doktortitel eingetragen haben möchte. Eines könne er aufgrund vieler Verfahren bereits sicher sagen: Irgendwelche Schwierigkeiten mit den deutschen Meldebehörden tauchten niemals auf, da Urkunden, Stempel und die Unterschriften von den Professoren echt seien.

Als Alternative für eher ängstliche Zeitgenossen offeriert er „echte Urkunden der Universität Bern“. Dies böte einen großen Vorteil. „Rufen Sie mal in der Schweiz an und fragen, ob dieser oder jener Herr eine Doktorarbeit geschrieben hat und ob diese Arbeit bei denen in der Bibliothek steht“, fordert er mich rhetorisch auf und schildert mir gleich das Ergebnis einer solchen Bemühung. „Da erfahren Sie nichts. Die halten dicht wie beim Bankgeheimnis.“

Da die Universität Bern anerkannt sei (was stimmt), gebe es beim Eintrag des Grades bei unseren Meldebehörden auch keine Probleme. Wegen der größeren Sicherheit koste dieser Titel dann aber auch 5 000 DM mehr. Erst spätere Recherchen ergeben, daß sehr wohl in der Universitäts- und der Stadtbibliothek Bern eine Liste aller Dissertationen aufliegt.

Doch das kann ich jetzt hier in Hamburg natürlich nicht wissen. Ich bin beeindruckt. Echte Urkunden, von echten Professoren tatsächlich unterzeichnet und dann zu diesem Preis? Andererseits, so kalkuliere ich in Gedanken: 10 000 DM für eine Unterschrift sind kein schlechter Stundenlohn, zumal es ja in der ehemaligen DDR viele entlassene Professoren gibt, die unter Umständen mit Karl L.'s Hilfe ihr karges Arbeitslosengeld aufpolieren. Die haben sicher noch gute Kontakte zu Kollegen aus besseren Tagen, die noch an der Uni lehren und da mitmachen. Oder vielleicht haben einige ja vor dem Rausschmiß einen Schwung Urkunden und einen amtlichen Stempel mitgehen lassen ...

Der Titel soll gleich eingetragen werden

„Wie soll es jetzt weitergehen?“ frage ich mit lebhaftem Interesse. Und er macht ein wirklich großzügiges Angebot. „Die 20000 DM werden erst dann fällig, wenn Sie zufrieden sind, also der Doktortitel wirklich entweder gleich in einem alten Personalausweis eingetragen ist bzw. das Personenstandsregister im Einwohnermeldeamt um den Namenszusatz ‚Dr.' ergänzt ist. Bei den neuen, fälschungssicheren Ausweisen dauert das Verfahren insgesamt etwas länger. In diesem Fall muß der Plastikausweis neu gemacht werden."

Eine wirklich verlockende Offerte. Wer sich so sicher ist, ausnahmsweise einmal keine Anzahlung, keine Sicherheitsleistung auf ein schweizerisches Bankkonto oder ähnliche Dinge fordert, ist offenbar sehr gut im Geschäft und seiner Sache ganz sicher. Wer so großzügig mit der Bezahlung verfährt, der scheint wirklich an einer prächtig sprudelnden Quelle zu sitzen.

Wie gut sind seine Urkunden? Wirklich echt? Und wenn nicht, dann zumindest so gut gefälscht, daß man damit beim Einwohnermeldeamt durchkommt? Fragen, die einem beim Abschied durch den Kopf schießen.

Zuerst mal eine Urkunde aus Hamburg

Für einen Freund aus Düsseldorf bestelle ich eine Urkunde einer deutschen Universität. Per Fax gebe ich seine Daten durch: Name, Vorname, Geburtsdatum, den gewünschten Grad und den Titel einer natürlich nie geschriebenen Dissertation, „Heinrich von Kleist: Studien zur Melancholie in Leben und Werk".

Ein paar Tage vergehen, und per Einschreibebrief kommt tatsächlich die Urkunde der „Universität Hamburg", Fachbereich Sprachwissenschaften. Der Titel: „Doktor der Philosophie" (siehe Seite 242).

Doch welch ein Schreck, der sich im nachhinein als Glück für unser Vorhaben herausstellt: Das in der Urkunde angegebene Geburtsdatum meines Freundes ist falsch! Damit kann er nie und nimmer zum Einwohnermeldeamt. Dort sind seine korrekten Daten ja gespeichert. Ich bin froh. Denn durch diesen ungewollten Fehler fällt mir eine Urkunde der Universität Hamburg in die Hände; ob echt oder unecht, das wird sich erweisen. Und die vereinbarte Zahlung von 20 000 DM bleibt mir erstmal erspart.

Mit geheuchelter Aufregung rufe ich Karl L. an und erzähle ihm von diesem Malheur. „Dann müssen wir eben eine neue erstellen lassen“, sagt der ungerührt. Ich schicke die Urkunde zurück, natürlich nicht ohne vorher eine Kopie gemacht zu haben. Nach einer Woche kommt ein neues Exemplar, diesmal mit richtigem Datum.

Die Unterschriften sehen seltsam aus

Doch die Unterschrift des Sprechers des Fachbereichs, Prof. Dr. U. Köster, sieht diesmal ganz anders aus als beim ersten Mal. Also doch eine plumpe Fälschung! Zumal ich auf Umwegen die richtige Unterschrift des Professors zu sehen bekomme.

Der Experte der Hochschulrektorenkonferenz, dem wir eine Kopie zufaxen, bestätigt: „Die Urkunde ist

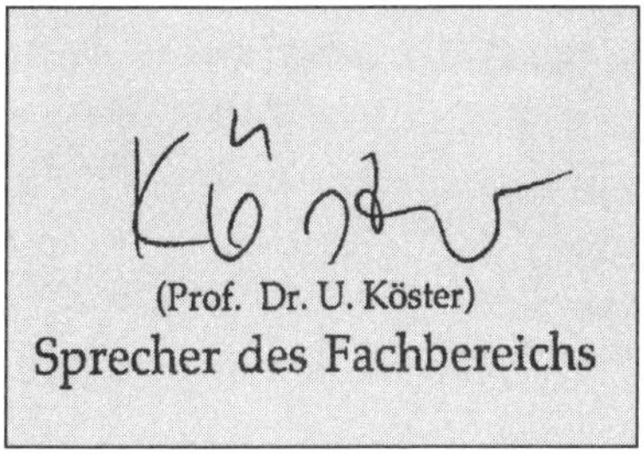

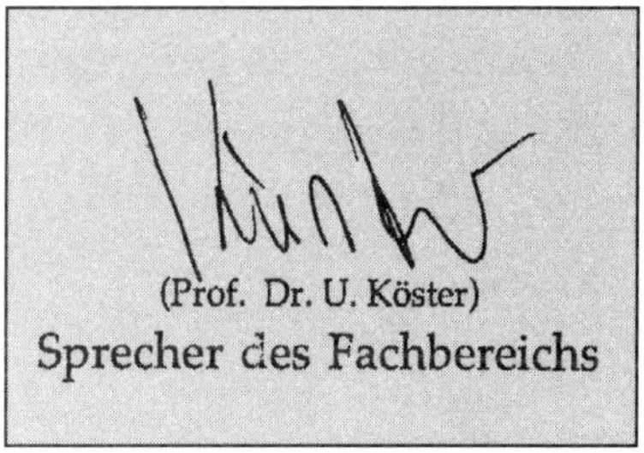

UNIVERSITÄT HAMBURG

Der Fachbereich Sprachwissenschaften der Universität Hamburg verleiht

HERRN

geboren am in

auf Grund einer „guten" Abhandlung

„Heinrich von Kleist: Studien zur Melancholie in Leben und Werk"

und

des „guten" Ergebnisses der wissenschaftlichen Gesamtprüfung

Titel und Würde eines

DOKTORS DER PHILOSOPHIE

Zum Zeugnis dessen wird diese mit dem Siegel der Universität versehene
und
vom Sprecher des Fachbereichs unterzeichnete Urkunde ausgestellt.

Universität Hamburg

Hamburg, den 28.02.1994

(Prof. Dr. U. Köster)
Sprecher des Fachbereichs

nahe an einer richtigen Urkunde – dennoch aber falsch!" Richtig ist, daß allein der Sprecher des Fachbereichs (er entspricht an anderen Hochschulen dem Dekan) unterschreibt. Das vereinfacht den Fälschern das Handwerk. Nicht einmal zwei Unterschriften sind notwendig. Dennoch enthält dieses Machwerk, so erläutert der Fachmann, zwei gravierende Fehler. Die wollen wir jedoch, da bitten wir die Leser um Verständnis, in diesem Fall nicht nennen, um keinen weiteren Fälschungen Vorschub zu leisten.

Der Freund aus Köln bekommt nun kalte Füße. Für mich ein wunderbarer Vorwand, aus diesem Geschäft auszusteigen und kein Geld zu zahlen. Jetzt habe ich schon zwei Urkunden – zumindest in Kopie. Ich reklamiere selbstbewußt bei Karl L. und weise auf die verschiedenen Unterschriften hin, die meinem Klienten den Mut genommen hätten, mit dieser Urkunde zum Einwohnermeldeamt zu gehen. Er akzeptiert und erhält die Urkunde zurück. Geld verlangt er keins. Glück gehabt.

Nicht schlecht für den Anfang.

Allerdings hätten wir doch zu gern gewußt, ob Beamte der Einwohnermeldeämter, die mit solchen Dokumenten regelmäßig Umgang haben, tatsächlich auf derart plumpe Fälschungen hereinfallen, wie Karl L. behauptet, und die Personalpapiere um den begehrten „Dr." ergänzen.

Trottel glauben, die Urkunde sei echt

Meine Freunde und ich können uns das wirklich nicht vorstellen. Das darf eigentlich nicht wahr sein.

Schließlich sehen die Urkunden wirklich popelig aus, ohne richtiges Siegel, mit nur einer Unterschrift eines Professors. Nicht mal Papier mit Wasserzeichen wurde verwendet, ein dünnes Blatt Papier, für das nur ein Idiot 20 000 DM zahlt. Wirklich wahr: Das stellt jeder Computerfan mit Grafik-Programm, Scanner und Laser-Drucker in ein paar Minuten her!

Andererseits: Eitle Trottel mit dickem Geldbeutel laufen ja viele in der Weltgeschichte umher. Die glauben wahrscheinlich tatsächlich, die Urkunde sei echt. Gehen die cool zum Einwohnermeldeamt und bekommen den Doktortitel eingetragen? Stellen sie womöglich niemals fest, daß sie einer plumpen Fälschung aufgesessen sind? Schließlich bekommen sie dafür noch die amtlichen Stempel der Meldebehörden.

Die Folge: Wenn das so ist, dann wird es innerhalb der nächsten Jahre eine Flut von Fälschungen geben, die sich über die Einwohnermeldeämter ergießt! Warum sollte man den ganzen Zirkus mit halbseidenen ausländischen Universitäten auf sich nehmen? Das Risiko eingehen, daß diese für viel Geld erworbenen, handwerklich sauber erarbeiteten, gleichwohl meist wertlosen Schmuckstücke nicht anerkannt werden? Denn bei Urkunden aus Nord- oder Südamerika, ja selbst aus Frankreich oder Österreich sind die Beamten aufgrund vieler Zeitungsberichte sensibilisiert, fragen erst bei ihren zuständigen Kultusministern an, ob diese Urkunden echt sind und wenn ja, ob sie das Führen dieser Doktorgrade genehmigen dürfen.

Verlagert sich nun das lukrative Geschäft mit der Eitelkeit weg von jenen operettenhaft wirkenden Veranstaltungen à la Consul Hans-Hermann Weyer oder Prof. Dr. Dr. EC Kanehl (siehe Seite 151 ff.), der vor laufenden Kameras des Süddeutschen Rundfunks seiner Lebensgefährtin feierlich den Doktorhut aufsetzen ließ? Müssen diese ins Alter gekommenen Herren nun allmählich jenen 30- bis 40jährigen Geschäftemachern das Feld überlassen, die, mit genügend krimineller Energie und Computerkenntnissen ausgestattet, alles im Handumdrehen erledigen?

Wir bestellen eine Urkunde von der Berliner Universität

Für die zuletzt genannte These spricht: In den aufregenden Wochen des Frühjahrs 94 erscheinen plötzlich massiv Anzeigen und Offerten, die genau diesen Schluß zulassen. Darüber mehr in den nachfolgenden Kapiteln.

„Alle guten Dinge sind drei", sagen wir uns und beschließen, das Experiment mit Hilfe eines anderen Freundes zu wagen. In Frage kommt dafür im Grunde nur einer, Klaus-Peter Adolf. Nur der bringt genug Courage für derartig gewagte Aktionen mit. Zudem lebt er in München, was für diese Pläne nicht unwichtig ist.

Den ins Auge gefaßten Versuch in der bayerischen Landeshauptstadt zu unternehmen, ist aus verschiedenen Gründen sehr wichtig: Bekanntlich sagt man den bayerischen Behörden nach, sie arbeiteten gründlicher als andere in der Bundesrepublik. An der Spitze der für die Einwohnermeldeämter zuständigen Behörde, des Kreisverwaltungsreferats, steht als Nachfolger von Peter Gauweiler der CSU-Politiker Dr. Hans-Peter Uhl. Der wiederum steht nicht gerade im Ruf liberaler Nachlässigkeit.

Technische Universität Berlin

Der Fachbereich 1: Kommunikations- und Geschichtswissenschaften

verleiht

Herrn

Klaus-Peter Adolf

geboren am 04. Juli 1956 in München

auf Grund einer „ guten „ Dissertation

„ Das Marketing technischer Innovationen - speziell der Kommunikations-Industrie - in den Staaten des ehemaligen Ostblock „

und
des „ guten „ Ergebnisses des Rigorosums

den akademischen Grad eines

Doktor Ingenieur

(Dr. Ing.)

Zum Zeugnis dessen wird diese mit dem Siegel der Universität versehene und vom Dekan unterzeichnete Urkunde ausgestellt.

Berlin, den 14.02.1994

Technische Universität Berlin
28

Der Dekan
(Prof. Dr. C. Wiedemann)

Kriegen die Behörden etwas mit?

Wenn das in München funktioniert, so kalkulieren wir, wird man mit derart gefälschten Urkunden mit Sicherheit auch in Bremen, Berlin, Stuttgart oder Dresden durchkommen. Zudem hofften wir (damals noch), daß Dr. Hans-Peter Uhl der Mann ist, der konsequenter als andere gegen gravierende Sicherheitslücken in seinem Verantwortungsbereich vorgehen würde.

Gesagt, getan.

Wieder das gleiche Spiel mit Karl L., der zum Glück noch nicht die Geduld mit mir verloren hat.

Diesmal, so haben wir uns ausgedacht, wollen wir noch ein bißchen weiter gehen, um den Behörden eine reelle Chance zur Aufdeckung zu geben. Machen wir aus dem Marketing-Experten, der an der Fachhochschule für Wirtschaft in München mit dem Diplom-Betriebswirt (FH) abgeschlossen hat, einen Dr. Ingenieur (Dr. Ing.) – und das natürlich im Schnellverfahren. Promovierte Fachhochschüler, die gab es bis gestern überhaupt noch nicht. Heute sind sie aufgrund kompliziertester Regelungen eine ganz seltene Ausnahmeerscheinung.

Nach ein paar Tagen kommt tatsächlich die Urkunde. „Die sieht aber billig aus", moniert Klaus-Peter Adolf am Telefon. „Die hätten wir in unserer Werbeagentur besser hingebracht." Da hat er wirklich recht.

Wir sichern uns juristisch ab. Am 21. April 1994 marschiert er mit seinem alten, grünen Reisepaß ins Einwohnermeldeamt in München-Pasing. Am Tag zuvor hat er diese „Originalurkunde" kopiert und die Kopie notariell beglaubigen lassen, falls die Beamten eine solche Abschrift für ihre Unterlagen brauchen. Sie

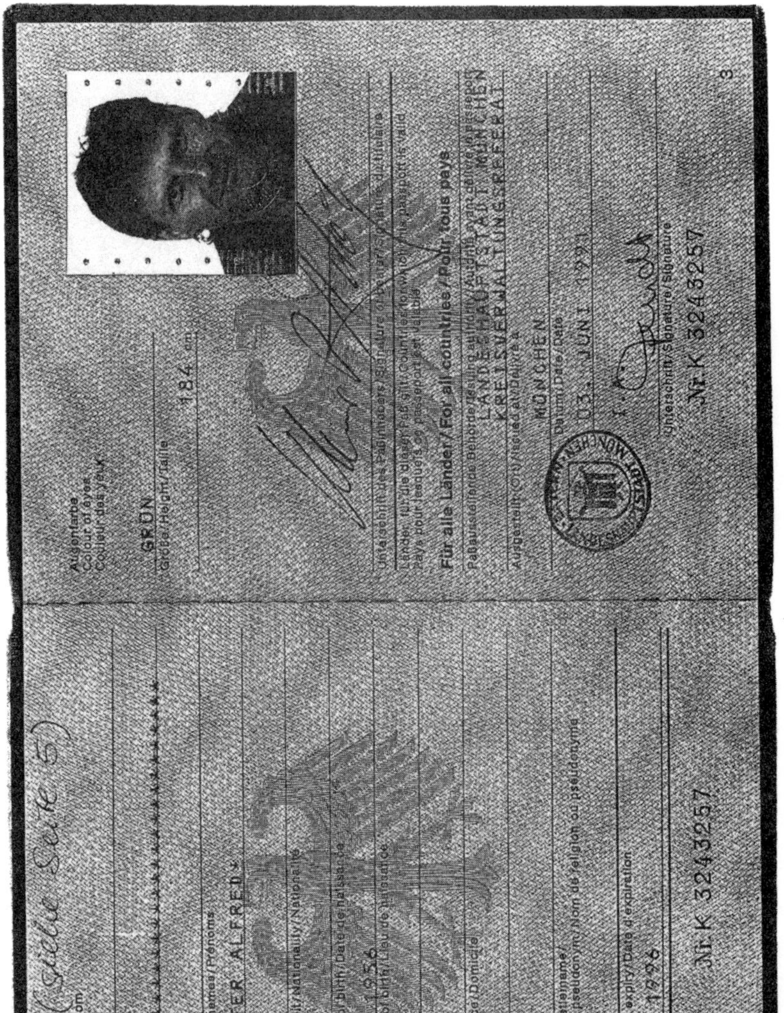

Dr. (siehe Seite 5)
Name/Surname/Nom
ADOLF
Vornamen/Given names/Prénoms
KLAUS-PETER ALFRED
Staatsangehörigkeit/Nationality/Nationalité
DEUTSCH
Geburtstag/Date of birth/Date de naissance
04. JULI 1956
Geburtsort/Place of birth/Lieu de naissance
MÜNCHEN
Wohnort/Residence/Domicile
MÜNCHEN
Ordens- oder Künstlername/Religious name or pseudonym/Nom de religion ou pseudonyme
Gültig bis/Date of expiry/Date d'expiration
02. JUNI 1996
Nr. K 3243257
2
Augenfarbe/Colour of eyes/Couleur des yeux
GRÜN
Größe/Height/Taille
184 cm
Für alle Länder / For all countries / Pour tous pays
LANDESHAUPTSTADT MÜNCHEN
KREISVERWALTUNGSREFERAT
MÜNCHEN
Datum/Date/Date
03. JUNI 1991
Unterschrift/Signature/Signature
Nr. K 3243257
3

Kinder / Children / Enfants

Name und Vornamen / Surname and given names / Nom et prénoms	Geburtstag / Date of birth / Date de naissance	Geschlecht / Sex / Sexe

Nr. K 3243257

4

Amtliche Vermerke / Official remarks / Observations officielles

Auf Seite Zwei des Reisepasses
für Adolf Klaus Peter
wurde der akad. Grad
"Doktor"
amtlich nachgetragen / berichtigt
München, den 21. April 1994
Landeshauptstadt München
Kreisverwaltungsreferat
I. A.

Nr. K 3243257

5

brauchen sie. Ein kurzer Blick auf die Originalurkunde, ein Blick auf die Kopie, ein Stempel in den Paß, eine Unterschrift, das Entrichten von 5 DM Verwaltungsgebühr, und nach fünf Minuten ist aus Klaus-Peter Adolf, so steht es in seinem amtlichen Personaldokument verzeichnet, „Dr. Klaus-Peter Adolf" geworden. Gratulation zu dieser akademischen Blitzkarriere!

Es findet keinerlei Kontrolle statt

Wir lassen eine Frist von zehn Tagen verstreichen, um zu sehen, ob den Ämtern irgend etwas aufgefallen ist, ob zwischenzeitlich irgendein Kontrollverfahren in Gang gesetzt wird, das den Schwindel auffliegen läßt.

Am Montag, den 2. Mai 1994 marschieren wir ins Einwohnermeldeamt und geben uns den verdutzten Beamten als Journalisten zu erkennen. Die bestätigen die schlimmsten Befürchtungen: Eine Kontrolle findet bei Urkunden deutscher Universitäten nicht statt. Bei Papieren ausländischer Hochschulen hole man dagegen automatisch Auskünfte beim bayerischen Kultusministerium ein.

Der verantwortliche Beamte, Kreisverwaltungsreferatsleiter Dr. Uhl, dem wir unser Vorhaben ein paar Tage vorher, am Freitag, den 29.4.94 ausführlich per Fax geschildert haben, ist nicht zu sprechen. Seinem Pressesprecher fällt nichts Besseres ein, als auf strafrechtliche Konsequenzen hinzuweisen, die den Journalisten unter Umständen drohen. Zu den offen zutage getretenen Mängeln im Sicherheitssystem der ihm unterstellten Meldebehörden sagt Dr. Uhl nichts. Zwei Stunden lang läßt der Pressesprecher uns dann vor seiner Türe sitzen und ist danach nicht mehr anzutreffen.

Gleich anschließend haben wir einen Termin beim Oberbürgermeister der Stadt München, Christian Ude (SPD). Der kann gar nicht glauben, daß man in seiner Stadt mit einer solchen Urkunde einen Doktortitel eingetragen bekommt. Nachdem er sich das Papier näher angeschaut hat, sagt er: „Wenn man weiß, worum es geht, nämlich um Fälschungen, dann schaut man natürlich ganz anders hin als im bürokratischen Alltag. Wenn ich mit den gewitzten Vorkenntnissen mich daranmache, dann würde ich zwar noch hereinfallen auf das Thema und das Druckbild. Aber der Stempel erscheint mir zu plump als Fälschung erkennbar. Die Dienstsiegel sind doch, in der Absicht, Fälschungen zu erschweren, in der Regel sehr fein ausgearbeitet, während das hier ja fast wie ein Linolschnitt ausschaut. Das ist nicht ganz geheuer."

„Mit einer plumpen Fälschung zum gleichen Ergebnis"

Konsequenzen erscheinen dem Münchner Oberbürgermeister, der von solchen Praktiken übrigens zum ersten Mal etwas erfährt, aber unausweichlich. Er schlägt vor, die Behörden sollten künftig der Universität eine Kopie der Urkunde vorsichtshalber zusenden, um Fälschungen aufzudecken. Das werde die Verwaltungsgebühr zwar geringfügig erhöhen, sagt Ude. Aber dieser Aufwand lohne sich. „Es geht nicht, daß manche viele Jahre ihres Lebens für die Doktorarbeit opfern und sich wissenschaftlich qualifizieren, während andere mit einer plumpen Fälschung zum gleichen Ergebnis kommen."

Der Aufwand wäre nicht zu hoch. Bei gut 20000 Doktorurkunden im Jahr und 8 000 Einwohnermeldeämtern würde jedes Amt im Schnitt zwischen zwei und drei Urkunden pro Jahr zu den Unis senden müssen. Mehr nicht.

Wir verweigern dem Händler die Geldzahlung

Wir haben es übrigens abgelehnt, die geforderten 20 000 DM zu zahlen. „Unsere Geschäftsgrundlage“, so sagte ich dem Titelhändler, „war der Kauf einer echten Urkunde. Für eine Fälschung gibt's kein Geld.“ Verklagen wird dieser Herr mich sicher nicht. Der Bundesgerichtshof entschied, daß derartige Geschäfte sittenwidrig und daher nichtig sind.

Meistens ist es ja genau umgekehrt. Auf diese Bestimmung berufen sich die Titelhändler, wollen geprellte Kunden das gezahlte Geld zurück.

Juristisch gehen die meisten Ganoven ohnehin nicht zu Werke. Wer den gekauften Titel führt, ohne bezahlt zu haben, der muß halt mit einer Erpressung rechnen. Da aus dem kurzzeitigen Dr. Klaus-Peter Adolf rasch wieder ein ganz normaler Klaus-Peter Adolf wurde, hat er nichts zu befürchten.

Hinweis:
Zu den Risiken und Konsequenzen im Geschäft mit derartigen Herrschaften lesen Sie bitte den Kasten auf Seite 208.

Dr.-Promotionsberatung Kurt Weikamp, Minden

„Eine Spende wäre wünschenswert“

Während wir noch unsere interessanten Erfahrungen mit Promotionsberater Karl L. aus Hamburg machen, tauchen andere, ähnlich lautende Inserate in der „Welt am Sonntag“ auf.

Einen „garantierten Paßeintrag – keine Vorkasse“ verspricht eine „Dr.-Promotionsberatung“, und das alles zu einem Preis von unter 20 000 DM? So etwas weckt natürlich mein Interesse, zumal diese Offerte diesmal nicht via Direct-Mail aus Südafrika, Schweiz oder Österreich kommt. Ein deutscher Anbieter also?

Es sieht so aus. Jedenfalls offeriert mir die „Dr.-Promotionsberatung“ aus Minden per Fax ihre Dienstleistung, die sich „mit der Information und der Beratung auf dem Sachgebiet Akademische Grade“ befaßt. Mit dieser „Beratung“ ist es dann aber nicht weit her.

Und das, was ich dann zu lesen erhalte, kommt uns irgendwie doch wieder bekannt vor. „Unser Mandant ist eine staatlich anerkannte, international renommierte, deutsche Universität, die regelmäßig Studien- und Forschungsprojekte im In- und Ausland durchführt. Die staatlichen Haushaltsmittel reichen zur Finanzierung dieser Projekte alleine nicht aus. Unsere guten und langjährigen Verbindungen zu den Professoren ... usw. usw.“

Bla, bla, kann ich da nur sagen.

Dieses Geschwafel kenne ich doch schon aus meiner Korrespondenz mit der „Hermes Treuhand AG" des Kommerzialrats Mahngold (siehe Seite 209 ff.) oder der „Advokaturskanzlei von Hitzinger & Co." aus Südafrika (Seite 223 ff.).

Ob die auch da noch dahinterstecken? Das ist nicht sehr wahrscheinlich, da Hermes und Co. nach unseren Beobachtungen mit ihren Betrügereien vorsichtshalber vom Ausland aus operieren, um nicht mit den deutschen Staatsanwälten Bekanntschaft machen zu müssen.

Wenn ein Betrüger vom anderen abschreibt

Wir sind überzeugt: Die „Dr.-Promotionsberatung" des Herrn Kurt Weikamp aus Minden in Westfalen hat sich einfach der Hermes-Texte bedient, fast Wort für Wort abgeschrieben. „Wo bleibt bloß Ihre Ehre, Herr Weikamp?" möchte man nun wirklich einmal wissen. Aber so geht es eben zu in diesem feinen Gewerbe.

Herr Weikamp, oder wie auch immer der Absender des Schreibens wirklich heißen mag, ist – im Gegensatz zum ausgesprochen phantasievollen Dr. Mahngold – ein eher stümperhafter Formulierer. Mag sein, er ist sogar selbstkritisch genug, das zu wissen, und schreibt deswegen so hemmungslos ab. Jedenfalls ist Weikamp kein Hochstapler wie die meisten anderen in diesem Business, die sich gern selbst mit einem falschen akademischen Grad schmücken. Zumindest vorerst nicht.

Eine gewisse „Ehrlichkeit" kann man dem Herrn wirklich zubilligen. Denn wenn man die Ziffer 2 des mit einem Tempelfris geschmückten „Procedure" (siehe Seite 256) genauer anschaut, stellt man fest: Der

Mann bietet gar keine „Doktorurkunde“ an, wie der flüchtige Leser wohl erwartet, sondern eine Doktorunkunde. Er bleibt also wirklich bei der Wahrheit …

Da jedenfalls, wo seine eigene Handschrift zum Tragen kommt, da kann der Leser eigentlich nur mitleidig den Kopf schütteln. „Bitte, bedenken Sie, daß Dr.-Titel nicht käuflich sind“, sagt er und meint gleich im Anschlußsatz: „Sie benötigen lediglich eine vereinbarte Spende und keinerlei Vorabschlüsse oder besondere Voraussetzungen etc.“

Oder „Keine Vorkasse“ lautet die verlockende Offerte in der Anzeige. Doch im Anschreiben heißt es dann doch: „Sie überweisen uns eine Anmeldegebühr/Sicherheitsleistung in Höhe von 1 000 DM auf das angegebene Konto und faxen uns den abgestempelten Überweisungsbeleg zu.“

Danach soll es dann je nach Wunsch Urkunden deutscher Universitäten mit folgenden Doktorgraden geben:

– Doktor Ingenieur (Dr. Ing.),
– Doktor der Philosophie (Dr. phil.),
– Doktor der Naturwissenschaften (Dr. rer. nat.),
– Doktor der Wirtschaftswissenschaften (Dr. rer. pol. und Dr. rer. oec.).

Diese schönen Titel, besser gesagt Urkunden, noch genauer gesagt Fälschungen von Urkunden deutscher Universitäten, kosten bei Kurt Weikamp 19000 DM.

Für den „Doktor der Rechtswissenschaften“ (Dr. jur.) verlangt der dreiste Kurt sogar 38000 DM.

„Verlangt“ darf man eigentlich auch nicht sagen. Der sprachgewaltige Weihkamp formuliert nämlich einerseits: „Eine Spende von 19000 DM bzw. 38000 DM wäre wünschenswert.“ Kann der Interessent also

Das Procedure:

1. Sie füllen das beiliegende Antragsformular aus und senden es uns zusammen mit einer Kopie Ihres Identifikationspapieres (Personalausweis/Reisepaß) per Fax zu. (Fax: 0571/840956)

2. Wir senden Ihnen innerhalb von ca. 1 Woche Ihre Doktorurkunde per Kurier zu.

3. Sie gehen umgehend nach Zustellung Ihrer Doktorurkunde zu Ihrem zuständigen Einwohnermeldeamt und lassen dort Ihren Doktorgrad ins Melderegister eintragen.

4. Wir erwarten nach positiver Bestätigung Ihres Einwohnermeldeamtes, die vollständige Begleichung der Spende. Nach Zahlung werden alle in unserem Besitz befindlichen Unterlagen vernichtet.

Wie Sie sehen eine vertrauenschaffende Zug-um-Zug-Handhabe und ein rundum faires Geschäft.
Wir verlangen keine Vorkasse.
Erst die "Ware", dann das Geld (Spende).

bestellen und den höflichen Wunsch nach einer dieser saftigen Spenden unerfüllt lassen? Besser nicht. Denn unter Punkt 4 des Formblatts „Das Procedure“ (dieses Kunstwort soll sich wohl vornehm anhören) erfährt der Leser: „Wir erwarten nun die vollständige Begleichung der Spende. Nach Zahlung werden alle in unserem Besitz befindlichen Unterlagen vernichtet.“

Eine Sache, die in zehn Minuten erledigt ist

Diese Sätze sollte man sich wirklich einmal auf der Zunge zergehen lassen. Was bedeuten sie im Klartext?

Nachdem der Käufer einen Tausender an Weikamp zahlt, liest der mit seinem Scanner eine Originalurkunde einer deutschen Hochschule ein, tauscht auf dem Computerbildschirm den Namen des rechtmäßigen Doktortitel-Trägers gegen denjenigen des Käufers aus und druckt die korrigierte Urkunde auf seinem Laserdrucker wieder aus. Das alles dauert nicht länger als zehn Minuten. Danach sendet Weikamp sie dem Käufer, und der geht zu seinem Einwohnermeldeamt.

Was dort höchstwahrscheinlich geschieht, haben wir im vorigen Kapitel demonstriert. Die Beamten haben gar keinen blassen Schimmer oder keinen Betrugsverdacht und tragen den Dr.-Titel in die Personalpapiere ein.

So weit so gut? Eben nicht. Nur wenn jetzt wirklich gezahlt wird, so versichert der ehrenwerte Weikamp, „werden alle in unserem Besitz befindlichen Unterlagen vernichtet“. Wer hingegen diesen Betrag nicht berappt, den könnte die Dr.-Promotionsberatung natürlich nicht verklagen, weil sie dann selber wegen Urkundenfälschung dran wäre.

Aber der Verkäufer kann den Käufer einfach erpressen. Denn der verstößt gegen § 132 a Strafgesetzbuch. Die mißbräuchliche Titelführung wird mit Geld- oder Freiheitsstrafe bis zu einem Jahr bestraft.

Selbst wer wirklich die gesamte Summe begleicht, kann auch nicht sicher sein, daß die in Weikamps „Besitz befindlichen Unterlagen vernichtet" werden. Vielleicht steht der Ehrenmann in ein paar Jahren auf der Matte und das „Procedure" geht teilweise wieder von vorne los?

Weikamp: „Wie Sie sehen, eine vertrauenschaffende Zug-um-Zug-Handhabe und ein rundum faires Geschäft."

Hinweis:
Zu den Risiken und Konsequenzen im Geschäft mit derartigen Herrschaften lesen Sie bitte den Kasten auf Seite 208.

P. S.

Ein paar Wochen später erscheint u. a. im Handelsblatt eine ganz ähnlich formulierte, großformatige Anzeige von einem Promotionsberater „Dr. Kirchhoff". Als ich um Informationen bitte, erscheint Weikamp wieder auf der Bildfläche mitsamt seinem „Procedure".

Was lernen wir daraus? Einmal hat er mittlerweile offensichtlich gut abkassiert. Denn dieses und die anderen Inserate des „Dr. Kirchhoff" sind wirklich nicht billig. Und zweitens hat Weikamp nun auch noch kapiert, daß das werte Publikum von einem Titelhändler erwartet, daß er selber auch einen Doktortitel trägt. Schließlich sitzt er ja an der Quelle …

J. & L. Consulting, Erich Jeschkowski, Idstein

Danach „nur noch seriöse Geschäfte“

Bei unseren Recherchen zu diesem Buch, die wir fast immer verdeckt geführt haben, um der Wirklichkeit im Doktortitel-Handel näherzukommen, sind wir in manchen Situationen wirklich ins Schwitzen geraten. Wir waren nervös, ob unsere Gesprächspartner, nicht selten ausgebuffte Gauner, uns unsere gespielten Rollen als „Personalberater“, „Bankkaufmann“, „Versicherungs-Innendienstleiter“, „Technische Redakteurin“ oder auch „Werbeprofi“ abnahmen. Das haben sie zum Glück.

Aber manchmal waren die Recherchen sehr vergnüglich. Wir haben ab und zu schallend gelacht. So beispielsweise beim nachfolgenden „Fall“, jenem des Erich Jeschkowski und seiner „J. & L. Consulting“ in Idstein.

Wir haben zwar den meisten Titelhändlern persönlich einen Besuch abgestattet – und zwar mehrmals, um den Wahrheitsgehalt ihrer Angaben zu überprüfen. Doch das war nicht immer möglich. Einige, wie Hermes' Mahngold, wollten niemand sehen, wohl damit nicht auffällt, daß sie in Personalunion unter anderer Firmierung die gleichen Geschäfte tätigen.

Bei anderen, wie zum Beispiel dem nun kurz präsentierten Herrn Jeschkowski, waren die Angebote so eindeutig, daß wir selber gar nicht erst den Versuch unternahmen, ein persönliches Treffen herbeizuführen.

Das mag in dem einen oder anderen Fall vielleicht sogar schade sein. Denn dann hätten wir unter Umständen erfahren, ob diese Titelhändler wirklich Einfaltspinsel sind und damit unfreiwillig komisch. Oder ob sie intelligent sind und ihre potentiellen, titelsüchtigen Kunden als Vollidioten ansehen und diese zur Strafe mit ironischen Bemerkungen auf den Arm nehmen.

Bei Jeschkowski sind wir uns nicht ganz sicher, was wohl auf ihn zutrifft. Er bietet, genauso wie der im vorigen Kapitel vorgestellte Kurt Weikamp, mit allergrößter Wahrscheinlichkeit gefälschte Urkunden deutscher Universitäten an, die – wir haben es gesehen – zur Eintragung des akademischen Grades in die Personalpapiere völlig ausreichen.

Dummheit oder Dreistigkeit?

„Man spricht Sie zukünftig mit Dr. … an", schleimt er sich ein. „Und Sie werden erstaunt sein, wie hilfreich ein Doktortitel ist." Und jetzt kommt das Schönste: „Ferner werden Sie von Geschäftspartnern mehr respektiert, und es werden Ihnen nur noch seriöse Geschäfte angeboten." Das, verehrter Herr Jeschkowski, wollen wir auch hoffen.

Oder: „Wir liefern weder Urkunden der Humboldt-Universität noch der aus Teufen. Unsere Universitäten und Professoren sind nicht in der Öffentlichkeit breitgetreten und geben telefonisch keine Auskunft." Bravo. Was will man mehr?

Spaß beiseite. Auch dieser betrügerische, wohl doch eher unfreiwillige Komiker will als Anzahlung einen Tausender sehen. Danach erhält man nach 7 bis 15 Tagen seine Urkunden in den Ausführungen als:

– Dr. Ing.,
– Dr. phil.,
– Dr. rer. pol.,
– Dr. rer. nat.,

Die Preise („Stand März 1994") sind bei ihm gestaffelt. Wer sich rasch entscheidet, erhält eine Urkunde im März für 25 450 DM. Der Preis steigt im April auf 27 950 DM. Danach kostet eine bereits 30 000 DM. Soviel Geld, für so ein bißchen wertloses Papier? Soll man sich da nicht lieber selber welche machen und in den Partykeller hängen? Wenn die Urkunden der J. & L. Consulting genauso aussehen wie das mit einer alten, abgewetzten Schreibmaschine bearbeitete Briefpapier, dann merken wahrscheinlich sogar die allermeisten Beamten in den Einwohnermeldeämtern etwas.

„Die von uns angebotenen Doktorgrade müssen nicht nostrifiziert werden", versichert er. Was stimmt. Das trifft nur auf echte ausländische Urkunden oder Fälschungen ausländischer Hochschulurkunden zu. Da sie von „einer staatlichen deutschen Universität" stammten, „garantieren wir den Paßeintrag, und der Klient geht kein Risiko ein".

Zahlweise: Bar nach Paßeintrag

Jeschkowski oder einer seiner Kumpane erscheint übrigens morgens um acht Uhr, legt die Promotionsurkunde vor und begleitet den Käufer zum Einwohnermeldeamt. Nach der Eintragung ins Melderegister, so schreibt er, „fahren Sie mit unserem Boten zu Ihrer Bank etc., um ihm die Differenzzahlung zu überreichen. In Bar".

Daß dieser Promotionsberater wahrscheinlich eher zur unfreiwilligen Komik neigt, dafür spricht auch noch folgende Textstelle, die ich dem Leser nicht vorenthalten darf: „Um Ihnen jedoch eine 1000prozentige (!) Sicherheit zu geben, dass Sie Ihre 1.000 DM Vorabzahlung nicht verlieren können, sichern wir Ihnen zu, dass Sie umgehend Ihre Vorabzahlung zurück erhalten, sofern das Melderegister die Eintragung ablehnt."

Da kann man potentiellen Käufern wirklich nur noch viel Glück wünschen.

Hinweis:
Zu den Risiken und Konsequenzen im Geschäft mit derartigen Herrschaften lesen Sie bitte den Kasten auf Seite 208.

5. Kapitel

Wenn alles seriös wirken soll

Das lukrative Geschäft der Promotionsberater

Der schöne Schein und die triste Wirklichkeit

Sie gehen schon seit vielen Jahren ihrem Gewerbe nach und machen dabei offenbar glänzende Geschäfte, die Herren Promotionsberater. Abfällig äußern sie sich in der Öffentlichkeit und auch im privaten Gespräch über die Titelhändler und die Ghostwriter.

Sie wollen sich unterscheiden von dubiosen Gestalten, die nur gefälschte Urkunden verkaufen oder solche Papiere, die nichts wert sind, weil sie von Universitäten stammen, die in Deutschland nicht anerkannt sind oder nur in der Phantasie der Verkäufer existieren. Weil es strikt verboten ist, lehnen sie (zumindest offiziell) Ghostwriting ab. Das müsse der Kandidat aus eigener Kraft schaffen. Wenn man bei der Doktorarbeit hilft, dann selbstverständlich nur in rechtlich zulässigen Grenzen.

Und selbst auf solche Leute, die Titelsüchtige mit Erfolg unter Ausnutzung von Gesetzeslücken zu vornehmlich südamerikanischen akademischen Titeln verhelfen, blickt die Gilde der Promotionsberater eher verächtlich herab.

Aber sind die Geschäfte der Promotionsberater deshalb ehrlicher, weniger moralisch verwerflich? Bevor wir die Praktiken von Jensen, Knolle, Sameth und Co. einzeln in den nachfolgenden Kapiteln durchleuchten, müssen wir uns zuerst einmal detailliert mit dieser Dienstleistung auseinandersetzen. Denn wenn einer oder zwei dieser Herren in Wirklichkeit gar nicht so seriös sind, wie sie zu sein vorgeben, dann muß diese Tatsache allein ja noch nicht grundsätzlich gegen den Service „Promotionsberatung“ sprechen. Der wird von vielen Leuten angeboten. Allen diesen Promotionsberatern, Titelhändlern, Ghostwritern usw. konnte ich natürlich nicht auf die Finger schauen.

Also, wodurch unterscheidet sich dieses Geschäft, das natürlich auch von der Eitelkeit der Menschen lebt, von den anderen Spielarten im Business um die begehrten akademischen Grade. Das Hauptkriterium ist, zumindest aus Sicht der Berater: Während der Titelhandel genauso ungesetzlich und damit strafbar ist wie das unberechtigte Führen akademischer Grade oder die Inanspruchnahme der Dienstleistung „Ghostwriting“ im Rahmen einer Promotion, bewege sich die Promotionsberatung dagegen auf dem Boden der Gesetze.

Ein Paket verschiedener Dienstleistungen

Daß dieser Mythos der praktischen Wirklichkeit selten standhält, werden die nächsten Kapitel zeigen, in denen wir die tatsächlichen Angebote und Arbeitsweisen von Sameth und Co. präsentieren. Doch zunächst einmal muß man erklären, worin die Dienstleistung „Promotionsberatung“ eigentlich besteht oder – besser gesagt – nach offizieller Lesart bestehen soll.

Dieser Service umfaßt meist ein Paket verschiedener Hilfsleistungen, die ein Promotionswilliger bei Unternehmen wie Sameth, Jensen oder Knolle gegen Entgelt abrufen kann. Kunden sind überwiegend Leute, die im Berufsleben stehen, daher nur wenig oder keinen Kontakt mehr zu Hochschulen haben: Mediziner, Manager,

Juristen oder andere Akademiker, die den Doktortitel aus finanziellen Beweggründen oder zur Förderung der Karriere benötigen oder dies zumindest glauben. Zeitgenossen, die aufgrund der beruflichen Belastung jedoch möglichst rasch und mit möglichst geringem Aufwand zum Ziel kommen möchten. Für die schmückenden zwei Buchstaben mit dem Punkt vor ihrem Namen sind sie bereit, sogar horrende Summen zu zahlen.

Sehen wir uns nun einmal einzelne Teile des Servicepakets „Promotionsberatung" genauer an. Das größte Pfund, mit dem alle wuchern, ist das „Vermitteln eines Doktorvaters", also eines Hochschullehrers oder Privatdozenten, der bereit und fähig ist, die Promotion eines externen Promovenden zum Erfolg zu führen.

Die Promotionsberater bleiben Beweise schuldig

Sie stellen diese Suche so dar, als ob es für einen Berufstätigen unheimlich schwer, wenn nicht gar unmöglich sei, aus der großen Schar von Professoren, Universitäten, Fakultäten mit ihren rund 800 unterschiedlichen Promotionsordnungen usw. denjenigen Hochschullehrer zu finden, der, bildlich gesprochen, maßgeschneidert zu der promotionswilligen Person, seinem individuellen Hintergrund, seiner Ausbildung und seinem Thema paßt.

Der Doktorvater bekomme zudem einen leistungswilligen Doktoranden, der mit seiner fundierten Arbeit die wissenschaftlichen Ambitionen des Professors befriedigt.

Ist das wirklich so? Der Kritiker Prof. Dr. Dr. Manuel Theisen sagt: „Die meisten Promovenden bedeuten für den Doktorvater zumindest in den Geisteswissenschaften nur zusätzliche Arbeit, die ihnen von seiten der Hochschule jedenfalls nicht entlohnt wird."

Aus welchem Grund, fragt man sich dann unwillkürlich, soll ein Hochschullehrer von einem Vermittler einen externen Promovenden akzeptieren? Denn der Kunde des Promotionsberaters will ja zudem möglichst rasch und effektiv zu seinem Titel kommen. Er hat also weder Zeit noch Interesse, die Ambitionen irgendeines Doktorvaters zu unterstützen. Er denkt nämlich ausschließlich an seine eigenen Interessen. Dafür zahlt er.

Daß die Damen und Herren Promotionsberater dennoch zufriedene Professoren und zufriedene Kunden auf legalem Weg zusammenbringen, dafür legen sie auch keine Beweise auf den Tisch. Sie geben nämlich ganz im Gegensatz zu Personal- oder Unternehmensberatern keine Person als Referenz an. Das ist doch seltsam.

Gewinner ihrer „Beratung" sind, so zumindest die Theorie, beide Seiten. Eines wird von den Promotionsberatern zumindest offiziell immer betont: Es fließt über sie kein Geld, das sie vom Promovenden erhalten, in Richtung der Doktorväter.

Geld fließt – aber wohin?

Um es klar zu sagen: Wenn diese Theorie mit der Praxis der „Vermittlung eines Doktorvaters" wirklich übereinstimmen sollte, ist gegen diesen wichtigsten Teil der Dienstleistung Promotionsberatung juristisch und moralisch überhaupt nichts einzuwenden!

Diese Darstellung wurde und wird heute noch, so Prof. Dr. Dr. Manuel René Theisen (siehe Interview,

Seite 331 ff.), von den meisten Hochschullehrern gern geglaubt. „Sie allein nämlich läßt den Doktorvater in unschuldigem Weiß erstrahlen", schreibt er in „Forschung & Lehre", „und vertreibt so düstere Gedanken an Umfang, Ausmaß und Konsequenzen einer mittelbaren oder sogar unmittelbaren ‚Mittäterschaft' in diesem zweifelsohne anrüchigen Geschäft."

Der schöne Schein, den die Promotionsberater eifrig pflegen, dürfte nach dem Aufdecken der illegalen Machenschaften Jensens durch den „Stern" (Seite 303 ff.) und durch meine vielfältigen Recherchen, deren Ergebnisse Sie auf den nächsten Seiten lesen, sicher viele dunkle Schatten bekommen. Doch auch aus ganz grundsätzlichen Erwägungen erscheint die offizielle Lesart wenig plausibel, weil:

– kein einziger Promotionsberater auch nur einen einzigen Professor nennen will (oder kann?), dem er im Rahmen der gesetzlichen Grundlagen (!) einen promotionswilligen Kandidaten vermittelt hat,

– keinen einzigen Kunden nennen will (oder kann?), der im Rahmen der gesetzlichen Möglichkeiten die Dienstleistung „Promotionsberatung" in Anspruch nahm.

Was gibt es da zu verbergen, wenn wirklich alles mit rechten Dingen zugeht? Vielleicht andere Leistungen, die viel plausibler sind? Die hätten dann aber, so formuliert Theisen, „das unschöne Manko des strafrechtlich Relevanten". Er glaubt wohl nicht zu Unrecht, daß entgegen den Beteuerungen der Promotionsberater doch (wenn nicht immer, dann aber ab und zu) mittelbare oder unmittelbare Zahlungen an die Professoren erfolgen.

Fast jeder macht noch andere Geschäfte

Es fällt zumindest auf: Der eine betreibt nebenher eine Unternehmensberatung. Der andere, Jensen, hat Geldzahlungen an einen Professor in ungewohnter Offenheit indirekt zumindest nicht bestritten (zum „Stern“: „Jeder Professor, mit dem ich zusammenarbeite, weiß, wer ich bin und was ich mache ... Wenn mich jemand fragt, ob da Geld fließt, würde ich das immer leugnen, ich bin doch nicht blöd.“). Ein dritter, Sameth, hat wie Jensen einen Verein gegründet. Der hat „Gutachtertätigkeiten“ zu vergeben und soll „Wissenschaft und Wirtschaft“ zusammenbringen.

Interessante Nebeneinkünfte für die Professoren

Sind diese anderen Geschäfte der Promotionsberater nicht bestens dazu geeignet, den Verdacht zu untermauern, daß man über diesen Umweg bereitwilligen Professoren zu Nebeneinnahmen verhilft, die zwar nicht unmittelbar, aber mittelbar mit ihrer Bereitschaft zu tun haben, externe Promovenden zu betreuen?

Dazu darf man sicher wieder Theisen zitieren: „Auch wenn der Phantasie und dem Ideenreichtum der Beteiligten hier kaum Grenzen gesetzt sind, so lassen sich alle Formen einer Kostenerstattung, Reisekostenbeteiligung, Kongreßbezuschussung, Gerätebereitstellung, Literaturspende oder Mitarbeiterfinanzierung auf einen einzigen strafbewehrten Sachverhalt zurückführen: Vorteilsannahme im Amt.“

Der entsprechende § 331 Strafgesetzbuch (StGB) lautet: „Ein Amtsträger ..., der einen Vorteil als Gegenleistung dafür fordert, daß er eine Diensthandlung vorgenommen hat oder künftig vornehme, wird mit Freiheitsstrafe bis zu zwei Jahren oder mit Geldstrafe bestraft.“

Und dem Promotionsberater, der dem Professor irgendwelche Vorteile verschafft, ihn also zu bestechen versucht, dem droht schon aufgrund dieses Versuchs nach § 333 StGB dasselbe Strafmaß.

Ein relativ kleiner Fisch dieser Branche ging der Staatsanwaltschaft im Ruhrgebiet ins Netz. Für seinen Versuch der Bestechung zahlte er eine Geldbuße. Er sandte einem Professor der Universität Köln einen zweiseitigen Brief. Seine diplomatischen Redewendungen lauten so:

> Es ist klar, daß die Betreuung eines externen Promotionsprojektes eine zusätzliche Arbeitsbelastung bedeutet. Hier können wir Ihnen unsererseits eine gewisse Entlastung bei der Betreuung bieten, sei durch die Verbesserung Ihrer Ausstattung oder bei der Anschaffung notwendiger Literatur, bei der Teilnahme an Kongressen o.ä., so daß ein gewisser Aufwandsausgleich erreicht werden kann.
>
> Wenn Sie die Möglichkeit sehen, einen Promoventen (oder eventuell die beiden jungen Ökonomen, die ihre Arbeiten aufeinander beziehen möchten) zu betreuen, so können wir relativ schnell einen Termin vereinbaren. Ich bin zeitlich flexibel und kann vergleichsweise kurzfristig bei Ihnen vorbeikommen.
>
> Mit freundlichen Grüßen

Nun zu den nächsten offiziellen Dienstleistungen der Promotionsberater, die man der Einfachheit halber zusammenfassen kann. Die wichtigsten lauten: Finden eines „passenden Dissertationsthemas“ und danach „gesetzlich zulässige Hilfen bei der Realisierung der Doktorarbeit“ wie „Diskussion von Gliederungen, Hilfe bei der Materialbeschaffung, das Anfertigen von Literaturverzeichnissen“ und ein „spezielles Training für die mündliche Doktorprüfung“.

All diese Dinge sind rechtlich jedoch schon in der Grauzone unzulässiger Beratung, so Theisen, „wenn der Doktorvater die Themenfindung und -formulierung ausdrücklich als Bestandteil der eigenen wissenschaftlichen Anstrengungen erklärt und damit zum Prüfungsbestandteil deklariert hat". Sie sind zumindest in der eidesstattlichen Versicherung anzugeben. Alle anderen Dienstleistungen wie Datenbankrecherchen usw. seien nur dann rechtlich zulässig, wenn sie „keinen Einfluß auf die inhaltliche Gestaltung der wissenschaftlichen Prüfungsleistung und damit auf den materiellen Prüfungsinhalt haben".

Kaum Spielraum für legale Unterstützung

Wenn man es mal ganz praktisch sieht, dann bleibt selbst in der Theorie kaum etwas übrig für die Dienstleistung „Promotionsberatung", zumindest dann, wenn sie sich in den gesetzlichen Grenzen bewegt. Die schlichte Wahrheit ist halt: Die ganz überwiegende Arbeit einer Promotion ist das Erstellen der Dissertation. Und die muß der Promovend eben selber schreiben.

Daß den Promotionsberatern nicht viel legale Arbeit bleibt, wissen sie übrigens sehr genau. Ihr Handlungsspielraum wird durch die Publikationen der letzten Monate immer enger. Mag sein, manchen Professoren, die mit ihnen zusammengearbeitet haben, ist mittlerweile die Erkenntnis gekommen, daß sie sich selber unter Umständen strafbar machen. Mag sein, andere haben einfach „kalte Füße" bekommen.

Ohne die Hochschullehrer und Privatdozenten sitzen die Promotionsberater jedoch auf dem Trockenen. Die wenigen rechtlich zulässigen Unterstützungen im

Zusammenhang mit der Doktorarbeit dürften für sie finanziell absolut uninteressant sein. Wenn sich kein Professor einen Promotionswilligen mehr vermitteln läßt, dann ist es um die Dienstleistung Promotionsberatung geschehen.

Auch das dürfte den meisten gutverdienenden Beratern klarsein. Deswegen, aber auch, weil die eine Version ihrer Dienstleistung nur für die Öffentlichkeit bestimmt war und ist, bieten sie natürlich inoffiziell noch ganz andere Dinge an. Damit verlassen sie jenen gesetzlich zulässigen Rahmen, den sie lange Zeit wie eine Monstranz vor sich hergetragen haben.

Aus unseren verdeckt durchgeführten Recherchen, bei denen meine Kollegen und ich den Herren Promotionsberatern also nicht gesagt haben, daß wir Journalisten sind, bestätigte man uns offen, daß

– man natürlich auch Ghostwriting betreibe,

– man zumindest Teile der Doktorarbeit „überarbeiten“ könne,

– man einen Teil des Honorars an die Professoren weiterleite,

– man ausländische Universitäten im Angebot habe, wo alles viel einfacher funktioniere als mit den deutschen.

So wenig Dienstleistung für so viel Geld?

Promotionsberater, die sich angeblich so sehr von den anderen zwielichtigen Gestalten im Titelgeschäft unterscheiden, wollen immer ernst genommen werden. Die Konkurrenten lügen und betrügen. Das kommt bei ihnen natürlich nicht vor. Daher habe ich sie auch ernst genommen und gebe in den nachfolgenden Kapiteln genau das wieder, was sie mir jeweils mehrmals berichteten. Ich habe ihnen, wo es nötig erschien, mehr als eine (verdeckt ermittelnde) Person ins Haus gesandt. Sie werden das meiste nach Erscheinen des Buches natürlich offiziell abstreiten.

Kritiker der Dienstleistung „Promotionsberatung" hatten stets noch ein wichtiges ökonomisches Argument parat: Wenn die offizielle Version stimmt und alles mit rechten Dingen zugeht, dann sind all diejenigen, die die offizielle Form der Promotionsberatung einkaufen, ökonomisch betrachtet einfach Trottel, oder sie haben, schlicht gesagt, zuviel Geld. Sie würden dann nämlich komischerweise für ein bißchen (legale) Arbeit einige 10000 DM zahlen.

Heute wissen wir, daß die Kunden der Promotionsberater doch rechnen können. Sehr gut sogar. Für die relativ hohen Summen, die bei der Promotionsberatung die Besitzer wechseln, kaufen sie tatsächlich mehr als die offiziell immer zugegebenen Dienstleistungen ein. In einigen Fällen sogar viel mehr.

Selbst Spitzenwerte um die 100000 DM, die beispielsweise Promotionsberater Prof. Dr. Peter Knolle für sein Gesamt-Dienstleistungspaket (Vermitteln des Doktorvaters, Schreiben der Dissertation, Training aufs Rigorosum) verlangt, sind nur ein Klacks im Vergleich zu den Kosten und Mühen, die jemand aufbringt, der herkömmlich promoviert und deswegen u. a. zwei Jahre später als ein „Nicht-Promovierter" in den Beruf einsteigt.

Künftig haben sie es sehr viel schwerer

Ganz schwer hat es künftig die Gilde der Promotionsberater, sollten die Vorschläge des Deutschen Hochschulverbands und die noch weiter gehenden Vorstellungen der Hochschulrektorenkonferenz (HRK) (siehe das Interview mit Prof. Dr. Erichsen, Seite 321 ff.) im kommenden Jahr Realität werden. Geplant sind Verschärfungen der Promotionsordnungen sowie neue Sicherungen gegen ungesetzliche Handlungen.

Was für die Promotionsberater jedoch noch viel bitterer sein dürfte: Man will in der eidesstattlichen Erklärung, die der Doktorand über die Eigenständigkeit der erbrachten wissenschaftlichen Leistung abzugeben hat, die Unterstützung eines „Promotionsberaters" ausdrücklich ausschließen (siehe dazu die „Empfehlungen des Deutschen Hochschulverbandes", Seite 328 ff.).

Die juristischen und praktischen Folgen: Wer sich künftig auf Geschäfte mit Promotionsberatern einläßt und diese oder andere Hilfen nicht angibt, begeht dann – noch viel bewußter als heute schon oft – einen Bruch der eidesstattlichen Versicherung. Ein durch Täuschung oder Betrug erworbener Doktortitel wird bei erst später bekannt gewordenem Verstoß wieder aberkannt. Die Prüfung gilt als nicht bestanden.

Hinweis:
Neben den im Text beschriebenen Risiken, muß man mit folgenden Konsequenzen rechnen:

1. Derjenige, der unter Vorspiegelung eines ihm in Wahrheit nicht zustehenden Titels irgendwelche Vermögensvorteile erschleicht (zum Beispiel einen Anstellungsvertrag), kann wegen Betrugs im Sinne des § 263 StGB verurteilt werden. Darauf stehen Geldstrafen oder eine Haftstrafe bis zu fünf Jahren.

2. Wem derartig schwerwiegende juristische Folgen drohen, der ist in der Regel durch zwielichtige Mitwisser viel eher erpreßbar, als wenn ihm nur ein „Kavaliersdelikt" vorzuwerfen wäre.

3. Wer sich mit einem auf fragwürdige Weise zustande gekommenen Doktortitel um einen Arbeitsplatz bemüht und diesen auch erhält, riskiert den Verlust dieses Jobs, wenn ihm dieser Titel später wieder aberkannt wird. Der Arbeitgeber kann den Vertrag wegen arglistiger Täuschung anfechten.

4. Wer sich vom Promotionsberater die Arbeit gleich mitschreiben läßt, sollte die Konsequenzen dieser Handlung auf der Seite 179 nachlesen.

5. Wer einem (betrügerischen) Promotionsberater die eigene Doktorarbeit anvertraut, damit der einen Doktorvater findet, kann nie sicher sein, daß diese Dissertation nicht einfach an andere Personen verkauft wird und in einer anderen Universität als Arbeit eines anderen „Doktors" auftaucht.

Cappacon AG – Prof. Dr. Peter Knolle, Wiesbaden/Zug (CH)

Durch „Fensterln“ zum Titel?

Plaudern andere Promotionsberater oder Titelhändler wie Dr. Jensen, Dr. Sameth oder Dr. D. Müller relativ offen bereits am Telefon über das breite Spektrum ihrer Dienstleistungen, so gibt sich Prof. Dr. Peter Knolle zu Anfang stets zugeknöpft.

„Promotion nachholen – Dr.-Arbeit fertigstellen – Lehren“, so lautet zwar die Überschrift seines Inserats. Aber wer die Doktorarbeit nun fertigstellt, der Promotionsberater oder der Kandidat, das erfährt man am Telefon noch nicht. Genausowenig übrigens, ob er Kontakte zu Professoren an in- und ausländischen Hochschulen vermittelt oder einfach nur mit Titeln handelt.

Nur Namen, Alter, Adresse, Telefonnummer fragt Knolle kurz ab, will den Promotionswunsch wissen und vor allem, woher man wohl seine Adresse hat. Denn mit den Inseraten ist der Herr Professor, der übrigens nicht im deutschen Hochschullehrerverzeichnis steht, ziemlich sparsam. Auch das unterscheidet ihn deutlich von den obengenannten Herren, die fast jede Woche auf Kundenfang gehen.

Wer mit Knolle ins Geschäft kommen möchte, muß erstmal einen Fragebogen ausfüllen. Neben den persönlichen Daten fordert er Informationen zum „akademischen Werdegang“, fragt nach „Spezialkenntnissen aus Fachrichtung und Berufstätigkeit, die Ihnen bei der Anfertigung einer Dissertation in diesem Programm geeignet erscheinen“. Anfertigung einer Dissertation? Oh Gott. Also doch selber die Arbeit schreiben?

Aber aus unseren Kontakten mit anderen Promotionsberatern haben wir ja schon gelernt: Im vertraulichen Gespräch unter vier Augen ist plötzlich alles ganz anders. Da bieten die Herren fast immer den „Fullservice“ an: Kontakt zum promotionsfördernden Professor, Schreiben der Arbeit, Training aufs Rigorosum, damit man bei der mündlichen Prüfung nicht durchfällt. Der Weg zu akademischen Ehren ist mit Tausenden von Mark gepflastert, an Eigenleistung bleibt fast nichts mehr.

Zweimal eine Woche Prüfungsvorbereitung

Diesen Eindruck vermittelt auch der Knollsche Fragebogen bei genauerem Hinsehen. Einerseits steht dort die – wie sich später herausstellen wird – etwas scheinheilige Frage, wie viele Stunden pro Woche man für das Promotionsstudium zur Verfügung stellen könne. Andererseits wird gleich anschließend um Auskunft gebeten, ob man denn insgesamt zweimal eine Woche für die Prüfungsvorbereitung aufbringen könne …

Da sich die meisten bemitleidenswerten Zeitgenossen in Deutschland immer noch viele Tage, Wochen,

Monate, ja sogar Jahre durchs Promotionsstudium quälen, will ich mich nicht lumpen lassen und signalisiere dem Promotionsberater Knolle: Ja, ich bin durchaus willens, zwei Wöchelchen in meine akademische Zukunft zu investieren.

Das scheint erst einmal zu genügen. Denn wenige Tage später bittet er mich zur Audienz. Die findet aber nicht in seinem Büro oder seiner Privatwohnung statt. Zur persönlichen Promotionsberatung lädt er seine Besucher meist ins Wiesbadener Penta-Hotel. Um die Anfahrt zu erleichtern, legt er freundlicherweise gleich einen Lageplan mit Wegeskizze bei. Bei schlechterem Wetter trifft man sich in der „Pinte“, bei besserem sitzt man auch schon mal auf der Sonnenterrasse des Hotelrestaurants „Globetrotter“ zusammen.

Ein feiner, etwas altmodischer Herr

Das ist er also, der Herr Prof. Dr. Knolle. Ein älterer Herr, sicher über die 50. Er wirkt ein wenig zerbrechlich, zerstreut, aber auch vornehm. Zum grauen Sakko trägt er eine etwas breite Krawatte und ein passendes Tuch in der Brusttasche. Er wirkt ein wenig altmodisch. Sind uns in diesem Business Typen mit tragbarem Telefon begegnet, das sie demonstrativ mit sich herumschleppen, so holt der Herr Professor bedächtig ein Lineal und einen Taschenrechner aus seiner schwarzen Ledermappe heraus und legt sie sorgsam auf den Tisch.

Bei Kaffee und vielen Zigaretten plaudert er über seinen aufreibenden Job. Da ist einmal seine Zusammenarbeit mit den Ärzten. Die hätten noch immer nicht begriffen, daß die Sparmaßnahmen von Bundesgesundheitsminister Horst Seehofer nicht nur ein vorübergehendes Phänomen seien. Das sei ganz anders. Er arbeite an Konzepten, den Medizinern neue Einkommensquellen zu erschließen.

Die scheinen aber nicht so zu wollen, wie Knolle wünscht. Sie könnten beispielsweise leicht und erfolgreich über die Ehefrau medizinische Artikel in der Praxis verkaufen, erläutert er. Mindestens 8 000 bis 10 000 wären da zusätzlich im Monat drin. Aber dazu seien sich viele, besonders die älteren Herren in Weiß, zu fein. „Aber das wird sich schon ändern", sagt er und grinst fast ein bißchen diabolisch.

Über diese Klientel ist er auch, wie er anschließend ganz unverblümt erzählt, an den Titelhandel als einträgliches Nebengeschäft gekommen. „Da waren Mediziner", sagt er, die sich mit einer Praxis selbständig machen wollten und keinen Doktortitel hatten. Ein Doktor ohne Doktortitel, das sei doch nichts. Die hätten ihm sein Problem geschildert.

Zuerst habe er einem geholfen, dann mehreren. Und mit der Zeit wären dann auch Juristen, Ingenieure und Betriebswirte auf ihn zugekommen. Und so habe er mittlerweile ein breites Beziehungsnetz aufgebaut. Das sei sein Kapital.

Das Wissen hütet er wie einen kostbaren, tief im Erdreich verborgenen Schatz, der sich nur mit wohldosierten Geldspritzen ans Tageslicht holen läßt. 1 500 DM Abschlagszahlung auf eine „Promotionsinitiierungsgebühr" von insgesamt 10 000 DM sind nach Ausfüllen des Fragebogens fällig, wie man in der Vereinbarung liest, die Knolle gleich mitgebracht hat und dem Besucher vorlegt. Man kann auch in Etappen zahlen. Das zeichnet der Professor dem Besucher dann auf (siehe gegenüberliegende Seite).

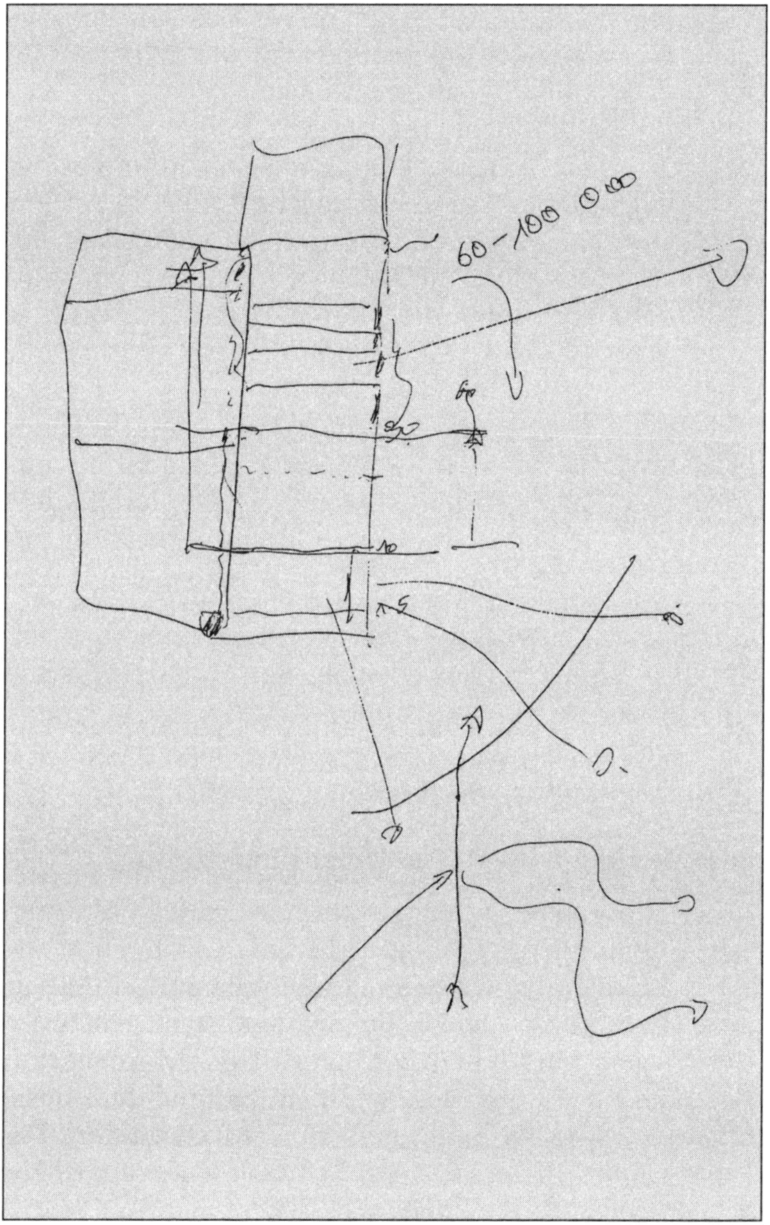

Auch ein „Fremdgutachten“ ist drin

Aber bevor irgend etwas irgendwie initiiert wird, möchte der Interessent doch gern erfahren, was Prof. Dr. Peter Knolle denn nun wirklich anzubieten hat. Denn nach dieser Gebühr mit dem unaussprechlichen Namen sind weitere hohe Geldbeträge vonnöten, um die beiden begehrten zwei Buchstaben mit dem Punkt zu bekommen.

Am schnellsten ginge es mit einer spanischen Universität, sagt er dann. Für rund 80 000 DM insgesamt habe man alles innerhalb von einigen Monaten. Natürlich könne ich die Arbeit auch selbst schreiben. Diese Mühe müsse ich mir aber nicht unbedingt machen. Die Doktorarbeit sei bereits im Komplettpreis enthalten. Ein dortiger Assistent übernehme diesen Part, der Professor sei eingeweiht und halte eben auch die Hand auf. Auf die mündliche Prüfung werde man vorbereitet. Es sei ein Übersetzer dabei, der notfalls hilfreich einspringe. Da es sich um eine staatlich anerkannte Hochschule handle, gäbe es mit dem Führen des Doktortitels keine Probleme.

Beste Kontakte ins Düsseldorfer Ministerium?

Und dann sagt er ein paar Sätze, die mich aufhorchen lassen. Die Nostrifizierung des ausländischen Titels sei im übrigen kein Problem, da er mit jemandem aus dem Ruhrgebiet zusammenarbeite. Der wiederum habe beste Kontakte ins Düsseldorfer Ministerium. Der gehe da ein und aus! Um das ganze Verfahren zu beschleunigen, könne man mit der dazugekauften Fremdarbeit die Nostrifizierung bereits im vorhinein betreiben.

Nachteil der spanischen Variante sei, wie Titelhändler Knolle selbst anmerkt, ein kleiner Unsicherheitsfaktor. Die Spanier ließen sich nicht auf Verträge ein, sondern wollten die 30 großen Scheine sofort bei der Anmeldung cash auf die Hand. Dies gibt er einem dann auf Verlangen später auch schriftlich. Aber manche seiner Klienten seien deswegen nicht böse, weil sie ohnehin irgendwo Bargeld hätten, von dem das Finanzamt nichts wüßte. Bei ihm sind solche Beträge also gut angelegt?

Seine Dienstleistungen versucht er dann mit einem Bild zu umschreiben. „Das ist wie beim Fensterln", sagt er und freut sich diebisch über diesen Vergleich. „Wir wissen, wo die schöne Frau ist, stellen die Leiter auf, helfen auch hinauf. Gehen muß der Kandidat schon allein. Zur Not schubsen wir ihn auch noch zum Fenster hinein."

Mutiger geworden, will ich nun wissen, ob er die Leiter nicht irgendwo in Deutschland aufstellen kann. Er kann, wie er versichert. Am leichtesten sei das Finden eines Doktorvaters in Medizin, da er sich darin am besten auskenne. Aber auch in anderen Fächern könne er aktiv werden.

Kontakte nach Kiel, Greifswald, Dresden und Regensburg

Die deutsche Lösung dauere – je nach finanziellem Engagement des Doktortitel-Aspiranten – länger oder kürzer. Bei einer normalen deutschen Universität, also einer staatlichen, muß der Interessent sich richtig einschreiben. Insgesamt sei mit einer Dauer von drei bis vier Semestern zu rechnen.

Dieser Zeitraum sei wegen der universitären Bürokratie, der Genüge getan werden müsse, notwendig. Die Leute von der Uni, die nicht eingeweiht sind, sollen ja nichts mitkriegen. Der betreffende Professor sei natürlich auch hier eingeweiht. Er habe gute Kontakte zu den Unis in Kiel, Greifswald, Dresden und Regensburg.

Er empfiehlt der Einfachheit halber in den meisten Disziplinen, einen historischen Ansatz zu wählen. Ist die Arbeit erst fertig, müsse man sich dann zwei Wochen lang auf die mündliche Prüfung vorbereiten, ganz tief in das von ihm und seinen Zuträgern erarbeitete „Fremdgutachten“ eintauchen, damit der Co-Prüfer nichts merke. Nach rund zwei Jahren sei dann alles erledigt. Geschätzte Kosten: rund 40000 bis 60000 DM je nach Dienstleistung. Wer die Arbeit mitgeliefert haben möchte, müsse auf jeden Fall mit über 50000 DM rechnen.

„Geht das nicht irgendwie schneller, wissen Sie keinen Ausweg?“ möchte der Besucher wissen. Auch da weiß Knolle Rat. Es gebe ein „Expreß-Verfahren“, sagt er. Das läßt aufhorchen. Einige wenige Möglichkeiten hätte er bei einer anerkannten deutschen privaten Universität zu bieten. „Herdecke?“ werfe ich ein, um zu zeigen, daß ich wenigstens eine kenne. Die sei's nicht, meint er, aber eine mit gleich hohem Niveau. Die „Expreß-Lösung“ im Gesamtpaket koste mindestens 100000, wenn nicht 120000 DM.

Die Verträge: klare Vorteile für Knolle

Nachdem ich nun das Wichtigste erfahren haben, sehe ich mir zuerst flüchtig, später intensiver den Knollschen Vertrag an. Partner dieser Vereinbarung ist die Cappacon AG International Consultants im schweizerischen Zug, für die Prof. Dr. Knolle unterzeichnet.

Für den deutschen Kunden sei dies ein Vorteil, versucht er den zweifelnden Besucher zu überzeugen, weil sich von der Schweiz aus leichter Rechnungen ausstellen ließen, die weniger von den deutschen Behörden beanstandet würden. Auf diese Weise ist also, will man Knolle richtig verstehen, der bei ihm gekaufte Doktortitel über fingierte Rechnungen steuerlich absetzbar.

Dennoch gibt es zwei weitere große Klippen im Vertrag. Die eine lautet wörtlich so: „Sollte aus Gründen, die derzeit nicht erkannt werden können, der Nachweis einer Promotionsmöglichkeit nicht möglich sein, weil der Vorschlag von Cappacon durch alle angegangenen Universitäten abgelehnt werden (gemeint ist: wird, der Autor) und kein Alternativvorschlag möglich ist, wird die Promotionsinitiierungsgebühr hälftig (5 000 DM) erstattet.“

Das heißt natürlich andererseits: Sollte der Herr Professor kein richtiger Professor sein, sondern ein Gauner, der nur auf unser Geld aus ist, was wir natürlich nicht annehmen, dann kassiert er erstmal 10 000 DM „Promotionsinitiierungsgebühr“ und lacht sich ins Fäustchen. Er wartet eine Zeitlang ab, heuchelt anstrengende Bemühungen an zig Universitäten vor. Die lehnen natürlich den Kandidaten ab.

Ein paar Tausender bleiben ihm in jedem Fall

Seine „Bemühungen“ braucht Knolle laut Vertrag natürlich nicht belegen. Das wird er auch nicht. Das verbietet einmal die „Diskretion". Wir wissen ja bereits: Sein „Beziehungsnetz" ist sein Kapital. Das breitet er nicht einfach so auf dem Tisch aus. 5 000 der 10 000 DM werden unter Umständen zurückgezahlt. 5 000 DM bleiben auf jeden Fall bei Knolle.

Oder vielleicht noch mehr? Denn wenn es zu Streitigkeiten kommt, so liest man in der „Vereinbarung", entscheidet unter Ausschluß des Rechtsweges ein „Schiedsgericht". Und weiter: „Es gilt Schweizer Recht. Gerichtsstand ist Zug."

Knolle, aber auch Sameth und Jensen (siehe die nachfolgenden Kapitel), fordern ihre Kunden auf, Schiedsverträge unter Ausschluß des Rechtsweges abzuschließen. Was hat es damit auf sich? Im Prinzip ist das nichts Anrüchiges. Die Justiz ist überlastet. Sie wird durch viel Kleinkram aufgehalten, so daß es in vielen Fällen sogar sinnvoll ist, sich auf ein Schiedsgericht zu einigen, das Kontroversen rascher und unbürokratischer klären kann.

Doch in diesem Zusammenhang sieht die Sache etwas anders aus. Die Promotionsberater bevorzugen dieses Verfahren, weil die Öffentlichkeit ausgeschlossen ist, und es keine Revisionsmöglichkeit wie bei einem normalen Gerichtsverfahren gibt. Wegen der vielen Unwägbarkeiten war ich nicht bereit, nur einen Pfennig an Knolle zu zahlen. Zu viele Zweifel nagten in meiner Brust. Großartige Versprechungen einerseits (spanische, anerkannte Uni, Promotion an deutscher Uni im „Normalgang" oder im „Express-Verfahren") und andererseits ein Vertrag, der Knolles Cappacon AG maßlose Vorteile gegenüber seinen Klienten verschafft.

Resümee: Wenn all seine Versprechungen wirklich hohl sein sollten, was wir nicht überprüfen können, auch gar nicht wollen, so steht jedenfalls eines fest: Gezahlte Gelder zurückzuerhalten, das dürfte ziemlich aussichtslos sein.

Die Risiken:
Die Risiken im geschäftlichen Umgang mit Promotionsberatern finden Sie im gesonderten Kasten im Einleitungsartikel dieses Kapitels, Seite 278.

Prof. Dr. Konrad Sameth, Hamburg/Berlin

Titel aus Deutschland, Polen und Phantasia

Als Prof. Dr. Sameth noch in Hamburg weilte, empfing er seine Besucher mit einer kleinen Überraschung. Nur einen kurzen Augenblick stand ich etwas irritiert vor dem Hochhaus in der Hamburger Kollaustraße und suchte unter den vielen Klingeln vergeblich nach seinem Namen. „Kommen Sie nur herauf, ich erwarte Sie schon", hörte man unvermittelt eine Stimme sagen. Die Glastür schnappte auf. Ein paar Treppen höher dann eine mit vielen Schlössern gesicherte Tür.

In seinem Büro angekommen, verstand man, auf welche Weise Sameth die Ankunft seiner Gäste auch ohne Klingelzeichen bemerkt. Hinter seinem Schreibtisch befanden sich mehrere Monitore, die mit Fernsehkameras verbunden waren. Die überwachten Flur, Hof, Hauseingang. Ob er so etwas als Promotionsberater nötig hat?

Mittlerweile ist Sameth nach Berlin umgezogen. Dort residiert er weitaus pompöser, also dem einträglichen Titelgeschäft wirklich angemessen. Er bewohnt auf dem Kaiserdamm das ausgebaute Dachgeschoß eines modernisierten, fünfgeschossigen Altbaus.

Sein Büro: Schreibtisch in dunkler Eiche, einige Regale, ein paar Bücher und Aktenordner, ein Sessel aus schwarzem Leder. Unmittelbar neben seinem Schreibtisch steht ein Personalcomputer der Marke Apple MacIntosh. Den verwenden viele Profis in den

Werbeagenturen zur Bildverarbeitung, zum Herstellen von Layouts. Ob er damit etwa Urkunden entwirft, fragt sich der Besucher unwillkürlich.

Da sitzt er also vor uns, der Herr Promotionsberater, der bereitwillig den Zeitungen von seinem Business erzählt, zumindest von einem Teil seiner Geschäfte. Und der unter voller Namensnennung in Anzeigen seine Dienstleistungen anpreist.

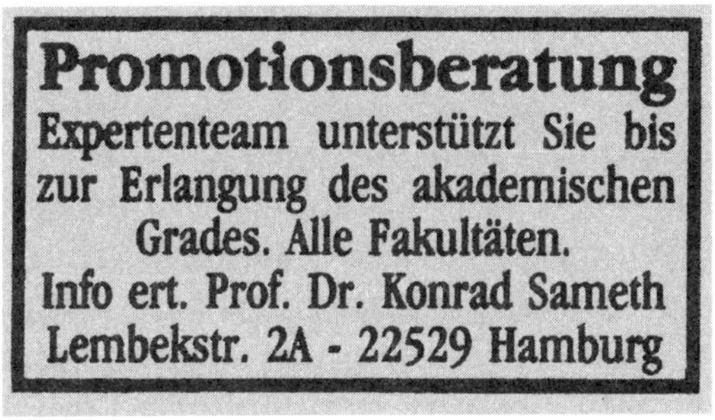

Sameth ist ein eher kleiner, magerer Typ, dunkle, fast schwarze Haare, sonnengebräunte Haut, mit schwarzem Siegelring und edelsteinbesetztem Ring an der rechten Hand. Er bevorzugt Rollkragenpullis zum Sakko. Er spricht weder bedächtig noch hastig. Aber er kommt doch relativ rasch auf den Punkt. Denn Zeit ist Geld. Und Geld will auch Sameth. Sogar viel. Aber davon etwas später.

Zwei Freunde, ein „vertraulicher Informationsbogen"

Ich habe mich zuerst nach Hamburg und dann hat sich ein Kollege auch noch nach Berlin aufgemacht, um herauszufinden: Gibt es auch bei den Samethschen Serviceleistungen sozusagen eine offizielle Version, die er vielleicht nur den Medien vorgaukelt, um nicht mit den

Gesetzen in Konflikt zu kommen? Man muß wissen: Dr. Sameth, aber auch Dr. Jensen, lieben es geradezu, in Zeitungen wie „Süddeutsche“, „Welt“ oder FAZ etwas zum Thema „Promotionsberatung“ zum Besten zu geben, bringt ihnen doch jede Veröffentlichung zumindest neue Kontakte, wenn nicht sogar Kunden.

„Die meisten Interessenten wissen gar nicht, wo und wie man als Geschäftsmann promovieren kann“, sagte Sameth kürzlich beispielsweise der „Süddeutschen Zeitung“.

Genau das wollten wir erfahren, freilich ohne ihm zu sagen, daß wir Journalisten sind. Wir waren gespannt, ob sich sein Angebot von der in den Medien präsentierten Version unterscheiden würde.

Um es vorwegzunehmen: Es gibt bei ihm zwei Versionen. Mindestens zwei, wenn nicht sogar mehr. Genauso wie bei Jensen (siehe Seite 303 ff.) und Prof. Knolle (siehe Seite 279 ff.). Jensen und Sameth kennen sich gut aus gemeinsamen Hamburger Zeiten. Die intensive Beziehung der beiden spiegelt sich auch in deren Fragebogen „Vertraulicher Informationsbogen für Promotionsvorhaben“ wider. Beide sind weitgehend identisch!

Die offizielle Dienstleistungspalette

Die offizielle Darstellung der Dienstleistungen des Prof. Dr. Konrad Sameth lautet: „Mein Expertenteam und ich sind auf Promotionsverfahren der verschiedensten Fakultäten spezialisiert und kennen Professoren, die sehr kooperativ sind, indem sie sich bemühen, die Gesamtlaufzeit auf ein Minimum von ca. sechs bis zwölf Monaten zu beschränken.“ Bei der Dissertation bietet er zunächst „legale Hilfestellungen“ an, „so daß sich der Zeitaufwand in Grenzen hält“. Zudem können er und seine fleißigen Helfer „bei der Rigorosumsvorbereitung ... behilflich sein“.

Wer den Fragebogen mit ein paar persönlichen Daten und „Angaben zum schulischen und akademischen Werdegang“ ausfüllt und an ihn zurückschickt, erhält eine Einladung.

Die erste Audienz bei Sameth ist kostenlos. Muß er sich selbst auf die Socken machen, werden 1500 DM „Kostenpauschale“ fällig.

Beim Fragebogen fällt deutlich auf: Während fast alle Sätze in normaler Schrift gesetzt sind, hat Sameth bei zwei Fragen bestimmte Worte durch Fettdruck hervorgehoben:

– Können Sie für Rigorosum-Vorbereitung **zweimal eine Woche** aufbringen?

– Welche folgenden Fremdsprachen beherrschen Sie in **Wort und Schrift**?

Seltsam. Vierzehn Tage auf die mündliche Prüfung hin zu lernen, das kennen wir schon von anderen Promotionsberatern, die nicht nur Kontakte zum Professor herstellen wollen, sondern nach eigenen Angaben gleich die komplette Arbeit mitliefern. Damit man nicht allzusehr beim Rigorosum stottert und das Ganze in Peinlichkeit ausartet, so wird einem unter der Hand gesagt, müsse man sich eben zweimal eine Woche mit der Arbeit und der Literatur intensiv beschäftigen. Das ist angeblich der einzige Eigenbeitrag; neben dem Griff ins Portemonnaie natürlich. Will Sameth das hier schon andeuten?

Aber Fremdsprachen in Wort und Schrift? Will er uns vielleicht auch eine Promotion an einer ausländischen Uni vorschlagen?

25 000 DM für die Kontaktanbahnung

Das auch. Aber nicht nur. In Hamburg und Berlin sagt er, daß die Kontaktvermittlung zu einem Professor an einer geeigneten deutschen Universität bei ihm 25 000 DM koste. Weitere 20 000 DM fordert er für Literatur-Recherchen, Hilfen bei der Gliederung und das Training fürs Rigorosum. Zu diesen 45 000 kämen dann noch einmal etwa 30 000 DM für das Erstellen der Arbeit, wenn man nicht unbedingt Lust habe, das selbst zu machen. Dies sind bei ihm natürlich keine „Festpreise". Denn beim zweiten Besuch lagen die Preise für diese Dienstleistungen etwas darunter.

Im Falle der Promotion an einer deutschen Hochschule sei es das beste, wie er aus seinen gut sechs Jahren Beratertätigkeit wisse, ein Thema aus dem beruflichen Umfeld auszuwählen. Dann nämlich falle das Training auf das Rigorosum auch nicht so schwer, und das Risiko, daß der Professor etwas merke, sei viel geringer. Den zeitlichen Aufwand beziffert er bei diesem Verfahren auf eineinhalb bis zwei Jahre.

Sameths osteuropäische Kontakte

Wem das zu teuer, vor allem aber zu zeitaufwendig ist, dem bietet Sameth eine „interessante Alternative". Einen Dr. rer. pol. könne man auch an einer polnischen Universität machen, zu der er beste Beziehungen habe, nämlich zu einer Hochschule in Stettin. Dort habe er übrigens einen Lehrstuhl. Den eigenen Doktortitel habe er in Großbritannien, genauer gesagt in Cambridge, erworben. In der Zwischenzeit weiß ich jedoch, daß die Hamburger Staatsanwaltschaft ihm das unberechtigte Führen des Doktortitels vorwirft.

Dennoch zurück zu seinen Offerten aus Polen. Von Nachteil sei zwar, daß man hinter den zwei Buchstaben mit dem Punkt noch die Abkürzung „PL" für das Herkunftsland Polen schreiben müsse. Doch wenn unser östlicher Nachbar erst einmal in der EU sei, strahlt Sameth schon fast sympathisch übers ganze Gesicht, falle dieser kleine Makel auch weg. Der polnische Abschluß sei innerhalb eines Jahres zu haben und koste auch nur 30 000 DM alles inclusive. Vorteil bei den Universitäten im Ostblock: Man könne dort die Professoren direkt bezahlen. Das erhöhe deutlich ihre Motivation.

„Muß man dort auch durchs Rigorosum, und in welcher Sprache findet diese Prüfung denn statt", will ich es doch etwas genauer wissen. „Sie müssen sogar zwei Prüfungen machen", gibt er bereitwillig Auskunft. Jede dauere aber nur etwa 20 Minuten und laufe auf polnisch ab. Von Vorteil sei, daß die Übersetzerin, eine gute Bekannte von ihm, sich sehr gut in Wirtschaftswissenschaften auskenne und bei der Übersetzung der deutschen Antworten ins Polnische offensichtliche Schwächen gleich ausbügele, so daß der Kandidat sein Gesicht bewahrt und ungeschoren durch die zwei Prüfungen kommt.

Die polnische Lösung biete sich zudem immer dann an, wenn deutsche Fachhochschulabsolventen (FH) zügig einen Doktortitel haben wollten. Während es in Deutschland ziemlich schwierig sei, mit einem FH-Abschluß zum Zuge zu kommen, gebe es diese Probleme in Polen, aber auch in den meisten anderen europäischen Staaten, nicht.

Die Verbindungen nach Polen, das ergeben meine Recherchen, existieren tatsächlich. Dort hat der wakkere Prof. K. Sameth, so teilt man mir mit, ein „Aufbaustudium – die Verwaltung im Bauwesen“ mitorganisiert und für „dessen Realisierung Finanzmittel in Deutschland“ gefunden …

Die Sache mit der Herkunftslandbezeichnung

Trotz der offenbar funktionierenden Polen-Schiene weiß Sameth auch für solche Fachhochschulabsolventen eine Lösung, die unbedingt an einer deutschen Hochschule promovieren wollen. Denn der Zusatz „POL“ oder „PL“ ist nicht gerade schick. Stehen diese Buchstaben auf der Visitenkarte, fragt sicher jeder zweite, was das zu bedeuten habe. Wieso man in Polen als Deutscher promovieren kann? Ob man dann vorher Polnisch lernen muß? Und viele werden sich denken: Da ist etwas nicht mit rechten Dingen zugegangen, da ist bestimmt Geld geflossen.

Diese Bedenken dürften Herrn Prof. Dr. Sameth nicht ganz unbekannt sein. Deswegen kommt er noch auf die Möglichkeiten eines „postgradualen Studiums“ zu sprechen. Leute mit FH-Diplom müßten sich in der Universität einschreiben und besuchten ein paar Wochenendkurse über insgesamt zwei Semester. Die würden von deutschen Professoren durchgeführt. Die Kosten dafür lägen bei 7660 DM pro Semester. Nach einem Jahr habe man ganz offiziell das Recht zur Promotion „erworben“, während die eigentliche Promotion bereits im Gange sei.

Für die Hochschullehrer böte sich hier ein finanziell sehr interessantes Zubrot. Wer nur 120000 DM im Jahr verdiene, sei froh, nebenbei durch ein paar Kurse am Samstag 50000 bis 60000 DM im Jahr zusätzlich zu bekommen.

Den Steuerzahler an den Kosten beteiligen

Zumindest diese Kosten könne der Kandidat aber steuerlich geltend machen. Dafür hat Sameth den Verein „Gesellschaft für Wissenschaft und Wirtschaft“ in Hamburg ins Leben gerufen. Der kann tatsächlich nach Auskunft des Finanzamtes für Körperschaften Spendenbescheinigungen drei Jahre lang ausstellen, selbst wenn er erst vorläufig anerkannt ist. Er dient eben, wie es heißt, der „Förderung der Volksbildung“.

Eine feine Sache. Wird eine endgültige Anerkennung versagt, könnte man ja dann den nächsten gemeinnützigen Verein gründen und hätte wieder drei Jahre die Möglichkeit, Spendenbestätigungen auszustellen.

Aber das will ich Prof. Dr. Sameth, dem 1. Vorsitzenden, keinesfalls unterstellen. Ein Prof. Dr. Ing. habil. H. Preuß ist übrigens als zweiter Vorsitzender angegeben. Dieser hochlöbliche Verein vertritt die Ansicht, „daß Wissenschaft und Praxis enger miteinander verbunden werden müßte“. Sameths Gesellschaft würde gern „eine Vermittlerrolle übernehmen, um die führenden Köpfe aus Wirtschaft und Wissenschaft in eine für beide Seiten vorteilhafte Verbindung zu bringen“.

Was ein Promotionsberater wie Sameth damit wohl gemeint haben kann? Das erfahren wir natürlich nicht direkt. Aber immerhin noch so viel, daß der Einstieg einer solchen Zusammenarbeit eine „Gutachtertätigkeit“ oder auch eine „Beratertätigkeit“ sein könnte.

Die hilfreiche Vereinsgründung

Weiter heißt es: „Die anspruchsvollste Form der Zusammenarbeit besteht in der abgestimmten Bearbeitung wissenschaftlicher Komplexe. In den Universitäten und wissenschaftlichen Institutionen werden unter Mitwirkung von erfahrenen Praxisexperten die Forschungs- bzw. Vorlaufaufgaben bearbeitet und anschließend unter unmittelbarer Mitwirkung insbesondere von beteiligten Nachwuchswissenschaftlern (Absolventen, Doktoranden) in die praktische Nutzung überführt ..."

In diesem verklausulierten Text kommen sie also alle vor, die bei einem möglichen Zusammenspiel – wie von Sameth offen geschildert – die Promotionen an deutschen Universitäten als Komplettservice abwickeln: Professoren, Vermittler und Promotionswillige.

Zum „Einstieg" bewegt werden soll ein Professor durch eine „Gutachtertätigkeit" oder eine „Beratertätigkeit". Für sich allein genommen, ist so etwas natürlich rechtlich völlig unbedenklich. Sicherlich, so läßt sich auch denken, nicht schlecht bezahlt.

Bei der „anspruchsvollsten Form der Zusammenarbeit" bearbeiten „Doktoranden" dann „wissenschaftliche Komplexe". Das geht natürlich nicht allein, sondern unter Anleitung der Professoren. Dafür erhalten die Hochschullehrer natürlich nicht eine einzige Mark. Nicht mal einen Pfennig.

Denn das wäre ja unter Umständen Beamtenbestechung, auch „Vorteilsannahme im Amt" genannt. Nach § 331 Strafgesetzbuch steht darauf eine Geldstrafe oder sogar eine Freiheitsstrafe bis zu zwei Jahren. Und dem Vermittler, durch den ein Geschäft zwischen Doktoranden und Professor zustande kommt, droht das gleiche Strafmaß.

Sameths interessante Doppelfunktion

Bei der von Sameth gefundenen Konstruktion sollen eben „Gutachtertätigkeiten“ oder „Beratertätigkeiten“ anfallen. Da anzunehmen ist, daß niemand in Deutschland umsonst arbeitet, dürften eben die entlohnt werden und nicht die Bereitschaft, irgendwelchen Kunden Sameths zur Promotion zu verhelfen. Sicher wird das der Herr Prof. Sameth unheimlich strikt trennen können in seiner Doppelfunktion als „Promotionsberater“ und „Vereinsvorsitzender“. Das muß er auch.

Denn bei einer möglichen Zusammenarbeit zwischen Professoren und Promotionsberatern steht nicht nur der Wissenschaftler mit einem Bein im Gefängnis, sollte er Geldbeträge oder andere materielle Vorteile von Dritten in Empfang nehmen, sondern auch der Promotionsberater, der diese Vorteile gewährt. Auch ihm drohen bis zu zwei Jahre Haft.

Zu guter Letzt stellt der Verein, der die „Volksbildung“ zum Ziel hat, für seine segensreiche Tätigkeit steuermindernde Spendenbescheinigungen für die eingehenden Gelder aus. Sameth nennt zwei wichtige Motive für die Vereinsgründung. Einmal kann der Promovierte hinterher erzählen, er habe dort seinen Professor kennengelernt. Zudem erleichtere ihm dieser Verein den Zugang zu den Professoren, bei denen man dann nicht mehr als kleiner Titelhändler auftreten müsse. Hat „Promotionsberater“ Sameth damit das Ei des Kolumbus gefunden?

Oder sind die Erzählungen Sameths mehr oder weniger Ammenmärchen, die er den Besuchern aus ganz anderen Gründen auf die Nase bindet? Vielleicht um sie erst einmal einzufangen und dann in eine andere Richtung zu locken?

Die Verträge lassen viel zu wünschen übrig

Die Verträge, die Prof. Dr. phil. Konrad Sameth seinen Kunden anbietet, sind dann jedenfalls so vage formuliert, daß genaugenommen von den vielen Versprechungen praktisch nichts mehr übrig bleibt!

Sehen wir uns die einzelnen Punkte einmal genauer an.

1. Daß der Doktortitelgrad an einer deutschen Universität erworben werden soll, dieser wichtige Punkt ist nirgendwo zu finden. Statt dessen heißt es: „Der Doktorvater muß mit einer staatlich anerkannten Universität der Bundesrepublik Deutschland oder alternativen UNI in Verbindung stehen oder lehren." Was heißt das? „In Verbindung" stehen können viele Leute mit einer Universität, auch Professoren, auch falsche oder solche, die gar keine Promotionsmöglichkeit haben. Was nutzt einem ein solcher Kontakt? Und was verbirgt sich hinter „einer alternativen UNI"? Wie gesagt: Diese Dienstleistung kostet bei Dr. Sameth bereits 25 000 DM.

2. Die anderen Dienstleistungen für die nächsten 20 000 DM, also Literatur-Recherchen, Gliederung der Arbeit und Rigorosum-Training, stellen sich im Vertrag so dar: „Der Berater wird die Dissertation des Auftraggebers zur Erlangung des Doktorgrades ... an einer staatlichen Universität gemäß der dort geltenden Promotionsordnung vorstellen." Und: „Gemäß geltender Bestimmungen wird sich der Berater dafür einsetzen, daß der Auftraggeber auf das Rigorosum vorbereitet wird." Frage: Wenn dieser Einsatz des Beraters aber nicht von Erfolg gekrönt ist, was dann? Und: Wieso soll der Promotionsberater (!), nicht der Doktorand die Dis-

sertation an einer Universität vorstellen? Wird ein deutscher Professor einen Vermittler, der ihm eine Doktorarbeit „vorstellt“, nicht sofort aus dem Zimmer weisen?

Ein Berliner Professor gibt ihm einen Korb

Genau das ist Sameth übrigens kürzlich passiert, als er dem an der Universität in Berlin lehrenden Prof. Dr. Siegfried Mielke zweimal Doktoranden andienen wollte und ihm gleich eine ganze Themenliste mitsandte. Der Politikwissenschaftler lehnte dieses Begehren kategorisch ab.

Zurück zum Vertrag: Nur eines ist in diesem Kontrakt rechtlich eindeutig geregelt: Wann der Auftraggeber an den Berater Pauschalhonorare zu zahlen hat.

Sollte es zu Auseinandersetzungen kommen, hat sich Prof. Dr. Sameth gut abgesichert. Der „Rechtsweg“ wird ausdrücklich ausgeschlossen. Statt dessen soll ein „Schiedsgericht“ über Streitigkeiten entscheiden.

Ziehen wir ein Fazit: Wer Verträge mit Konrad Sameth abschließt, dürfte bei Auseinandersetzungen schlechte Karten haben. Das heißt jedoch nicht, ich zöge seine Angaben über die Zusammenarbeit mit deutschen Professoren in Zweifel. Ich glaube ihm. Auch deshalb, weil er uns bereitwillig die Namen von mehreren Hochschullehrern gab. Die können wir jedoch nicht einfach nennen. Denn bis zur Fertigstellung des Buches konnten wir nicht ermitteln, ob diese Herren tatsächlich und auf welche Weise mit ihm kooperieren.

Die anderen Geschäfte des Herrn Prof. Dr. S.

Im Leben und Wirken des „Promotionsberaters“ Prof. Dr. phil. Konrad Sameth gibt es jedoch neben der offiziellen Version seines Schaffens und der inoffiziellen noch andere Geschäfte. Die dürften seine Reputation als ehrlicher Makler, gar als seriöser Promotionsberater, zumindest in Zweifel ziehen.

Er betätigt sich eben auch noch als Titelhändler. So wirft ihm die Hamburger Staatsanwaltschaft zur Zeit der Drucklegung dieses Buches vor, für viel Geld (mehr als 30 000 DM) eine Urkunde der schweizerischen Briefkasten-Universität (siehe auch das Kapitel „Bleisch=de-Leon" Seite 107 ff.) verkauft zu haben. Anklagepunkt deswegen: Betrug.

Das von ihm gelieferte Papier ist übrigens im strengen juristischen Sinne keine Fälschung. Warum? Weil es die „Schweizerische Universität Zürich" gar nicht gibt. Zumindest nicht als staatlich anerkannte Hochschule, sondern nur als „Briefkasten-Uni". Derartige Grade werden selbstverständlich in der Bundesrepublik weder anerkannt noch in die Personalpapiere eingetragen. Außerdem ist die Staatsanwaltschaft überzeugt, daß Sameth seinen Doktortitel unberechtigt führt.

Hinweis:
Über die Risiken im Geschäft mit Promotionsberatern lesen Sie bitte den Kasten auf Seite 278.

Resümee: Welchen Titel man bei Sameth letztendlich erhält, ob aus Deutschland, Polen oder Phantasia, diese Überraschung ist einfach sehr teuer

Dr. Paul Jensen, Hamburg

Echte Titel deutscher Unis, aber nicht nur ...

Dr. Paul Jensen, der die Kunden in seiner 160 Quadratmeter großen Jugendstilwohnung im vornehmen Hamburger Stadtteil Eppendorf empfängt, führt seit rund zehn Jahren ein Doppelleben. Nach außen hin gibt er sich als seriöser „Promotionsberater", der sich strikt an die Gesetze hält.

Dem ist nicht so. Diese Erkenntnis verdanken wir Marlies Prigge und Sepp Ebelseder vom Magazin „Stern". Sie zeigten im Mai 94 eine interessante Seite im Business Jensens auf und erbrachten erstmals den Beweis, daß Doktortitel offensichtlich auch an deutschen Hochschulen zu kaufen sind. Ich habe nun noch zwei andere interessante Geschäftszweige Jensens anzubieten.

Doch bevor ich dazu komme, will ich zunächst kurz die offizielle Version des Paul Jensen kennenlernen, weil die für das Geschäft der Promotionsberatung ganz typisch ist.

Ende 1992 zitiert die „Süddeutsche Zeitung" ihn noch mit dem markanten Satz: „Schreiben muß der Doktorand seine Arbeit aber schon selbst." Kunden seien überwiegend Anwälte, Steuerberater, Wirtschaftsprüfer oder Ärzte, aber auch Führungskräfte aus dem Management.

Die meisten seien zwischen 35 und 45 Jahre alt, haben erste Karrierestufen schon erklommen und erhoffen sich vom Doktortitel beruflichen Aufstieg, mehr Einkommen oder gesellschaftliche Anerkennung. Eine Universität hätten die meisten seit Jahren nicht mehr von innen gesehen. Über Zeit, sich noch mal in die Wissenschaft zu vertiefen, verfügten die wenigsten. „Die zahlen lieber 30000 Mark, als 100000 Mark an Einkommen zu verlieren“, verkündete Jensen frohgemut.

30000 DM ausgeben, um 100000 DM mehr an Einkommen zu erzielen, das ist eine tolles Investment, wird sich mancher Zeitungsleser gedacht haben. Wer nicht aufgrund dieses oder anderer verheißungsvoller Artikel auf Dr. Paul Jensen stieß, der reagierte dann wahrscheinlich auf Anzeigen, die der Promotionsberater regelmäßig vor allem in der „Welt am Sonntag“ schaltete.

PROMOTIONSBERATUNG
Promoviertes Expertenteam unterstützt Promotionsverfahren bis zur Erlangung des Doktorgrades.
Anfragen an: Dr. P. Jensen, Postf. 32 33 17, Isestr. 7, 20144 Hamburg 13
„Handbuch rund um akademische Grade“ gegen V-Scheck 50,- DM.

Nicht wenige dürften sich das „Handbuch rund um akademische Grade“ für 50 DM bestellt haben. In der Post findet sich kurze Zeit später kein „Handbuch“, sondern ein DIN-A-5 großes, 70 Seiten dünnes „Handbüchlein“. Es besteht im weit überwiegenden Teil aus einem Sammelsurium von Gesetzen, Verordnungen und kopierten Zeitungsartikeln, die den Leser eher verwirren dürften.

Sinn des „Handbüchleins“ dürfte zweierlei sein: Einmal holt der geschäftstüchtige Jensen durch deren Verkauf die Kosten für die Anzeigen wieder herein. Zum anderen dient es der Kundenakquisition. Deswegen kann es natürlich im Grunde auch keine Fragen rund um den Doktortitel beantworten. Denn wo blieb denn dann noch die Dienstleistung eines Promotionsberaters?

Auch in dieser Phase der Kontaktaufnahme gibt sich Jensen noch ziemlich seriös. Scheinheilig warnt er vor Titelhändlern. Jensen: „Entscheiden Sie sich gegen einen Doktortitel, wenn Ihnen irgend etwas obskur erscheint.“ Hätten doch mal mehr von seinen Kunden auf ihn gehört. Aber so ernst meint er diese Warnung gar nicht, wie sich später herausstellt.

Widersprüchlich sind jedoch schon hier seine Aussagen im Kapitel „Was ist ein Promotionsberater?“ Zuerst behauptet er: „Ein seriöser Promotionsberater wird Ihnen keine Dissertation fertigen.“ Ein paar Kapitel weiter heißt es jedoch: „Ein Promotionsberater darf selbstverständlich den Auftrag entgegennehmen, eine wissenschaftliche Arbeit über das Thema XY anzufertigen. Reicht der Auftraggeber diese Fremdarbeit als seine Dissertation ein, ist es sein Gewissensproblem bezüglich der eidesstattlichen Versicherung.“

Die andere Seite des Dr. Paul Jensen

Doch schon bei der nächsten Etappe im Kontakt mit ihm, stellt sich dem Interessenten dann ein ganz anderer Jensen vor. Das war so bei einem eher zufälligen Treffen, als ich gerade seinem „Freund“, Prof. Dr. Konrad Sameth (siehe Seite 290 ff.), einen Besuch abstattete, als der noch wie Jensen in Hamburg residierte. Ein eher unseriöser Jensen präsentierte sich bei Besuchen in seiner schicken Altbauwohnung.

Jensen, Jahrgang 1955, hat angeblich in Theologie promoviert. Nach dem Studium, so plaudert er ganz freimütig, habe er für einige Freunde deren Dissertationen geschrieben. Daraus habe sich dann allmählich sein heutiges Geschäft entwickelt.

Ihn zu charakterisieren fällt nicht ganz leicht. Er hat etwas von einem Bonvivant. Nach außen hin wirkt er sehr locker, offen, sympathisch. Seine rotblonden Haare sind wie eine Mähne nach hinten gekämmt. Die hohe Stirn verrät sein Alter, knapp 40. Seine Haut ist vernarbt, an den Händen trägt er auffallend viele Ringe.

Im Gespräch zeigt sich sein wacher Geist, er plaudert gern, hört sich wohl auch selbst gern erzählen. Jensen ist gebildeter als die meisten, die meine Kollegen, Freunde und ich im Zuge der Recherchen zu diesem Buch trafen. Er ist sicher eitel, auf jeden Fall aber überaus selbstbewußt.

Mag sein, daß er sich zu sicher fühlte, glaubte, ihm könne man nichts anhaben. Die nächsten Monate werden zeigen, wieviel belastendes Material die Staatsanwaltschaft bei der für Jensen überraschenden Hausdurchsuchung am Montag, den 16. 5.94 bei ihm ausgrub. Denn Jensen, das ist heute klar, macht natürlich ganz andere Dinge, als er offiziell zugibt.

Doch zunächst zurück zu seinen Offerten. Wichtigste Aufgabe sei, so sagt er, die Vermittlung von Doktorvätern. Dafür verlangt er 25000 DM. Von dieser Summe, so versichert er uns, „bekommt der Professor auch etwas ab“. Er behalte nicht die gesamte Summe. Und seufzend setzt er hinzu: „Leider.“

Professoren streiten Geldzahlungen ab

Bei diesem und anderen von Jensen verlangten Beträgen für seine Dienstleistungen handelt es sich natürlich nicht um so etwas wie Festpreise. Sie variieren, wie ich im Laufe der Recherchen feststellen konnte.

Die Professoren, die mit ihm kooperieren, werden Geldzahlungen natürlich abstreiten. Ist doch klar. Denn ansonsten droht ihnen eine Anzeige wegen Vorteilsannahme im Amt (§ 331 Strafgesetzbuch). Im schlimmsten Fall müßte der Hochschullehrer für zwei Jahre hinter Gitter. Das gleiche Strafmaß bedroht den „Vorteilsgeber". Dazu haben weder Jensen noch die Doktorväter, die mit ihm kooperieren, die geringste Lust.

So kann es gar nicht überraschen, daß ein solcher Professor, der mit Jensen zusammenarbeitet, sich ahnungslos gibt. Er mache die Promotionen „rein ideell", versichert Prof. Dr. med. Hans Knoch, ehemaliger Rektor der Medizinischen Akademie in Dresden und heute Arzt an einem Institut in Bad Salzuflen, der offensichtlich zu seiner alten Wirkungsstätte immer noch die besten Beziehungen hat.

Das „Hobby" des Herrn Professor

Von Jensen vermittelten Leuten zur Promotion zu verhelfen, sagt er einem „Stern"-Mitarbeiter ganz treuherzig, sei sein „Hobby". Sicherlich wußte Knoch auch nichts von der zweiten wichtigen Dienstleistung im Servicepaket des Promotionsberaters Jensen, dem Schreiben der Doktorarbeit.

Denn daß er auch das gleich mit erledigt, ganz im Gegensatz zu seinen offiziellen Darstellungen, das sagt er ungefragt (!) schon nach ein paar Minuten, als ich ihm in seiner Hamburger Wohnung bei Kaffee und Mineralwasser von der Insel Sylt gegenübersitze.

Die Dissertationen läßt er, wie er mir versichert, meist von Habilitanden schreiben. 20000 DM kosten medizinische Arbeiten. 25000 DM solche in Wirtschaftswissenschaften, Jura usw. Soviel müsse man schon investieren, damit sie vom Niveau her auch an deutschen Hochschulen Bestand haben. Der genaue Preis richte sich jedoch nach dem Umfang der Arbeit, ob der künftige Herr oder die Frau Doktor wenigstens ein paar Teile schreiben wolle, ob Literatur-Recherchen durchzuführen seien oder ob die Arbeit ganz übernommen werden müsse.

Wie formulierte Jensen so schön bereits 1988 in der „Wirtschaftswoche": „Wer im Business erfolgreich ist, kann es sich nicht erlauben, zwei Jahre lang 30 oder 40 Stunden in der Woche an einer Dissertation zu basteln."

„Wissen Ihre Professoren, daß die Arbeiten geschrieben werden?" will ich von ihm erfahren. „Natürlich", sagt er ganz offen. Die hielten aber „hermetisch" dicht. In Deutschland arbeite er mit sieben Professoren zusammen. Ein Dr. phil. beispielsweise dauere insgesamt rund zwei Jahre. Hier schwanken die Kosten seinen Angaben zufolge übrigens zwischen 30000 und 60000 DM.

Hochschullehrer wollen kein Risiko eingehen

Nun zum zeitlichen Ablauf. Zwei Semester würden für das Schreiben der Arbeit, die restliche Zeit für die sonstigen Formalitäten benötigt. Ein Dr. med. könne in weniger als einem Jahr über die Bühne gehen. Der sei mit rund 40 000 DM alles in allem schon deswegen billiger, weil die Doktorarbeit nicht mal 100 Seiten dick sein müsse.

Schneller läuft es zumindest in Deutschland nicht, erzählt er. Das hat vor allem einen Grund: Die Professoren wollten auf Nummer Sicher gehen. Ganz penibel achteten die Beamten darauf, daß alle Formalien der Universitätsbürokratie eingehalten werden. Der Promovend werde, wenn es nötig ist, bei der Hochschule eingeschrieben, in Verzeichnisse aufgenommen usw. Zum Schluß stehe dann die gelieferte Doktorarbeit in der Universitätsbibliothek – wie es sich gehört.

Das sollte auch mit jener geschehen, die ein „Stern“-Mitarbeiter bei Jensen bestellte. „Die Dissertation kann in ca. sechs bis acht Wochen komplett vorgelegt werden“, verzeichnete der handschriftlich auf der Gliederung der geplanten Dissertation mit dem himmelschreienden Titel „Der menschliche Körper und der Beruf des Chirurgen aus der Sicht des interessierten Laien.“ Die bekam „Stern“-Mitarbeiter Hans-Jürgen Richter zugeschickt, bevor er damit zu Professor Hans Georg Knoch marschierte.

An diesem Punkt brach der „Stern“ seine Recherchen ab.

Fragen der mündlichen Prüfung abgesprochen

Eine Barriere gegen das Schreiben der Doktorarbeit durch außenstehende Dritte soll – so argumentieren jedenfalls eher etwas blauäugige Zeitgenossen – die mündliche Prüfung in der Universität sein. „Wie sieht das mit dem Rigorosum aus?“ will ich von Jensen wissen. Es werde nicht fachübergreifend geprüft, nur auf die Arbeit hin. Zudem würden die Fragen vorher abgesprochen, sagt er ganz cool.

Schon ab 40000 DM ein Doktortitel an einer deutschen Universität, das ist sensationell preiswert. Das muß der Neid Dr. Paul Jensen lassen. Vergleicht man diesen Preis mit anderen Offerten auf dem Markt der Eitelkeit, so wird einem das erst richtig bewußt.

Immerhin schon die Hälfte, also 20000 DM, kosten im günstigsten Fall relativ bescheiden gefälschte Urkunden deutscher Universitäten. Für knapp 20000 DM erhält man einen Doktortitel der Universität Teufen/Schweiz, der in Deutschland nichts wert ist. 30000 DM verlangte Schilden für einen wertlosen Doktor honoris causa. Bleischs Dr. rer. pol. rangiert im Frühjahr 1994 zwischen 18000 und 22500 Schweizer Franken (auch wertlos). Genausoviel wie der Dr. med.-Titel der Dresdner Technischen Universität kostet ein in Deutschland führbarer h.c.-Titel über Kessenich aus Peru. Rund 50000 DM verlangt im Minimum Kanehl für seine Produkte aus Bolivien und Ecuador, die – in Nordrhein-Westfalen zumindest – problemlos durchgehen. Die haben im Vergleich zu den von Jensen von deutschen Hochschulen vermittelten akademischen Graden aber noch den entscheidenden Nachteil, daß sie nur mit den häßlichen Zusätzen BOL und EC zu tragen sind.

Jensens sensationell günstige Preise

Insofern sind oder waren Jensens Offerten wirklich sensationell. Allein mit Professor Knoch, so erzählte Jensen dem „Stern“-Mitarbeiter, habe er schon acht Doktoranden durchgeschleust. Das dürften natürlich nicht alle sein. Wenn er es schafft, medizinische Doktortitel an deutschen Hochschulen zu ergattern, wird das mit denen in Wirtschaftswissenschaften, Jura usw. genauso sein.

Doch ich muß eines klarstellen, ohne die Verdienste der Kollegen vom „Stern“ schmälern zu wollen: Das Massengeschäft im Titelhandel wickelt man nicht an den deutschen Universitäten ab.

Zwar bieten auch andere Promotionsberater „Doktortitel von deutschen Universitäten“ als Komplettlösung an, so zum Beispiel der undurchsichtige Professor Knolle und Jensens Freund Sameth. Doch zwischen den vollmundig versprochenen, nicht ganz so diskreten Angeboten und den späteren Realitäten klaffen bisweilen Welten.

Natürlich möchte jeder, der sich's leisten kann, möglichst rasch und ohne großen Aufwand einen Doktortitel „made in Germany“. Also keine gefälschte Urkunde einer deutschen Uni à la Weikamp (siehe Seite 253 ff.) oder Jeschkowski (Seite 260 ff.). Doch die Nachfrage ist sehr viel größer, als Jensen, Sameth und Co. sie mit vereinten Kräften überhaupt befriedigen könnten. Den Engpaß im Titel-Business stellen zum Glück immer noch die deutschen Universitäten mit ihren Professoren dar, die in der ganz überwiegenden Anzahl ehrlich, also nicht bestechlich sind und niemandem auf krummen Touren zu akademischen Graden verhelfen.

Die höhere Rendite der anderen Geschäfte

Das wissen Jensen und Co. nur allzugut. Weil das so ist, gehen die Herren Promotionsberater eben noch andere, manchmal recht verschlungene Wege, um die Nachfrage der zahlungswilligen Titelsüchtigen zu befriedigen, was aus ihrer Sicht auch ökonomisch Sinn macht.

Es gibt ja nicht nur so absolut selbstlose Idealisten wie jenen obengenannten Professor Dr. Knoch, der es als „Hobby“ ansieht, Jensens Kunden zum Doktortitel zu verhelfen. Ich vermute: Die meisten halten schlicht die Hand auf. Nehmen wir mal so ganz theoretisch an, Jensen und ein Professor machen halbe-halbe, wie das in der Halbwelt üblich ist. Dann bleiben Jensen also „nur“ 20000 DM pro Stück. Und dem Professor auch „nur“ 20000 DM. Für solche Gelder dürften nicht allzu viele Professoren zu haben sein, die selbst nicht allzu schlecht verdienen.

Im Geschäft mit dem Doktortitel sind, ökonomisch betrachtet, derartige Geschäfte an deutschen Universitäten jene mit der niedrigsten Rendite und zugleich mit dem größten Aufwand. Mit anderen Titeln läßt sich viel mehr Profit machen: zum Beispiel mit akademischen Graden aus Osteuropa oder Südamerika. Goldene Nasen verdient man sich dagegen mit Phantasie-Urkunden à la Schilden oder Bleisch=de Leon, wie ich bereits dargestellt habe. Denn hier hält kein zweiter die Hand auf. Hier fallen nur die Druck- sowie Fotokopierkosten der Urkunde an. Das Briefporto für den Versand nicht zu vergessen.

Das wissen der geschäftstüchtige Jensen und seine Kollegen natürlich auch. Der Hamburger setzt sich in seinem „Handbüchlein“ entschieden von den Titelhändlern ab und warnt scheinheilig vor ausländischen Graden. Doch in der Zwischenzeit wissen wir ja, daß es ganz erhebliche Unterschiede gibt zwischen dem, was er offiziell verkündet, und dem, was dann wirklich bei ihm läuft.

Jensen ist auch in Osteuropa aktiv

Er selbst mauschelt mit ausländischen Titeln. Besteht nämlich ein Engpaß an den deutschen Unis, und das dürfte nach der „Stern“-Enthüllung zutreffen, bietet er eben Grade aus Polen, der Slowakei und aus Rumänien an. So offeriert er Doktortitel aus Stettin, dann aus Bratislava (Preßburg) und aus Klausenburg, dem heutigen rumänischen Cluj-Napoca. Noch während die Ermittlungen gegen ihn laufen, offeriert Jensen ganz cool mit Brief vom 20. 7. 1994 Titel osteuropäischer Unis: „Besser den einen Dr.-Grad als überhaupt keinen.“

Dichtung und Wahrheit liegen bei ihm eben sehr weit auseinander. Auch dafür ein schönes Beispiel. In seinem Handbüchlein rät er: „Sie müssen Korrespondenzpartner der Universität ... sein.“ Doch dann gibt er einem einen vorformulierten Brief an den Rektor der Uni Klausenburg mit, bei der man auf seine Vermittlung hin in den Fachbereichen Wirtschaftswissenschaften, Rechtswissenschaften und Philosophie promovieren kann. Und dann steht dort noch der bemerkenswerte Satz an seine Magnifizenz, den hochverehrten Dekan: „Jeglichen Schriftverkehr führen Sie bitte mit Herrn Dr. Paul Jensen, Isestr. 7, 20 144 Hamburg.“ (Siehe Seite 314.)

Und als Beweis dafür, daß man dort zum Beispiel auch in Medizin promovieren kann, fügt er eine Urkunde des bayerischen Staatsministers für Unterricht und Kultus bei. Dort lesen wir, daß der in Klausenburg verliehene Grad „medic in specialitatea Medicina generala“ in der Form „Dr. med“ geführt werden dürfte.

Tricky Jensen: Diese Urkunde ist leider schon etwas älter, nämlich aus der Zeit vor 1980. Heute würde, so

L i s t e, die zur Zulassung als externer Doktorand an der Universität Klausenburg, Rumänien führt:

Schreiben Sie bitte auf Ihren BRIEFBOGEN folgenden Antrag zur Einleitung des Promotionsverfahren an der Universität Klausenburg/Rumänien/RO:

An den
Rektor der
UNIVERSITATEA DIN CLUJ-NAPOCA
Strada Kogalniceanu

RO-3400 Cluj-Napoca

Datum.....

Antrag auf Zulassung als externer Doktorand am Fachbereich Wirtschaftswissenschaften/Rechtswissenschaften/Philosophie

Hochverehrte Magnifizenz,
hochverehrter Herr Dekan,

mit den in der Anlage beigefügten Unterlagen

1. Lebenslauf mit 2 Lichtbildern
2. beglaubigte Kopie meiner Hochschulzugangsberechtigung (Abitur, Maturität, Fachabitur, Begabtenprüfung, etc.pp.)
3. beglaubigte Kopie meines Hochschulabgangszeugnisses (Dipl.-Urkunde, Staatsexamen, etc.pp.)
4. Dissertationsentwurf

beantrage ich die Zulassung als externer Doktorand. Mit dem beigefügten Dissertationsentwurf in zweifacher Ausfertigung habe ich mich bereits seit ca. 2 Jahren beschäftigt.

Ich würde mich freuen, wenn Sie mich als Doktoranden aufnehmen und mich direkt zum Rigorosum zulassen würden.

Die Befreiung von Seminaren beantrage ich schon jetzt.

Über eine positive Entscheidung würde ich mich sehr freuen.

Jeglichen Schriftverkehr führen Sie bitte mit Herrn Dr. Paul Jensen, Isestr. 7, 20144 Hamburg. Er ist von mir bevollmächtigt und zustellumgsempfangsberechtigt. FAX-Mitteilungen an Herrn Dr. Jensen (0049 40 4207303) erkenne ich an.

Mit freundlichen Grüßen

Anlagen

URKUNDE

Auf Grund des Gesetzes über die Führung akademischer Grade vom 7. Juni 1939 - GFaG - (RGBl I S. 985; BayBS ErgBd S. 115) erhält

Herr Raimar

geb. am 1930 , wohnhaft in , di

G e n e h m i g u n g ,

den im September des Jahres 19 an der Facultatea Medicină dela Institutul Medico-Farm.din Cluj/Klausenburg erworbenen und am 6.No 19 mit der Diploma de merit 1267 verliehenen akademischen Grad eines

"medic in specialitatea MedicinĂgeneralǎ"

"dr.-medic"

gemäß Art. I des Abkommens zwischen den Ländern der Bundesrepublik Deutschland sowie dem Land Berlin über die Genehmigung zur Führung akademischer Grade ausländischer Hochschulen vom 23. Oktober 1958 (GVBl 1962 S. 17) in diesen Ländern in folgender Form zu führen:

"Doctor medicinae"

(abgekürzt: "Dr.med.").

MÜNCHEN, DEN 22. November

BAYER. STAATSMINISTERIUM FÜR UNTERRICHT U. KULTUS

DER BAYERISCHE STAATSMINISTER

FÜR UNTERRICHT UND KULTUS

Im Auftrag

Regierungsdirektor

bestätigt uns das Kultusministerium, der Grad nur noch in der Form „Doktor“ (IMF Klausenburg) oder „Dr.“ (IMF Klausenburg) genehmigt werden. (Siehe Seite 315.)

Zur Not auch noch Titel von Phantasie-Universität

Derartige Osttitel, die natürlich auch komplett, also einschließlich Doktorarbeit usw., von Jensen vermittelt werden, sollen insgesamt nur 25 000 DM kosten. Oft genüge eine Magisterarbeit, die nur wenig verändert werden müsse. Das Rigorosum laufe dann nach einem Thesenpapier. Von diesen dünnen Heftchen zeigt uns Jensen einige. Alles gehe mehr oder weniger in einem halben Jahr über die Bühne.

Tricky Jensen: Er verkauft nicht nur Osttitel. Wenn die deutsche Quelle nicht so richtig sprudelt, die Kunden mit dem Osttitel auch nicht viel anfangen können, dann, ja dann greift Jensen auch zu schweizerischen Titeln.

Was liest man dazu in seiner fabelhaften Broschüre: „Wie Sie den nachfolgenden Seiten entnehmen werden, ist die Genehmigung von österreichischen, schweizerischen und niederländischen Doktorgraden einfach.“ So einfach auch wieder nicht, Herr Jensen. Das sollten dann schon echte sein.

Aber Jensen ist eben nicht nur Promotionsberater, erfolgreicher Vermittler echter deutscher und echter osteuropäischer Doktortitel. Er ist auch schnöder Titelhändler, der Urkunden einer Phantasie-Universität verkauft, nämlich der Schweizerischen Universität Zürich. Deswegen ist ein Verfahren bei der Staatsanwaltschaft in Hamburg aus dem Jahr 1991 anhängig.

Mit diesen Geschäften befindet sich der intelligente

Jensen übrigens in einem Boot mit dem viel weniger intelligenten Schilden bis hin zu jenem Herrn Prof. Dr. Bleisch=de Leon, der zumindest zeitweise in Amtsobhut genommen wurde ...

Hinweis:
Über die Risiken im Geschäft mit Promotionsberatern lesen Sie bitte den Kasten auf Seite 278.

6. Kapitel

Wer in Deutschland etwas ändern will

Interview mit Prof. Dr. jur. Hans Uwe Erichsen, Präsident der Hochschulrektorenkonferenz (HRK)

Nur noch eine Gnadenfrist für Promotionsberater?

– Nirgendwo gedeiht das Geschäft mit der Eitelkeit so prächtig wie bei uns. Haben Sie dafür eine Erklärung?

Erichsen: Eitelkeit ist ein zutiefst menschliches Phänomen. Es ist faszinierend zu beobachten, welches Sozialprestige akademische Titel immer noch haben, gerade auch, wenn man sich vergegenwärtigt, in welcher Weise sonst bei uns mit Wissenschaft und Forschung sowie Lehre und Studium umgegangen wird. In Deutschland und einigen anderen europäischen Ländern ist das Sozialprestige der akademischen Titel immer noch ungebrochen. Das wiederum ist sicherlich der Anlaß, daß es Menschen gibt, die mit allen möglichen Mitteln bis hin zu strafrechtlichem Verhalten versuchen, an diese Grade heranzukommen.

– Es gibt Schätzungen, wonach bis zu zwei Prozent aller an deutschen Universitäten abgelegten Doktorprüfungen irregulär zustande kommen. Macht Ihnen diese Entwicklung Sorge?

Erichsen: Es liegen keine genauen Zahlen vor. Wir sind auch sehr zurückhaltend, was Schätzungen angeht, aber die Entwicklung macht uns natürlich Sorgen. Das offensichtlich florierende Geschäft der Promotionsberater läßt befürchten, daß die von Ihnen genannte Zahl künftig eher noch zunehmen wird. Deswegen ist es an der Zeit, jetzt etwas gegen unseriöse Praktiken zu unternehmen.

– Der Markt der Eitelkeiten bewegt sich meiner Einschätzung nach weg von Titeln südamerikanischer Universitäten, hin zu europäischen, vor allem osteuropäischen, aber auch deutschen Universitäten. Bei den deutschen Unis gibt es tatsächlich vereinzelt ungesetzliches Zusammenarbeiten zwischen Professoren und Titelhändlern ...

Erichsen: Wir sind zunächst einmal in der Verantwortung für die deutschen Hochschulen. Wir bemühen uns aber auch darum, unter Ausnutzung der internationalen Beziehungen, die wir mit den Rektorenkonferenzen anderer Staaten haben, illegale Praktiken zu unterbinden oder zumindest zu reduzieren.

– Promotionsberater behaupten, die Verhältnisse an den deutschen Hochschulen seien so katastrophal, so unübersichtlich mit den vielen Promotionsordnungen, daß es sehr schwer für einen Außenstehenden sei, überhaupt einen Professor zu finden, der externe Promovenden akzeptiert. Deswegen seien ihre Dienste unabdingbar. Stimmt das?

Erichsen: Nein, das glaube ich nicht. Wenn sich jemand mit einer interessanten, für die Dissertation geeigneten wissenschaftlichen Fragestellung an einen Professor wendet, dann besteht bei nachweisbarer Qualifikation des Bewerbers in aller Regel die Bereitschaft zur Begründung eines Doktoranden-Betreuungsverhältnisses. Die allermeisten Professoren haben doch ein gesundes Eigeninteresse, ihre wissenschaftliche Reputation auch durch fundierte, von ihnen betreute Arbeiten voranzutreiben.

– Ein „Einfallstor“, wenn man so sagen will, für unsaubere Geschäfte, ist meiner Beobachtung nach, daß es manchmal fast keine Regularien für das von Ihnen soeben angesprochene „Doktoranden-Betreuungsverhältnis“ gibt. Muß sich da nicht etwas ändern?

Erichsen: Da muß sich sicher einiges ändern. An einigen Fakultäten ist gute Übung oder in Promotionsordnungen geregelt, daß der Doktorvater oder die Doktormutter jede angenommene Doktorarbeit und ihr Thema dem Dekan mitteilt. Diese Formalisierung bietet einen gewissen Schutz. Andererseits gibt es den Fall, daß jemand eine Forschungsarbeit durchführt und sie erst anschließend einem Hochschullehrer präsentiert. Das ist natürlich ein mögliches Einfallstor, weil niemand weiß, wer der wirkliche Autor der Arbeit ist. Für diese Fälle müssen gewisse Vorkehrungen getroffen werden.

– Sie sprechen jetzt die sogenannten externen Promotionen und deren Gefahren für das gesamte Promotionswesen in der Bundesrepublik an?

Erichsen: Die Hochschulen haben kein Interesse daran, die Möglichkeit externer Promotionen zu beeinträchtigen oder gar abzuschaffen. In vielen für die Bundesrepublik und ihre Wirtschaft wichtigen Bereichen, wie der Chemie, aber auch in den Ingenieurwissenschaften, besteht ein berechtigtes Interesse daran, derartige Forschungsvorhaben in Zusammenarbeit mit den Universitäten durchzuführen. Allerdings muß die manchmal sehr lockere Beziehung zwischen der Fakultät und dem Doktoranden künftig etwas intensiver gestaltet werden.

– Könnten Sie da bitte konkreter werden?

Erichsen: Nehmen Sie das Beispiel der USA. Dort müssen Doktoranden ein definiertes Kursprogramm absolvieren. Aufgrund der in Deutschland anderen Studienstruktur muß ein Graduiertenstudium nicht so umfangreich wie in den Vereinigten Staaten sein. Aber um Mißbräuchen entgegenzuwirken, wäre es außerordentlich nützlich, die Doktoranden in Deutschland stärker in das wissenschaftliche Umfeld einzubinden.

– Wie kann das geschehen?

Erichsen: Durch bestimmte universitäre Veranstaltungen, wie Seminare, Kolloquien …

– Auch Pflichtvorlesungen?

Erichsen: Auch Pflichtvorlesungen. Man könnte außerdem über zusätzliche Leistungsnachweise nachdenken. Wenn all diese in einem zumutbaren Ausmaß zu haltenden Erfordernisse auch für externe Promovenden gelten, sind die Mißbrauchsmöglichkeiten sicher nur noch sehr gering. Anders formuliert: Wer zwischendurch über den Fortgang seiner Arbeiten berichten und sich schließlich zum Abschluß des Promotionsverfahrens einer Disputation oder einem Kolloquium stellen muß, wird kaum Fremdleistungen vorlegen.

– Sollten nicht bei einer mündlichen Pflichtprüfung mindestens drei Teilnehmer dabei sein?

Erichsen: Dies halte ich für unerläßlich, soweit es in den Fakultäten noch nicht realisiert ist. Wenn mehrere Augenpaare nicht nur auf das schriftliche Werk, sondern auch auf die Person schauen, werden Betrügereien sicher sehr erschwert.

– Der deutsche Hochschulverband möchte die eidesstattliche Versicherung um die ausdrückliche Erklärung ergänzen, daß keine Hilfe eines Promotionsberaters in Anspruch genommen wurde. Geht Ihnen das zu weit?

Erichsen: Ganz im Gegenteil. Es geht uns noch nicht weit genug. Wir werden Senat und Plenum der HRK im Oktober und November dieses Jahres eine noch schärfere Formulierung vorschlagen.

– Ein Promotionsberater, dem ich diesen Passus vorlas, erwiderte sinngemäß, daß man im vorigen Jahrhundert die Steuerberater und im Dritten Reich auch die Rechtsanwälte verbieten wollte. Dies habe man nicht geschafft. Genausowenig werde man deswegen mit dieser Formulierung durchkommen …

Erichsen: Die Universitäten und Fakultäten sind autonom. Da werden die Promotionsberater wenig verhindern können. Ich bin außerdem sicher, daß die Lobby derjenigen, die an einer Verbesserung der Situation interessiert sind – innerhalb der Hochschulen, die schließlich darüber zu entscheiden haben –, unendlich viel größer ist als die Lobby jener, die an einer Änderung der bestehenden Verhältnisse kein Interesse haben.

– Ihre Vorschläge oder die des Hochschulverbandes sind doch nicht rechtsverbindlich für die Hochschulen und ihre Fakultäten …

Erichsen: Die Hochschulen sind autonom. Aber wenn die Hochschulrektoren Empfehlungen formulieren, werden die Universitäten und Fakultäten dies, zumal in einer so sensiblen Frage, nicht ignorieren. Schließlich handelt es sich um strafrechtlich relevantes Verhalten, das hier abzustellen oder einzuschränken ist.

– Es fällt auf, daß Ghostwriter, aber auch Promotionsberater mit entlassenen DDR-Professoren zusammenarbeiten. Haben Sie dafür eine Erklärung?

Erichsen: Wenn sie entlassen sind, sind sie nicht mehr Mitglied einer Institution, an der man promovieren kann. Als Professoren betreuen sie den Promovenden nur. Die Promotionszuständigkeit liegt bei der Fakultät. Vielleicht übernehmen diese Leute das Schreiben der Arbeit. Das sind aber nur nicht belegbare Vermutungen.

– Vielleicht sind sie für die Promotionsberater aber auch deshalb nützlich, weil sie noch Beziehungen zu Professoren von damals haben, die heute noch in den Universitäten drin sitzen ...

Erichsen: Das ist nicht völlig ausgeschlossen.

– Beim Geschäft mit Titeln oder vermeintlichen Titeln deutscher Universitäten tauchen in jüngster Zeit Fälschungen von Urkunden deutscher Hochschulen auf. Wir haben es ausprobiert: Bei den Meldebehörden stand nach fünf Minuten der akademische Titel im Paß. Was kann man dagegen tun?

Erichsen: Auch da wird man sicherere Verfahren entwickeln müssen, um solches zu verhindern. Die Einwohnermeldeämter müssen eine Plausibilitätskontrolle vornehmen. Die Beamten müssen sich sachkundig machen, wer zum Beispiel eine Promotionsurkunde unterzeichnet. Tauchen nur geringe Zweifel an der Echtheit auf, sollte man bei den Universitäten nachfragen, ob die angegebene Hochschule die Urkunde tatsächlich ausgestellt hat.

– Dies sind jedoch keine Einzelfälle, sondern das hat sich zu einem Massengeschäft entwickelt ...

Erichsen: Wir könnten uns durchaus vorstellen, daß bei der Hochschulrektorenkonferenz in Bonn ein zentrales Register eingerichtet wird, so daß die Einwohnermeldeämter hier ihre Auskünfte einholen könnten.

– Trägt nicht auch zur Verunsicherung der Beamten bei den Einwohnermeldeämtern bei, daß je nach Hochschule und Fakultät ganz unterschiedliche Anforderungen an die Promotionsurkunden gestellt werden?

Erichsen: Wir müssen angesichts der neuesten Entwicklung tatsächlich darauf achten, ein einheitliches Verfahren an den deutschen Hochschulen zu entwickeln. Es gibt die erwähnten Vorschläge des Hochschulverbands zur Änderung der Promotionsordnungen, die wir unterstützen. Wir sind der Meinung, daß die Gestaltung der Promotionsurkunden mit einbezogen werden sollte.

– Wie lange wird es dauern, bis die geplanten Änderungen in Kraft treten?

Erichsen: Wir wollen unsere Empfehlungen im November 1994 beschließen. Man wird danach Promotionsmusterordnungen in den einzelnen Hochschulen entwerfen. Im Laufe des nächsten Jahres dürften dann die alten Promotionsordnungen den überarbeiteten Richtlinien angeglichen werden.

– Dann haben Promotionsberater also nur noch eine kurze Gnadenfrist?

Erichsen: Davon dürfen Sie getrost ausgehen.

Empfehlungen des Deutschen Hochschulverbands

„... nicht die Hilfe eines Promotionsberaters in Anspruch genommen“

Weil den Hochschulen, Hochschullehrern und der Rektorenkonferenz das Problem der Promotionsberater und des unbefugten Titelerwerbs auf den Nägeln brennt, planen sie weitgehende Änderungen der Promotionsordnungen und der eidesstattlichen Erklärung. Nach Angaben der Hochschulrektorenkonferenz (siehe das Interview mit Prof. Dr. Erichsen) sollen die HRK-Empfehlungen über die Vorschläge des Deutschen Hochschulverbandes hinausgehen. Weil diese also so etwas wie einen Mindeststandard darstellen, geben wir den Text nachfolgend im Wortlaut wieder.

III. Vorkehrungen in Promotionsordnungen

Der Deutsche Hochschulverband sieht mit großer Sorge, daß der prosperierende Markt der Promotionsberatung geeignet ist, die Solidität des Promotionsverfahrens aufzuweichen, das Vertrauen auf die Nichtkäuflichkeit akademischer Befähigungsnachweise zu erschüttern und die redlich erworbenen Doktorentitel zu diskreditieren. Der Deutsche Hochschulverband ruft daher alle Verantwortlichen in Wissenschaft und Forschung dazu auf, durch konkrete, gezielte und möglichst rasch umzusetzende Maßnahmen dafür zu sorgen, daß in allen Promotionsverfahren die unabdingbaren wissenschaftlichen Standards eingehalten werden. Dazu zählt nicht nur die Qualität der Arbeit, sondern auch die Qualifikation der Promovenden. Der Deutsche Hochschulverband wendet sich insbesondere an die Fakultätentage und an die Fakultäten aller deutschen Universitäten und empfiehlt, in alle Promotionsordnungen folgende Vorkehrungen aufzunehmen:

1. Die Voraussetzung zur Promotion ist durch eine qualifizierte, erheblich über dem Durchschnitt liegende Prüfungsleistung zum Abschluß des Studiums nachzuweisen. Ausnahmen bedürfen der Zustimmung der Fakultät.

2. Die Zulassung zur Promotion setzt ein mindestens zweisemestriges Studium an derselben Universität sowie im Regelfall die Teilnahme an einer Lehrveranstaltung mit Leistungsnachweis (z. B. Seminar) voraus.

3. Die Begründung eines Doktorandenverhältnisses hat der Doktorvater unter Benennung des Kandidaten und des Dissertationsthemas der Fakultät anzuzeigen.

4. Eine kontinuierliche Betreuung des Doktoranden ist sicherzustellen. Zwischen Ausgabe des Themas und Abgabe der Dissertation sollen mehrere Besprechungstermine des Doktorvaters mit seinem Promovenden liegen.

5. Die eidesstattliche Erklärung des Doktoranden über die Eigenständigkeit der erbrachten wissenschaftlichen Leistung ist spezifizierter zu fassen. Der Hochschulverband unterbreitet folgenden Vorschlag:

Eidesstattliche Erklärung

„Ich erkläre hiermit an Eides Statt, daß ich die vorliegende Arbeit ohne unzulässige Hilfe Dritter und ohne Benutzung anderer als der angegebenen Hilfsmittel angefertigt habe; die aus fremden Quellen direkt oder indirekt übernommenen Gedanken sind als solche kenntlich gemacht.

Bei der Auswahl und Auswertung des Materials sowie bei

der Herstellung des Manuskriptes habe ich Unterstützungsleistungen von folgenden Personen erhalten:

1. ...

2. ...

3. ...

Weitere Personen waren an der geistigen Herstellung der vorliegenden Arbeit nicht beteiligt. Insbesondere habe ich nicht die Hilfe eines Promotionsberaters in Anspruch genommen. Dritte haben von mir weder unmittelbar noch mittelbar geldwerte Leistungen für Arbeiten erhalten, die im Zusammenhang mit dem Inhalt der vorgelegten Dissertation stehen.

Die Arbeit wurde bisher weder im Inland noch im Ausland in gleicher oder ähnlicher Form einer anderen Prüfungsbehörde vorgelegt und ist auch noch nicht veröffentlicht."

6. Der Bruch der eidesstattlichen Versicherung hat in jedem Fall zur Folge, daß die Fakultät die Unwürdigkeit des Promovierten ausspricht. Der akademische Titel ist zu entziehen.

7. Hochschullehrer, die von Dritten Geld- oder Sachleistungen erhalten haben, die im Zusammenhang mit dem Promotionsverfahren stehen, dürfen nicht mehr als Prüfer in Promotionsverfahren bestellt werden.

8. Die mündliche Doktorprüfung ist hochschulöffentlich. An ihr nehmen mindestens drei Prüfer teil. Die mündliche Prüfung erstreckt sich auf den in der schriftlichen Dissertation bearbeiteten Gegenstand und ggf. auch auf andere Prüfungsgebiete.

Gespräch mit Prof. Dr. Dr. Manuel René Theisen

„Ein wichtiger Etappensieg"

Sie gehen seit einigen Jahren gegen die sogenannten Promotionsberater vor. Als erster deutscher ordentlicher Professor haben Sie offen den Verdacht ausgesprochen, daß es eine illegale Zusammenarbeit zwischen Hochschullehrern, Promovenden und Promotionsberatern gibt. Nun ist der Beweis durch Kollegen vom „Stern" erbracht. Deren Recherchen decken sich mit den meinen. Fühlen Sie da eine gewisse Genugtuung?

Theisen: Ich bin dafür natürlich schon sehr dankbar. Aber das war nur ein Etappensieg. Von den saubereren Verhältnissen, wie ich sie mir an den Hochschulen wünsche, sind wir noch ein ganzes Stück entfernt.

Man hat Sie mehrfach schon als „Jäger" der Doktortitel-Händler bezeichnet. Ist nun das Wild erlegt?

Theisen: Ich habe das Bild des Jägers nie akzeptiert, weil es mich in eine aktive Rolle versetzt, die so nicht stimmt. Ich habe auf Mißstände reagiert. Ich fühle mich denen verpflichtet, die ernsthaft promovieren, die sich sehr viel Arbeit machen und nicht versuchen, sich einen akademischen Grad zu erschleichen.

Aber dieses spezielle Hobby macht Ihnen doch auch Spaß …

Theisen: Weniger als Sie denken. Ich habe keine Jagdlust, sondern eher das mißliche Vergnügen, eine rechtlich sehr bedenkliche Situation hier aufzudecken.

Tragen die Hochschulen und Hochschullehrer nicht eine gewisse Mitschuld?

Theisen: Dieser Vorwurf ist sicher nicht ganz von der Hand zu weisen. Es gibt Fehler bei der Organisation der Promotionsverfahren, der Überwachung und dem gesamten Verfahren. Sicher wird Betrügern auch einiges zu leicht gemacht.

Haben die im Titelgeschäft angebotenen Dienstleistungen wie Vermittlung eines geneigten Doktorvaters, Ghostwriting plus Training hin auf das Rigorosum eigentlich etwas mit den oft beklagten schlechten Studienbedingungen oder der Überlastung der Doktorväter zu tun?

Theisen: Nein, wirklich nicht. Das ist kein Phänomen der Massenuniversität, wie das oft behauptet wird. Es sind keine überlasteten Doktorväter, die darin verwickelt sind. Diese Geschäfte sind schlicht und ergreifend betrügerische Manöver. Und die Doktoranden sind auch keine Personen, die jemals unter einer schlechten Betreuung durch den Doktorvater zu leiden gehabt hätten. Das sind Leute, die gezielt durch Betrug einen Titel erschleichen möchten.

Welche Motive haben die an solchem Betrug beteiligten Professoren?

Theisen: Eindeutig Habsucht. Die ist stets im Spiel, wo unrechtmäßig Geld erworben wird.

Halten Sie die Vorschläge des Deutschen Hochschulverbandes, an denen Sie mitgewirkt haben (siehe Seite 328 ff.), und die Vorstellungen der Hochschulrektorenkonferenz eigentlich für ausreichend?

Theisen: Man wird die endgültigen Empfehlungen der Hochschulrektorenkonferenz abwarten müssen. Bis diese Änderungen sich dann in geänderte Promotionsordnungen niederschlagen, können noch Jahre vergehen. Daher dürfen wir in unseren Bemühungen nicht nachlassen.

Das klingt nicht sehr optimistisch?

Theisen: Ich bin sehr viel zuversichtlicher als noch vor ein, zwei Jahren. Es hat sich doch schon viel zum Besseren gewendet. Das liegt natürlich ganz wesentlich an der Publizität, die wir in Gang gesetzt haben, und an der Sie wesentlich durch Ihr Buchprojekt mitwirken. Die halbe Miete, wenn ich das mal so salopp sagen darf, scheint mir nämlich die Sensibilisierung der Öffentlichkeit durch die Medien zu sein.

Sind die Promotionsberater und die Titelhändler durch die Aktivitäten verunsichert?

Theisen: Zum Teil sogar sehr und viel mehr, als ich es mir habe träumen lassen. Die vielen Veröffentlichungen haben meines Wissens sehr viel Unruhe in deren Geschäfte gebracht.

Die Professoren müssen also künftig noch mehr fürchten, geoutet zu werden?

Theisen: Die Professoren auf der einen und die Interessenten auf der anderen Seite, die in der Promotionsberatung so etwas sehen wie eine Steuer- oder die Unternehmensberatung, die man einfach einkauft. Eine Promotion kann man nicht kaufen. Einen Doktortitel erhält man nur als Anerkennung ausschließlich eigener wissenschaftlicher Anstrengung. Durch eine Änderung der Standardformel der eidesstattlichen Versicherung muß allen Beteiligten von Anfang an klarwerden, daß es hier nicht um ein alternatives Beratungsgeschäft geht, sondern um wissentlichen Betrug.

Sie müssen sich bei Ihren Veröffentlichungen zu diesem Thema genauso wie ich mit meinem Buch den Vorwurf gefallen lassen, in gewisser Weise für diese Typen und ihre dunklen Geschäfte indirekt Werbung zu machen ...

Theisen: Das kann man nie ausschließen. Aber ich hoffe, daß wir durch die massive Publizität und das Outen der Beteiligten erreichen, daß man nun nicht mehr alles einfach unter den Tisch kehren oder gar für werbliche Zwecke ummünzen kann.

Sie haben bei Ihren Aktivitäten auch viele persönliche Nachteile in Kauf genommen …

Theisen: Sicher. Es gab Anzeigen und Unterlassungsbegehren bis hin zur Dienstaufsichtsbeschwerde, gegen die ich mich juristisch zur Wehr setzen mußte.

Das mußten Sie aus eigener Tasche zahlen?

Theisen: Das mußte ich ausschließlich aus eigener Tasche zahlen, und es läßt sich zum Teil noch nicht einmal steuerlich geltend machen. Ganz im Gegensatz übrigens zum Titelkauf. Da werden Spendenwaschanlagen angeboten. So finanziert man einen Teil der unsauberen Geschäfte auch noch über die Steuerzahler.

Vita: *Prof. Dr. jur. Dr. rer. pol. Manuel René Theisen ist Ordinarius für Allgemeine Betriebswirtschaftslehre, Betriebswirtschaftliche Steuerlehre und Steuerrecht an der Universität Mannheim. Er ist Verfasser des Standardwerkes „Wissenschaftliches Arbeiten" und des Taschenbuchs „ABC des wissenschaftlichen Arbeitens – Erfolgreich in Schule, Studium und Beruf".*

Hans Georg Möntmann

Raubritter in Glaspalästen

Obskure Praktiken in der Kreditwirtschaft

300 Seiten
14,3 × 20,5 cm
Leinen mit Schutzumschlag
ISBN 3-901260-53-6

Wen sie einmal unter Kontrolle haben, den lassen sie so leicht nicht mehr los. In ihrem durchaus legitimen Streben nach Gewinnmaximierung und Kundenbindung verfallen die Banken und Sparkassen auf Methoden, die viele für abenteuerlich, andere für kriminell und höchste Gerichtsinstanzen für überaus unzulässig halten. Zum Beispiel die Tatsache, daß Minderjährigen unter Umgehung der Eltern und Vormundschaftsgerichte Überziehungskredite gewährt werden; daß die so optimistisch stimmende Eigenheim-Finanzierung auf tönernen Füßen steht; daß Unternehmen in Krisensituationen ausgebeutet werden, oder daß das Waschen von Drogengeldern zumindest auf fahrlässige Weise erleichtert wird. Und es kommt immer wieder der Verdacht auf, daß die Banken bei eigentlich unnötigen Konkursen ihre Hand im Spiel hatten – um der erfolgreicheren Konkurrenz zu helfen; um mit Hilfe aufgeblähter Abwicklungsverfahren Gebühren einzuziehen und um wertvolle Sicherheiten möglichst schnell verwerten zu können.

Anhand konkreter Fälle zeigt der Autor die Strukturen auf, innerhalb derer die unseriösen Praktiken oder jene ganz am Rande der Legalität gedeihen; wie sie bei Bankmanagern und gefährdeten Bankkunden eine eigene, unheilvolle Dynamik entwickeln; wie Kumpaneien zwischen Anlageberatern und Bankmanagern Privatleute in den Ruin treiben und wie die alltägliche Kostenschinderei die Bankkunden über Gebühr belastet. Und schließlich kommen jene wenigen zu Wort, denen es gelungen ist, der Zinsfalle zu entkommen.

Hans Georg Möntmann arbeitet als freier Journalist u. a. für *Die Welt, Impulse* und für das Fernsehen. Themenschwerpunkte: Marketing, Unternehmensanalyse, Unternehmensführung, Länderanalyse, Außenhandel.